KB061931

# 증거의 오류

하워드 S. 베커 지음
서정아 옮김

# EVIDENCE

# HOWARD

# S.

책밍창 BECKER

# 증거의 오류

데이터, 증거, 이론의 구조를 파헤친
사회학 거장의 탐구 보고서

내 동료이자 내게 가르침을 주었던
도널드 T. 캠벨 Donald T. Campbell 을 추모하며

# 목차

# 1부

# 데이터, 증거, 이론의 모든 것

# 어떤 데이터로 무엇을 증명할 것인가

## 어린이의 사회 계층적 지위에 대한 연구

1960년대 초 스탠퍼드 대학의 사회학 교수인 폴 월린Paul Wallin과 레슬리 C. 월도Leslie C. Waldo는 사회 계층이 어린이의 학교 성적에 어떠한 영향을 주는지 알아보고자 했다(이 문제는 아직까지 사회 과학자들의 관심 주제다). 그들은 8학년 학생 2,002명에게 설문 조사를 시행했다. 두 학자는 학생들의 사회 계층을 측정하기 위해 그 당시에 유행하던 오거스트 홀링스헤드August Hollingshead의 '사회적 지위 척도Index of Social Position'에 나오는 질문을 던졌다. 홀링스헤드 척도는 가정 환경 및 교육과 관련해 다음과 같은 질문을 한 다음, 이에 대한 응답을 토대로 가족의 계층적 지위를 정하는 방식이었다.

지금 같이 살고 있는 친아버지에 대해 설명하시오. 친아버지와 살고 있지 않은 경우에는 의붓아버지, 양아버지, 삼촌 등 아버지의 역할을 하고 있는 남성에 대해 설명하시오.
* 그는 대부분 혼자서 일합니까? 아니면 다른 사람 밑에서 일합니까?
_____ 혼자서 일하거나 자기 사업을 운영한다.
_____ 다른 사람 밑에서 일한다.

_____ 무슨 일을 하는지 알지 못한다.

* 그는 대체로 어떤 일을 합니까?

그는 _____

(월린과 월도, 1964, 291)

두 사회학자는 학생들의 엉성한 답변을 학적부와 양호 교사의 기록이라는 두 개의 추가 자료로 보완했다.

월린과 월도는 연구의 취지나 데이터의 수집 의도에 대해 따로 밝히지 않았다. 내가 곧 제기할 의미의 문제에 대해서도 논하지 않았다. 그러나 그들은 아버지의 직업이 사회 계층의 확실한 척도는 아닐지라도, 적어도 실질적인 단서라고 생각한 듯하다. 아버지의 직업이 부모의 생활 방식과 그 자녀가 영위하는 삶의 경제적, 사회적 현실을 두루 나타낸다고 본 것이다. 그들은 아버지가 하는 일이라는 한 가지 사실의 진술을 통해서 가족의 소득과 자산을 간접적으로 가늠하고, 그에 따라 자녀의 교육에 대한 부모의 기대를 부정확하고 불명확하나마 어느 정도 의미 있는 방식으로 측정할 수 있다고 생각했다. 그뿐만 아니라 생활 방식과 자녀를 성장시키는 가족의 문화도 측정할 수 있다고 보았다. 이러한 가족 문화는 현재 문화적, 경제적 자본으로 불리는 일부 가능성을 열어주는 반면에, 다른 가능성에 대해서는 차단하는 역할을 한다. 이 모든 것이 홀링스헤드 척도에서는 아버지가 차지하는 위치와 연관된다. 그러니 이런 질문들을 설문 조사에 담는 사회 과학자라면 어떤 형태로든 그 목적을 염두에 두고 있어야 한다.

가족의 사회적 지위를 파악하면 좀 더 구체적인 이미지를 그려낼 수 있다. 그렇게 되면 독자는 계층적 지위의 영향을 실감할 수 있다. 학자들은 연구 결과의 '이론적 함의theoretical implications'에 대해 쓸 때 그러한 이미지를 환기시키는 경향이 있다. W. 로이드 워너W. Lloyd Warner의 《양키 도시 시리즈》(1941~59)는 뉴잉글랜드 소규모 공동체를 인류학적 방법론으로 장기 추적한 연구 결과이다. 월린과 월도가 연구를 할 당시에도 잘 알려져 있었으며, 비슷비슷한 여러 가정의 정보를 재구성하여 '최하층'에서 '최상층'에 이르기까지, 다양한 계층에 속한 가정에 대해 길고 상세한 서술을 조합한 책이다. 그 이외에도 제임스 보사드 James Bossard의 가족 식탁 담화 연구(1943, 1944)는 실제 가족들이 식사 때 나누는 대화를 그대로 기록한 자료를 토대로 하며, 일상생활에서 어떠한 기제가 작동되는지 사례를 통해 전달한다. 보사드의 연구는 아버지가 하는 일과 자녀에게 주어진 삶의 기회 사이에 주목할 만한 연결고리를 보여준다. 이 모든 것이 위의 설문지 문항과 응답에 자극을 받은 사회 과학자들이 '사회 계층'에 관해 떠올릴 법한 (사람들이 흔히 '개념'이라 부르는) 아이디어를 제시한다. 보사드는 이렇게 말한다.

가족의 경제적 가치관과 그에 대한 자녀 교육 정도는 해당 논문의 토대가 되는 사례 연구에 지속적으로 등장하는 다음 문장에 암시되어 있다. "버터를 너무 많이 넣지 마라. 파운드당 50센트나 하니까." "요즘엔 달걀 12개가 60센트야." "빌의 구두 밑창을 대야 해." "또 갈아야 해? 고작 3주 전에 밑창 값으로 2달러나 썼잖아." "중국 어린이 수천 명이 굶어 죽어 가는데 빵을 남기다니 부끄럽지도 않니?" "어머니, 메리가 새 원피스에 얼룩을 묻혔어요." "흠, 좀 더 조심해서 입었어야지. 크리스마스 때까지 새 옷을 사줄 여유가 없어." 일반 가정에서의 이러한 지속적인 가치관 주입은 시설에서 양육된 아동의 교육에서는 찾아볼 수 없는 점이다. (보사드, 1943, 300)

### 윌린과 월도의 데이터가 결과를 뒷받침하는가?

그렇다면 윌린과 월도의 데이터가 그런 결과를 뒷받침하는가? 사실은 그렇지 않다. 그보다 이들의 논문은 그러한 추론이 가능하기 전에 떠오른 단순한 문제에 초점을 맞췄다. 그들이 그토록 신중하게 수집한 데이터는 그 자신들이 발견한 불확정성 때문에 그 어떠한 결과에 대해서도 적절한 증거로 작용하지 못했다. 두 사람은 자신들의 문제를 이렇게 서술했다. "본 연구는 자료나 직업 척도의 한계 때문에 문제나 불확실성이 존재하는 경우, 순위를 불확정적인 것으로 분류한다. 응답자 2,002명에게 순위가 할당되었으나 전체 순위 가운데 17%는 불확정적인 것으로 판단되었다. 추가 응답자 111명에 대해서는 설문지를 통해 얻은 정보가 전혀 없거나 계층을 막연하게나마 가늠하는 데 필요한 정보가 부족했기 때문에, 순위가 아예 할당되지 못했다. 다시 말해 이들 응답자 중 22% 이상의 계층을 분류할 수가 없었다(월런과 월도, 1964, 291~92).″

도대체 응답자 중 17%는 얼마만큼 '불확정적'이었을까? 적잖은 아이들이 "우리 아버지는 포드에서 일한다"거나 "전화회사에서 일한다"거나 "해군에 있다"고 막연하게 대답했는가 하면, "물건을 판다"거나 "하청업자다"라는 식의 모호한 대답을 내놓았다. 그런 식으로 응답한 아이들에게 홀링스헤드 척도의 일곱 가지 계층을 할당하는 일은 불가능했다. 연구자들은 "성직자" 같은 막연한 응답에 대해서도 계층을 분류할 수 없었다. 성직자란 부유한 교외 지역의 성공회 교회에 재직하는 신학 대학 출신일 수도 있지만, 독학으로 목사가 되어 빈민가의 상가에서 개척 교회를 운영하는 사람일 수도 있기 때문이다. 연구자들은 아이들이 "친목회 부대표", "화물 적재 전문가", "제철소의 불 때는 사람", "해양 공학자", "보험 인수인", "노사관계 대행인" 등 일반적인 직위표에서 찾을 수 없는 용어로 아버지의 직업을 설명한 경우에도, 아버지의 계층을 분류할 수 없었다. 그러한 용어의 뜻을 짐작할 수는 있지만, 회의론자라면 그것을 확실한 측정 결과로 받아들이지 않을 것이다.

다시 말해 윌린과 윌도의 데이터 가운데 계층을 제대로 분류하는 데 필요한 척도를 제공하지 않는 비율은 무려 17%에 달했다. 그 이외에도 추가 응답자 111명(5.5%)은 응답 자체를 하지 않았다. 이렇게 연구자들이 분류하지 못한 응답자는 전체 중 약 22%에 달했다. 이들은 해당 연구가 도달하고자 했던 결론을 뒷받침할 목적으로 마련된 표에서 제외될 수밖에 없었다. 이는 분류의 오류를 넘어서서, 데이터를 요약하고 있는 표에서 발견된 통계적 연관 관계의 방향을 실질적으로 바꿀 정도로 큰 비중이다. 이러한 결과를 통해 우리는 별도의 확증 없이 자기 행동에 대한 사람들의 응답을 신뢰해서는 안 된다는 것을 알 수 있다.

윌린과 윌도가 겪은 문제는 단순히 운이 나빠서도, 절대로 무능력해서도 아니었다. 이 사례는 폭넓은 흥미를 자아내며 한층 더 광범위한 분야에 적용된다.


## 데이터, 증거, 아이디어

사회 과학자들은 자기 자신, 동료, 그 외 독자들에게 우연의 일치나 단독 사건에 그치지 않는 진리를 발견했다고 설득하기 위해 데이터, 증거, ('이론'이나 '개념'으로도 불리는) 아이디어, 이렇게 세 가지 요소를 취합한다.

사회 과학자들은 무언가를 어떤 식으로든 관찰하고 그런

다음에 좀 더 영속성이 있는 글, 시각 자료, 음성 녹음 등으로 기록하는 일을 한다. 즉 사회 과학자들의 연구 재료는 주목할 만한 물리적 객체로 이루어져 있다. 심장의 전기적인 활동을 보여주는 심전도 측정기의 기록 등 기계가 만들어내는 흔적, 설문에 응답하거나 사회학자 또는 역사학자가 발견하고 활용할 만한 글을 쓰는 사람들이 생성하는 흔적, 사회학자들이 보고 들은 바를 기록으로 남길 때 생성되는 흔적, (체포한 사람의 이름과 기소 혐의를 기록하는 경찰관과 같이) 업무의 일환으로 자신의 행동을 기록하는 사람들이 생성하는 흔적, 사회 과학자와 협력하여 조사 대상이 자신들의 면전에서 하는 말과 행동을 기록하는 사람들이 생성하는 흔적 등이 그러한 물리적 객체에 해당한다. 이렇게 기록된 흔적은 연구자가 과학적 추론을 하는 데 필요한 재료인 데이터 역할을 한다. 앞서 월린과 월도의 데이터는 학생들이 설문지에 기록한 내용이었다.

이처럼 취합된 정보를 기록으로 보존한 데이터는 과학자들이 그것을 활용하여 어떤 주장을 뒷받침할 때 필요한 증거가 된다. 독자가 그러한 증거를 원래의 데이터가 취합될 당시에 일어난 일에 대한 타당한 진술로 받아들일 때는 좋은 증거가 된다. 우리는 글이나 말로 이루어진 설문의 응답을 기록한 자료나 현지 출생증명서 보관소에서 복사한 자료를 토대로 어떤 사람의 나이를 추정한다. 대개 응답의 신뢰성과 진실성은 그러한 데이터로 충분히 입증되므로, 사람들은 "맞아요, 그 여자는 사실 스물두 살이에요"라는 식으로 우리의 주장을 받아들인다. 출생증명서는 그 여자의 나이를 합당한 수준으로 입증하기 때문에 증거가 된다. 진술을 뒷받침하며 글로 기록된 것을 뛰어넘는 현실, 즉 기정사실을 제공하는 데이터가 된다는 것이다. 출생증명서는 나이라는 사실에 대한 식별 가능한 증거이다. 기정사실의 '기정'이라는 단어에서 우리는 사람들이 그 타당성과 무게를 납득할 때만이 증거가 증거로 인정된다는 사실을 깨달을 수 있다.

증거로 전환된 데이터는 다른 사람(동료 과학자, 다른 분야 관계자, 정치인, 일반 대중)이 신뢰하길 바라거나 적어도 일시적으로 받아들이기를 바라는 어떤 일반적 아이디어의 구체적인 사례에 대한 진술을 뒷받침한다. 과학자들에게 아이디어는 대개 우리가 '이론'으로 불리는 좀 더 일반적인 아이디어 또는 개념 체계에 속한다. 데이터는 어떤 아이디어를 뒷받침할 때 증거로 전환된다.

데이터, 증거, 아이디어는 상호 의존적인 순환 구조를 만들어낸다. 데이터가 우리의 흥미를 자아내는 까닭은 이 세상의 어떤 중대한 일에 대한 주장을 펼치는 데 도움을 주기 때문이다. 우리는 남들이 우리의 주장을 받아들이지 않을지도 모른다는 예상을 하고, 우리의 주장이 옳지 않다면 그 이전에 그 누구도 사실을 기록하지 않았기 때문이라는 것을 납득시킬 만한 정보를 수집한다. 또한 우리는 전개하고자 하는 아이디어가 있으면, 우리가 관찰할 수 있고 기록할 수 있는 데이터를 찾아 나선다. 이러한 데이터는 우리를 대신하여 남들을 납득시키는 일을 하게 된다. 이 세 가지 요소 각각의 유용성은 한 가지 요소가 나머지 두 가지 요소에 어떻게 연결되느냐에 달려있다. 우리가 증거로 제시하는 데이터가 신뢰를 안겨주지 못하거나, 데이터가 무엇을 제시하며 어떤 아이디어를 뒷받침하는 증거인지에 대한 우리의 주장에 사람들이 납득하지 못하면, 그 누구도 우리의 아이디어를 받아들이지 않으려 할 것이다.

이러한 내용이 월린과 월도의 연구에는 어떻게 적용될까? 그들은 자신들의 데이터(학생들이 설문지에 쓴 응답)를 학생들의 아버지가 실제로 하는 일에 대한 증거로 제시하고자 했다. '사회 계층'이라는 단어가 암시하는 한층 더 크고 복잡한 현실에 대해, 독자들의 인정을 받고자 했던 자신들의 아이디어를 뒷받침하려고 아버지의 직업에 대한 학생들의 진술을 이용하려 했던 것이다.

## 실증 과학의 목표와 타당성에 대하여

아이디어를 뒷받침하는 데이터를 언급할 때 나는 수학자 죄르지 포여George Polya가 실증 과학자들을 대상으로 타당한 추론의 분석에 대해 펼친 주장(1954)을 염두에 둔다. 내가 그의 말을 상세히 인용하는 까닭은 그것이 이 책에서 견지하는 근본적 접근법과 일치하기 때문이다.

말하자면 수학과 (사실상 수학의 한 분파인) 실증 논리학을 제외한 우리의 모든 지식은 추측으로 이루어진다. 물론 추측의 종류는 여러 가지다. 물리학의 몇몇 일반 법칙에 담긴 것과 같이 지극히 견실하고 믿을 만한 추측이 있다. 반대로 믿을 만하지도, 견실하지도 않은 추측이 있는데, 그중 일부는 신문에서 읽을 때 우리의 분노를 자아낸다. 그 중간에는 직감과 어림짐작 등의 온갖 추측이 존재한다.

우리는 실증적 추론에 의해 수학 지식을 확보하지만 우리의 추측을 타당한 추론으로 뒷받침한다. 수학적 증명은 실증적 추론이지만 물리학자의 귀납적 증거, 법조인의 정황 증거, 역사학자의 문헌 증거, 경제학자의 통계학적 증거는 타당한 추론에 속한다.

실증적 추론과 타당한 추론의 차이는 크고 복합적이다. 실증적 추론은 안전하고 논란의 여지가 없으며 최종적이다. 타당한 추론은 위태롭고 논란의 여지가 있으며 잠정적이다. 실증적 추론은 수학만큼 광범위하게 과학을 관통하지만 (수학이 그렇듯이) 그 자체로는 우리 주변 세상에 대한 중요하고 새로운 지식을 산출해내지 못한다. 우리가 세상에 대해 얻는 새로운 지식은 모두 타당한 추론을 바탕으로 한다. 타당한 추론만이 우리의 일상사와 관계가 있는 추론이다. 실증적 추론은 엄격한 기준이 있으며 (형식적이든 실증적이든) 논리에 의해 성문화되고 명확해진다. 이때 그러한 논리는 실증적 추론의 이론이 된다. 타당한 추론의 기준은 융통성이 있다. 명료성 측면에서 실증적 논리와 비교할 만한 이론이 있지도 않고, 그에 상응하는 합의를 이끌어내지도 못한다. (v)

이후에 나올 이 책의 나머지 부분은 내 기준에서 타당한 추론으로 이루어졌다. 당신도 내가 제공하는 증거를 바탕으로 그러한 추측을 타당하다고 받아들였으면 한다. 나는 사회 과학 보고서가 합리적인 주장과 타당하고 믿을 만한 결론을 제시하는 데이터에 의해 뒷받침되는 진술로 이루어진다고 본다. 그러나 그뿐만 아니라 현역 과학자로서 우리가 진리로 생각하는 것의 대부분이 언젠가 그리 진실성이 없는 것으로 판명되거나 현재의 공식과 데이터로 해명할 수 없는 식으로 변형될 수 있다고도 생각한다. 그 결과 퍼즐의 일부를 찾아내더라도, 그럼에도 여전히 해명되지 않은 것이 상당 부분 남으리라고 본다.

### 다시 살펴보는 윌린과 윌도의 연구

다시 윌린과 윌도의 연구로 돌아가 보자. 두 사람은 자신들의 데이터가 사회 계층, 계층 문화, 교육, 자녀 사회화의 양상 등을 애당초 바랐던 만큼 타당하게 뒷받침하지 못한다는 사실을 깨달았다. 그들이 제시하고자 했던 증거는 어린이 중 22%가 그들의 주장에 타당성을 부여하는 정보를 제공하지 않았다는 명백한 사실로 말미암아 치명적인 손상을 입었다. 데이터를 제공한 사람 가운데 약 1/4가량을 분류하지 못하고 어떤 집단으로 간주해야 할지 알 수 없다면, 연구자가 사회 계층과 관련이 있다고 제시한 다른 요소들의 차이를 인정받기는 힘들다. 연구자가 "성직자"를 중산층 동네에 있는 교회에서 일하며 '진짜' 자격을 갖춘 목사로 간주했는데, 교회를 방문하고 대화를 해본 결과 실제로는 성직자로서의 자격이 없으며 그저 소명을 받았다는 믿음만 품고 있는 인물이라면 어떻게 되겠는가? 연구자가 "전화회사에서 일한다"는 어린이의 응답을 보고 중역으로 분류한 아버지가 실제로는 중역의 사무실을 야간에 청소하는 잡역부이거나 전신주에 올라가서 하루 종일 망가진 전선을 수리하는 기술자라면? 아니면 반대의 경우라면? 월린과 월도는 자신들이 계층과 문화 등에 대해 하려던 세밀한 주장에 타당한 증거가 없음을 깨달았다.

그들이 당황한 까닭도 그 때문이었다. 그러나 걱정거리는 그뿐만이 아니었다. 그들이 살펴본 사회학 선행 논문 중에서 비슷한 문제를 비슷한 방법으로 연구한 학자는 많았지만, 그러한 고충을 토로한 학자의 논문은 한 가지뿐이었다.


우리의 연구는 직업 데이터를 확보하기 위해 세 가지 출처를 이용했다. 따라서 우리는 조사 응답자에게서 확보한 데이터에 국한된 다른 학생 대상 연구보다 직업적 순위에 대해 한층 더 탄탄한 근거를 갖추었을 가능성이 크다. 이러한 가정이 옳다고 보면, 다른 연구에서 불확정적 순위가 발생했을 확률이 한층 더 크리라는 것을 짐작할 수 있다.

불확정적 순위 할당은 측정 오류이며, 어떤 연구든 결과의 신뢰성을 가늠하는 요소로 보고되어야 한다. 그 이외에도 불확정적 순위 할당에 대한 조사자의 인식과 그 정도에 따라 원래 계획보다 덜 세밀한 직업 순위를 할당하는 편이 바람직할 수도 있다. (월린과 월도, 1964, 292)

신중하게 표현된 이들의 의혹을 통해 그 진짜 의미를 파헤쳐볼 필요가 있지만, 스탠퍼드 대학에 적을 둔 팀을 제외한 다른 연구자들은 그러한 문제를 경험하거나 보고한 바가 없다. 월린과 월도는 신중하게도 명확한 결론을 내지 않았다. 내기 그들을 대신하여 결론을 내보겠다. 다른 사람들도 그러한 문제가 있었지만 (그렇지 않을 수가 있을까?) 문제나 해결책을 보고하는 일 없이 임의로 해결했다. 얼마나 많은 연구자가 사회 계층을 측정하기 위해 그러한 척도를 이용해왔고 아직도 이용하고 있는지 생각한다면, 그런 데이터에 근거한 사회 계층 연구에 보고되지 않고 측정되지 않은 오류가 잔뜩 담겨있을 수밖에 없다는 사실을 인정해야 한다. 그러나 그 같은 척도를 사용하려면 연구자들이 모든 사례의 관련 변수를 제대로 측정했다는 전제가 뒷받침되어

야 한다. 이런 연구 분야에서 지속적으로 변칙성과 모순이 보고
되는 이유도 그 때문일 것이다.

월린과 월도의 문제를 비롯해 그와 비슷한 수많은 문제는
모든 분야에서 온갖 형태로 튀어나온다. 특히 모든 종류의 데이
터를 수집하기 위해 갖가지 방법을 활용하는 사회 과학 연구의
전 분야에서 그러한 문제를 찾아볼 수 있다. 사회 과학자는 그
같은 문제를 사회학 연구의 일반적 문제로 간주해야 한다. 또한
이런 점이 데이터를 망친다는 사실을 기억하고, 자신이 하는 일
에 대한 이해의 폭을 넓혀, '정상 과학normal science'에 이를 관례적
으로 제거하는 과정이 포함되도록 해야 한다. 그뿐만 아니라 이
문제를 새로운 연구 분야를 여는 수단으로서 좀 더 긍정적으로
활용하는 방안도 생각해봐야 한다. 조사 연구의 대가 하워드 슈
만Howard Schuman은 수십 년 전에 "조사에서 발생하는 문제는 우리
가 그것을 피할 수 없는 현실로 진지하게 받아들이는 순간, 그
것을 이해하는 기회가 된다(1982, 23)"고 말했다. 사회 과학자들
이 이 문제를 그만큼 심각하게 인식하지 않는다는 사실을 암시
하는 말이다.


## 또 다른 문제, 또 다른 아이디어, 가능한 해결책

만약 당신의 연구 데이터에 월린과 월도의 골치를 썩였던 불확

정성이 존재하지 않는다고 가정해보라. 응답자 모두가 명확하고 해석이 용이한 답변을 내놓는다는 뜻이다. 당신은 응답자에게 구체적이고 뜻이 분명한 선택지 중 하나를 고르도록 요청했다. 예를 들어 나이를 물을 때 18~25세, 26~45세 등과 같이 선택 가능한 범위를 여러 가지 제시한 것이다. 그러므로 답변의 의미를 혼동할 일이 없고 응답자를 어느 범주로 분류할지 고민할 필요가 없다. 사회 과학자들이 수집하는 정보 대다수가 그와 같다.

예를 들어 설문에는 대개 응답자가 (연구자의 관심사에 해당하는) 어떤 행동을 얼마나 자주 하는지 숫자로 답하라는 질문이 포함된다. 예술에 대한 대중 참여도를 묻는 어느 유명 설문에는 다음과 같은 질문이 포함되었다. "당신은 작년에 오페라 공연에 몇 번 갔습니까?" 이 외에도 연극 관람, 미술관 방문, 록 콘서트 관람 등의 횟수를 묻는 비슷한 질문이 포함되었다. 사회 계층적 위치와 예술적 취향의 관계에 관심이 있는 사회학자뿐만 아니라 특정 단체의 성과와 같이 좀 더 실용적인 용도에 관심이 있는 일반인이라면, 결과로 도출되는 표를 흥미롭고 유용하게 받아들일 것이다. 사회학자 상당수는 자신들의 예상대로 상류층과 중산층이 오페라, 미술관, 연극 같은 교양 있는 활동에 집중적으로 참여하는 등 계층에 따라 예술 참여도가 다르다는 결과에 환호했다. 그러나 리처드 피터슨Richard Peterson은 동일한 데이터에서 그러한 결과를 반박하기에 충분한 증거를 찾아냈다(피터슨과 심커스, 1992). 그는 오페라, 록과 재즈, 미술관, 만화책, 지적인 연극, 텔레비전 연속극에 이르기까지, 모든 활동에 참여하는 '잡식성' 사람들이 각 계층에 다수 있다는 사실을 지적했다. 피터슨의 생각은 국립 예술 기금이 전국 성인 표본을 대상으로 비슷한 질문을 던졌던 정기 조사의 결과에 근거한 것이었다.

이 모든 논의에서 위와 같은 질문에 대한 응답으로 구성된 데이터 덩어리는, 입장권 구매부터 피에르 부르디외Pierre Bourdieu의 아비투스habitus 이론에 내재된 뿌리 깊은 취향과 습성에 이르기까지, 사회 계층적 지위가 모든 것들에 어떠한 영향을 미치는지를 탐색한 갖가지 이론의 중요한 증거가 되었다.

그렇다면 그런 식으로 수집된 데이터가 이론의 타당성을 입증할 만큼 탄탄한 증거가 될 수 있을까? 사람들이 제공한 숫자에 그들이 실제로 한 일, 구매한 입장권, 방문한 장소, 지출한 비용 내역이 제대로 반영되어 있었을까? 그 같은 질문에 정확히 응답하기까지 응답자가 했던 일은 무엇일까? 그렇게 하려면 우연히 만난 조사자에게 그 모든 행사에 참여한 일에 대해 즉각 대답할 수 있을 정도로, 머릿속에 꼼꼼하게 기록을 남겨야 하지 않을까? 위의 설문 응답자들이 정말로 그렇게 했던 것일까? 물론 값이 비싸고 자주 가지 않는 오페라에 몇 번 갔는지 기억하기란 어렵지 않다. 그러나 그 다양한 활동을 몇 번이나 했는지 정확히 기억하는 일이 가능할까? 그들의 응답이 문화적 취향의 계층 간 차이에 대한 증거로 타당한지 검증하기 위해, 그들의 기억이 정확한지를 어떻게 알아낼 수 있을까? 그처럼 응답자 자신이 입증되지 않은 숫자로 보고한 데이터가 이론을 타당하게 뒷받침할 무게를 지닐 수 있을까?

우리는 응답자들에게 참여한 문화 활동을 전부 기록으로 남겨두라고 요청할 수도 있다. 닐슨 같은 주요 시청자 조사 회사들은 텔레비전 시청률을 그런 식으로 추적해왔다. 그러나 그런 수치를 증거로 활용하려면 조사 회사를 위해 시청 일지를 쓰는 사람들이 양심적이고 정확하다는 것을 확신할 수 있어야 한다. 결코 쉬운 일이 아니다. 물론 그들을 따라다니며 실제로 무슨 일을 하는지, 어디 가는지, 무엇을 시청하는지 직접 확인할 수도 있다. 그러나 우리에게 그런 일을 허락할 사람은 아무도 없을 것이다. 특히 무작위 표본 추출로 선택된 사람들이라면 어림도 없는 일이다. 지나친 사생활 침해인 데다 그러려면 다수의 연구자를 장기간 고용해야 한다. 그런 식으로 조사하면 훨씬 더 확실한 숫자를 얻을 수 있지만 말이다.

**당신은 노조 회의에 몇 번 갔는가?**

내가 방금 서술한 데이터 수집 방식을 이용하는 연구자들의 경우, 자신들이 취합한 응답의 정확성을 확인하는 일은 드물다. 그렇게 할 수는 있지만 그러지 않는다. 이 같은 상황에서 노조원의 노조 지부 회의 참석 빈도를 조사한 로이스 딘Lois Dean의 연구(1958)가 있다는 것은 다행한 일이다. 딘은 노조 회의 참석 빈도로 노조원의 정치 활동과 관점 차이를 설명할 수 있다고 보았다. 그녀는 노조원들이 보고한 전년도 월간 노조 회의 참석 횟수를 분석의 특정 독립 변수로 선택했다. 딘이 수집한 관점 데이터에는 정치적 관점과 노조 회의 참석 사이의 상관관계가 명확히 나타나 있었다. 그렇다면 회의 참석 횟수로 보고된 숫자는 얼마나 정확했을까?

다행히 제2의 데이터 출처 덕분에 그녀는 노조원이 보고한 참석 횟수의 정확성을 확인할 수 있었다. 동일한 노조 지부에 대해 관찰 연구를 시행한 조지 스트라우스George Strauss라는 동료 사회학자가 해당 연도의 모든 회의에 참석하여 참석자 전원의 이름을 기록한 것이다(모든 노조원과 안면이 있었기에 가능한 일이었다). 스트라우스의 참석 사실을 알고 있던 딘은 개별 설문 항목에 응답자의 이름을 은밀하게 표시해두었다(요즘에 그렇게 했다가는 큰 곤경에 처할 것이다). 그렇게 해서 정확히 대답한 사람과 (그녀의 우아한 표현에 따르면) '위선적'으로 대답한 사람을 가려낼 수 있었다. 응답자 가운데 29%가 거짓으로 대답했다. 그들 대부분이 좋은 노조원이라는 인상을 주고 싶었던지 노조 참석 횟수를 부풀렸다.

해당 조사 결과에서는 딘이 기대했던 패턴이 드러났다. 노조 회의에 자주 참석한다고 응답한 이들은 드물게 참석한다고 응답한 이들보다 좀 더 진보적인 정치관을 표출했다. 그러나 실제 참석 횟수를 감안하여 결과를 보정한 결과, 그러한 패턴에 변화가 나타났다. 다만 변화는 일부에 국한되었다. 긍정적인 상관관계는 동일하게 유지되었다. 하지만 나머지 상관관계는 사라졌고 몇 가지 항목에 대해서는 그러한 상관관계의 방향이 반전되었다. 회의 참석을 노조원의 정치적 관점을 예측할 수 있는 요소로 볼 수 없으며 참석 횟수를 부풀리는 경향 역시 그러한 요소로 볼 수 없다는 뜻이다. 다시 말해 사람들이 연구자에게 보고한 회의 참석 횟수는 그 어떠한 것에 대해서도 신뢰성 있는 지표가 아니었으며 따라서 응답자의 실질적 정치적 신념이나 행동에 대한 증거로 사용될 수 없었다. 그러한 데이터는 결론을 뒷받침할 만한 증거로서의 무게를 지닐 수 없었다.

## 오류의 명백한 근원과 조직적 일탈

나는 연구 관행의 기본 원칙을 제안하고자 한다. 이제까지의 논의에 내재된 교훈을 반영한 원칙이다. 쉽게 말해 우리는 과거에 일어난 일은 모두 다시 일어날 수 있다는 사실을 인식해야 한다. 연구자들은 월린과 월도가 설문 대상으로 삼은 어린이들이 그러했듯이, 응답자들이 질문에 대해 쓸 만한 대답을 내놓지 못할 때 이를 일생에 한 번 일어날까 말까 한 특이한 현상으로 생각해서는 안 된다. 그보다는 상존하는 위험으로 보고 (3장에서 자세히 알아보겠시만 자연 과학자들이 잠재적 오류의 근원으로 알려진 것에 경계하는 것을 일상 절차로 삼듯이) 경계해야 한다. 우리는 딘의 응답자들이 질문에 '위선적'으로 응답한 경향과 같은 주요 변수를 불가사의하고 특이한 행동으로 취급해서는 안 된다. 그보다는 늘 그 같은 가능성을 인식하고, 우리의 아이디어와 이론이 복잡하게 위장된 기술적 '가공품artifact'을 토대로 하지 않도록 신중한 조치를 취해야 한다. 윌린과 윌도는 물론 딘의 연구 역시 연구자들이 경계를 게을리할 때 발생할 가능성이 있는 오류가 무엇인지 잘 보여준다.

그러한 오류는 엉뚱한 장소에 치는 번개처럼 무작위로 발생하지 않는다. 실제로 우리 연구 활동의 체계성 덕분에 어느 정도는 오류를 예상하는 일이 가능하다. 이 책의 대부분은 사회학 데이터에 흔히 등장하는 유형의 오류를 살펴보고 추적하여 그러한 오류를 지속시키는 일반적 연구 방식을 밝혀내는 데 초점을 맞춘다. 다양한 연구 조직이 부족한 시간, 부족한 데이터 수집자, 부족한 돈으로도 정해진 조건에 따라 사회학 연구를 진행할 수 있는 건 그와 같은 일반적 절차 때문이다. 그럼에도 불구하고 그처럼 일반적으로 활용되는 절차에는 일종의 '안면 타당도face validity'가 존재한다. 이는 모두가 '어떤 문제'가 존재한다는 사실을 알지라도, 그것이 모든 사람 사이에서 통용되는 방식임을 깨닫고 남들 모두가 받아들인 것을 수용한다는 뜻이다.

다이앤 본Diane Vaughan(1996)은 이와 관련해서 훨씬 더 심각한 상황인 챌린저 우주 왕복선 참사를 다루었다. 본은 참사의 원인에 대해, 모든 참여자가 준수해야 할 절차에서 발생한 일탈을 아무렇지도 않게 수용한 데서 결함이 발생했으며, 누가 보더라도 심각한 문제의 소지가 있는 작업 순서를 집단적으로 수용한 '일탈의 정상화normalization of deviance'에서 비롯되었다고 말한다. 나사 공학자들은 기온이 일정 온도 아래로 떨어질 때 챌린저 우주 왕복선이 비행하면 선내의 오링O-ring이 고장 날 가능성이 크다는 사실을 알고 있었지만, 상사들은 우주 왕복선을 대기로 띄워 올려 의회를 만족시켜야 한다며 그들을 압박했다. 게다가 그들은 기온이 최적 온도 미만으로 떨어졌을 때 챌린저의 시험 운행에 아무런 문제를 겪지 않았고, 모두가 의견 일치에 도달한 분위기였다. 그래서 나사 공학자들은 알면서도 해서는 안 될 일을 했다. 예견된 참사가 일어났고 그 일은 언젠가 일어날 일이었다.

본이 챌린저호 참사에서 이끌어낸 개념을 차용하면, 사회학자와 다른 분야 연구자들이 명백한 오류를 내재한 방법을 왜 계속 이용하고 있는지 이해하는 데 도움이 된다.

이제 사회학 연구에 나타난 일탈의 정상화 사례를 좀 더 살펴보자. 비록 그 같은 문제가 일반적이라는 사실을 입증할 수는 없지만, 이를 심각하고 지속적인 주의를 요하지 않는 대상으로 치부해버리는 것은 어리석은 짓이라고 본다.

## 문제와 입증 책임을 간과할 때

프랑스의 사회학자이자 현장 연구 전문가인 장 프네프Jean Peneff 는 1988년에 〈관찰자를 관찰하다 - 현장의 프랑스 조사 연구 자〉라는 논문을 발표했다. 그는 프랑스의 주요 통계 조사 기관 인 국립통계경제연구소INSEE의 낭트 지사에서 일하는 면접 조 사 담당자들을 연구했다.

INSEE가 하는 일은 미국 인구 조사국과 같다. 7년마다 전 국 인구 조사를 시행하며 "교육, 직업, 사회 이동성, 가족 규모, 소득, 구매 의향, 가계 용품, 고용 기대(프네프, 1988, 522)" 등에 대한 다양한 연구를 수행한다. 프네프는 가장 노련하고 열의가 큰 면담자들에게 집중하기로 결정했다. 관리자들이 일반적으로 면담자의 속임수로 간주하는 행위가 줄리어스 로스의 의해 '고 용인에 의한 연구hired hand research'로 명명된 공통된 특징이라는 점 을 이내 간파했기 때문이다('고용인에 의한 연구'는 6장에서 자세히 다룰 예정이다). 프네프는 면담자들을 면담했고, 그들이 업무 방 식을 어떠한 방식으로 조정하는지 현장 관찰을 통해 상세하게 기록했다. 관리와 과학의 관점에서 볼 때 '데이터 수집'이라는 연구 활동을 관찰한 것이다.

나는 현장에서 가장 노련하고 열의가 큰 면담자들을 관찰 하기로 마음먹었다. 관리자와 국장이 가장 유능하고 면접 조사의 규칙 적용에 있어서 가장 양심적이라고 평가한 이들이다. (내가 현장에서 관찰한 바에 따르면) 놀랍게도 그처럼 높은 평가를 받은 면담자들이 지시 사항을 무시하는 경향이 가장 심했으며, 익명의 조사자라는 이상에 가장 덜 부합했다. 더욱이 관찰 결과, 유능한 조사 면담자들은 현장 연구자들의 태도와 기술 몇 가지를 지니고 있었다. 그들은 독창성, 약삭빠른 요령, 정보 제공자와의 협력적 관계 등 현장 연구자들이 정성적 데이터를 수집할 때 흔히 이용하는 것과 같은 습관을 직접 고안해냈다. (522)

프네프의 논문은 면담자들이 작업을 원활히 진행하고 응답자의 참여와 협력을 유지하는 동시에 상관의 요구에 부합하기 위해, 어떤 식으로 질문의 어휘와 면접 조사의 내용을 수정하는지 서술했다. 해당 논문은 직원이 관리자가 제시한 규칙과 (모든 종류의 업무 상황에 대한 사회학적 이해의 일반적 주제인) 업무 완수에 대한 정의를 일탈하는 방식을 백과사전식으로 나열한다.

프네프의 논문은 분명 INSEE가 수집한 데이터의 공식적인 설명에 얼마나 큰 차이가 있는지, 또한 그런 차이가 어떻게 해서 발생하는지를 밝혀냈지만, 그렇다고 INSEE가 거짓 관행을 일삼는다거나 지식을 생산하지 못한다고 '폭로'한 것은 결코 아니었다. 오히려 어떤 의미에서는 INSEE가 관리자들이 설정한 규칙과 절차에도 불구하고 핵심 활동에 직접적으로 관여한 직원들의 창의력 덕분에 그와 같은 업적을 달성할 수 있었음을 보여주었다는 면에서, 조직을 대상으로 한 수많은 사회학 연구와 유사했다. 다시 말해 INSEE는 면담자들이 활동의 지침으로 부과된 규칙을 회피했기 때문에 업무를 완수할 수 있었다. 그들은 '일탈의 정상화'에 관여했던 것이다.

그러나 그때 예나 지금이나 미국 최고의 여론 조사 조직 중 하나인 '전국여론조사센터'에 소속된 사회학자 두 명이 프네프가 제시한 시사점에 불쾌감을 느꼈다(스미스와 카터, 1989). 그들은 INSEE 면담자들에 대한 프네프의 면밀한 관찰(프네프의 데이터)이 INSEE 내 설문 조사 조직에 대한 사회학적 분석의 증거로서 타당하지 않다고 보았다. 그보다는 조사 연구 기관 전체에 대한 공격으로 간주하고는 INSEE가 제대로 관리되지 않는 것이 분명하다고 주장했다. 이곳이 전국여론조사센터나 미국 내 다른 조사 기관처럼 조사 방법을 올바르게 사용하는 기관을 대변하지 못하는 특이하고 변칙적인 곳이라는 것이다. 이들의 비판에는 프랑스의 상황이 뭐라고 딱히 말할 수 없는 면에서 특이하다는 뜻이 내포되어 있었다. 그들은 미국의 면담자들이 프랑스와는 다르고, 교육, 관리 감독 측면에서 우월하며 더 젊다고 말했다. 그러면서도 자신들의 비판적인 일반화를 뒷받침할 만한 직접적 데이터를 제공하지는 않았고, 그 대신 전통적인 논쟁 수법에 의존했다. 그래서 프네프가 그 같은 일반화를 도출하길 원했다면 입증 책임을 받아들이고, (특히 미국의) 다른 조사 기관들도 면담자에게 그 같은 행동을 허용한다는 탄탄한 증거를 제공해야 했다고 주장했다. (프네프는 미국의 조사 기관에 대해서는 언급조차 하지 않았다. 다만 그의 서술은 분명 미국의 관리자들도 프랑스의 관리자들만큼이나 직원들이 어떤 짓을 하는지 제대로 알지 못할 가능성이 있으며 이 문제를 조사할 필요가 있다는 점을 시사했다). 이는 사회 과학 실무자들이 자신들이 활용하는 방법에 내재된 지속적 오류의 중요도를 최소화는 여러 가지 방식 중 하나이다.

나는 그 당시나 지금이나 해당 일화가 사회학의 모든 관행에서 찾아볼 수 있는 좀 더 일반적 속성의 유사한 사건을 분석하는 데 본보기가 된다고 생각한다.

그러나 앞서 로이스 딘의 연구는 설문 데이터에 악영향을 끼치는 측정 오류를 시정하는 방법을 전달한다는 점에서 도움이 된다. 직접 가서 확인하라는 것이다. 아니면 딘이 했듯이 다른 사람에게 대신 확인해달라고 할 수도 있다. 물론 그렇게 할 시간을 낼 수 없다거나 남에게 시킬 만큼 돈이 없다면서, 딘의 방법은 해결책이 아니라고 말하는 사람이 많으리라 본다. 반대하는 이들에게 돈을 구할 곳을 알려줄 수는 없다. 그러나 데이터에 그런 종류의 오차가 포함되어 있고 그 오차를 시정하지 못하면 더 많은 오차가 발생하리라는 점만은 확실하다. 좀 더 믿을 만한 데이터로 주장을 뒷받침할 수 있다는 확신이 있으면 그러한 데이터를 수집할 수 있도록 연구의 우선순위를 다시 정하는 것이 바람직하다. 일반적인 연구 진행 방식에 내재된 일상적 절차가 어지럽혀질 수는 있지만, 대개 과학이 진보하려면 더 많은 노고와 시간과 돈이 필요하다.

그 이외에도 기법의 문제를 진지하게 다룰 때 우리가 연구하는 현상에 대해 중요한 사실을 알아낼 수 있으며, 문제가 존재할 때 새로운 연구 분야라는 결실을 얻을 수 있다는 슈만의 견해를 명심하라. 딘이 발견한 차이를 무시할 만한 골칫거리로 보기보다는 새로운 연구 분야를 열 기회로 생각하라. 예를 들어 사람들이 말하는 자신의 행동과 그들이 실제로 하는 행동의 차이를 연구할 수 있을 것이다. 또한 데이터 가운데 각각의 유효한 부분에 대한 연구도 해봄직하다. 거기에 우리가 생각했던 내용이 아니라 사람들이 하는 행동에 관한 정보가 담겨있을 수도 있기 때문이다. 연구를 진행하는 동안에 나타나는 모든 문제는 새로운 연구의 실마리가 된다.

## 누가 데이터를 수집할 것인가?

연구에 대한 사회학적 조사는 위와 같은 결과가 제기하는 의문에 대해, 사회학자의 일반적인 '방법론적methodological' 관심사와는 다른 접근법을 제시한다. 무엇보다도 중요한 점은 조사 대상이 되는 연구에 기여하는 모든 사람이 최종 결과에 영향을 준다는 사실이다. 겉보기엔 연구 제안서를 쓰고 데이터를 분석하는 사람에 대한 심층적이고 세밀한 고찰이 유일한 통제 요소인 것처럼 보일지 모른다. 그러나 내가 자료 검색 도중에 발견한 일부 사례를 보면, 데이터의 진실성과 신뢰성에 대한 책임이 직급이 매우 낮은 직원에게 떨어지는 일이 허다하다. 어떤 저자가 "해당 데이터가 알려주는 바는"이라고 할 때, 우리는 그 데이터를 수집하여 무엇인가를 알려줄 수 있는 형태로 최종 해석자에게 제공하는 이가 누구인지를 반드시 알아내야 한다.

다음과 같은 상황을 가정해보자. 시급을 받는 시간제 면담자인 해리엇이 설문 응답자와 대화한 후에 완성된 설문지를 짐에게 건네면, 짐은 응답을 코딩coding(부호화)하고 그 결과를 컴퓨터에 입력한다. 짐의 컴퓨터는 연구에 대한 지식이 전혀 없는 해롤드가 만든 프로그램을 이용하여 데이터를 축적한다. 그렇게 요약된 결과는 연구를 기획했지만 해리엇의 질문에 응답한 사람과 한 번도 대화를 나눈 적이 없으며 평생 한 번도 설문을 코딩해본 석이 없는 베커 박사에게 전달된다.

이 사슬(진짜 사슬과 같이 뒤로 갈수록 대개 길어지는 구조)에 속한 각각의 사람은 여정의 다음 단계로 나아가기 위해 데이터 준비 작업을 했다. 베커 박사는 그러한 활동에 대해 아는 것이 전혀 없다시피 하지만 (그가 알든 모르든 간에) 그 모든 활동은 그가 제공하는 증거로서 데이터가 지니는 가치에 영향을 끼친다. 연구 유형에 따라 연구에 참여하는 사람은 물론 그들이 하는 작업과 조직 환경도 달라진다. 그러한 차이가 연구 방향을 결정짓는 동기에도 영향을 준다. 나는 조직적 데이터 생성의 표준 유형,

책임의 재배치, 증거로서 데이터의 유용성에 영향을 주는 동기의 변경을 중심으로 이후에 나오는 분석의 대부분을 구성했다.

사회학자들이 연구하고자 하는 사람들은 자신들을 향한 질문에 답하는 것만으로도 연구자를 대신하는 데이터 수집자 역할을 하곤 한다. 그들은 응답자에게 신념, 생각, 행동 등을 질문하며, 응답이 어떤 보람 있는 목적에 사용되리라는 것을 암시하는 설문지에 답을 채워 넣는다. 그러나 고의든 아니든 이러한 데이터 수집자들은 (연구자의 연구 분야에서 훈련을 쌓지 않은 비전문가로서) 대부분 설문 작성자와는 딴판으로 질문을 이해하고는 부정확한 답변을 채워 넣는다. 그럼으로써 과학적 목적을 위해 결과 데이터를 활용하려는 사람에게 까다로운 해석상의 문제를 만들어낸다.

이와 정반대로 연구 대상인 사람들이 공동체에 자리 잡은 현장 연구자와 오랜 대화를 나누는 경우가 있는데, 이들의 대화는 때로 몇 년에 이르기도 한다. 연구자나 그 대리인은 그처럼 긴 과정을 통해 스스로와 응답자의 오해를 바로잡을 기회를 다양하게 얻을 수 있다.

내가 보기에 대량으로 데이터를 수집하는 대형 조직 중에서 가장 양심적인 곳은 미국 인구 조사국과 여러모로 미국 인구 조사국과 비슷한 (INSEE를 비롯한) 세계 각국의 인구 조사국이다. 미국 인구 조사국은 미국에 얼마나 많은 사람이 거주하는지 산출하며 정부나 다른 대규모 조직이 자신들의 활동을 조직하기 위해 활용하는 전통적 구분법에 의한 기준으로 사람들을 분류한다. 그야말로 수많은 사람이 인구 조사국에 수많은 것을 기대하는데, 그들 대부분이 원하는 것은 사전적 의미에서든 다른 의미에서든 '정확한' 숫자이기 때문에 인구 조사국을 운영하는 사람들은 정확한 숫자를 산출해야 할 강력한 동기가 있으며 막대한 재정적 지원을 받는다. 사람마다 원하는 결과가 다르며 자신이 원하던 결과가 아니면 다들 불평을 쏟아내기 때문에, 인구 조사국은 흠잡을 데 없는 품질의 데이터와 분석 결과를 내놓으려고 한다. 이와 같이 인구 조사국은 끈질기게 오차를 찾고 그 오차를 없앨 방법을 모색할 뿐만 아니라 변화하는 세계가 만들어내는 복잡한 문제에 대응하는 방식을 제시한다는 점에서 나머지 사람들에게 본보기가 된다. 세계가 변화함에 따라 한때는 고정된 범주처럼 보였던 성적, 민족적, 문화적 정체성이 바뀌었고 그에 따라 미국 국민을 묘사하는 작업이 한층 더 복잡해졌다.

다른 공무원의 작업으로도 사회 과학자가 활용할 수 있는 기록이 창출되지만 그러한 기록은 주로 해당 기관의 내부 용도로 활용된다. 범죄를 비롯한 여러 가지 일탈 행위를 연구하는 사회학자와 범죄학자는 경찰의 체포 건수와 다른 경찰 기록에 의한 통계를 데이터로 활용하는 일이 일반적이다. 마찬가지로 사회학자들은 검시관coroner과 법의관medical examiner이 산출하는 사망 원인 통계를 에밀 뒤르켐Emile Durkheim이 개척한 고전적 사회학 연구 분야인 자살 연구뿐 아니라 질병이나 건강과 관련된 연구에 활용한다. 학교를 비롯한 교육 관련 조직은 당장 사회학 연구 목적에 맞게 변형 가능한 정보를 대량으로 축적하고 있다. 담당 분야와 상관없이 정부 기관 역시 일부 연구자가 필요로 하는 수량 기록과 방대한 문서를 갖추고 있을 가능성이 크다. 그런데 그 같은 종류의 데이터는 연구 주제와의 관련성에도 불구하고 심각한 골칫거리를 만들어낸다. 데이터에 내재된 현상(즉, 사회학자가 연구하고자 하는 것)이 나중에 그 데이터를 자기 목적에 맞게 변형하게 될 사회학자의 연구보다는 해당 조직이나 그 조직을 세운 사람에게 유리한 방식으로 보고되기 때문이다. 애당초 경찰, 검시관, 교육자 등 사회학자가 사용할 수 있는 데이터를 수집하는 사람들은 모두 그러한 데이터를 자기 목적에 부합하는 방식으로 수집한다. 그들의 목적은 기록의 사회 과학적 유용성에 지장을 줄 수 있다.

일부 연구자는 사람들을 고용하여 다양한 주제에 대해 증거의 출처 역할을 하는 대규모 데이터베이스를 구축하고자 한다. 줄리어스 로스Julius Roth(1965)는 이러한 관행에 '고용인에 의한 연구'라는 명칭을 붙임으로써, 그러한 데이터 수집자들의 동기와 활동이 정확성에 대한 관심사보다는 수입을 극대화할 방안에 대한 모색을 반영한다는 것을 암시했다.

마지막으로 우리가 수석 연구자로 부르는 이들은 원로 교수에서 자신들이 수집한 데이터를 학위 논문의 소재로 활용하려고 하는 석·박사 과정생에 이르기까지 다양한데, 이들은 모든 작업을 자기 손으로 한다. 그렇게 하는 까닭은 같은 분야 동료 등의 전문가 독자가 신뢰할 만한 온전한 증거를 생산하고 싶어 서다. 아니면 개인적으로 아무것도 얻지 못한다 할지라도 그처럼 가치 있는 목적에 보탬이 되길 원해서다. 흔히 '민속지학적 현장 연구ethnographic fieldwork'로 불리는 활동을 하는 이들이 그러한 접근법을 대표한다. 내 생각에는 그중에서도 오지로 가서 그곳에서 '현지인들'과 함께 오랫동안 생활하는 인류학자가 그 전형이다. 사회학자들은 산업 활동이 일어나는 지역이나 관습에서 벗어나 '일탈적' 행동 유형이 나타나는 동네 등 자신들이 연구하고자 하는 일이 발생하는 장소에서 어느 정도 시간을 보내야 할 때가 좀 더 많다. 인간 활동의 거의 모든 유형이 그러한 방식으로 연구될 수 있으며, 그렇게 하면 연구자는 연구의 성격과 데이터 수집에 대해 전권을 지닐 수 있을 뿐만 아니라, 원하는 자료를 얻기 위해 필요한 일을 무엇이든 할 수 있다.

각각의 사례에서 데이터 수집자의 사회적 상황과 데이터 수집의 동기는 데이터의 신뢰도를 좌우하며 그에 따라 사회학적 주장의 증거 역할을 할 수 있는지 여부를 결정짓는다.

월린, 월도, 딘은 사회 과학의 역사에서 외떨어진 존재들이 아니다. 그들의 문제와 그들이 경험한 것과 같은 문제는 온갖 상황에서 모든 데이터 수집 방법과 관련하여 반복적으로 나타난다. 역사학자, 사회 과학자, 그 외 수많은 학문의 종사자들이 본격적인 학문의 초창기부터 지금까지 그러한 문제에 대해 고찰해왔다.

# 1장

# 연구 모형의 몇 가지 역사적 배경

알랭 데로지에르Alain Desrosières(2002)는 사회 과학 분야의 동시대 작업물에서 제안된 방식으로, 사회 과학자들이 데이터의 개발과 데이터를 증거로 전환하는 방법을 모색하게 됐다고 주장한다. 데로지에르는 오늘날 사회 과학자들이 사용하는 종류의 통계 데이터가 역사상 그 어느 때보다도 광활한 지배 영토를 적절히 관리하기 위해 체계적인 정보를 필요로 했던 유럽 개발도상국 관료들의 활동을 통해 형태를 갖추게 되었다고 설명했다. 이들은 원하는 만큼 정확한 데이터를 확보하지 못하자 자신들이 도출한 결론이 일어날 확률을 추정하는 수학 모형을 개발함으로써 부정확한 데이터 때문에 초래된 불확실성을 해소하고자 했다.

데로지에르는 이들이 필요로 했던 결과 도출 작업을 수행할 수 있을 정도로 현대 통계 기법과 관행이 발달하게 된 과정을 추적한다. "예측 가능하거나 예측 가능하지 않더라도 확률 계산 덕분에 예측 불가능성을 어느 정도 제어할 수 있게 됨에 따라 객관화하는 작업, 즉 불변의 데이터things that hold를 생성하는 작업"이 가능해졌다는 것이다(2002, 9). 그렇게 해서 만들어진 객체는 우리 모두가 거의 본능적으로 떠올릴 가능성이 큰 종류의 데이터다. 불변성, 지속 가능성을 유지하는 능력 덕분에 객체는 증거로서 기능할 수 있다. 우리는 불변의 데이터라고 할 때 확신에 찬 태도로 말한다. 그런 데이터가 우리의 주장을 뒷받침하면, 과학계의 동료들이 우리의 이론을 지지할 거라는 사실을 잘 알기 때문이다.

데로지에르는 연구자가 독자에게서 그 같은 종류의 동의를 얻어내기 위해 해야 할 일 두 가지를 서술했다. "한편으로 그들은 자신의 측정치가 객체의 정의와 부호화encoding 절차와 관련된 관행에 좌우된다는 것을 명시해야 한다. 그러나 다른 한편으로는 자신의 측정치가 현실을 반영한다는 말을 덧붙여야 한다. (중략) 객관성의 문제가 객관화의 문제로 대체됨에 따라 (중략) 현실은 연속적인 정보 기록의 결과물 형태로 나타난다. 기록이 보편성을 띨수록 - 다시 말해 좀 더 광범위한 투자의 결과로 기록의 토대가 되는 동치equivalence(두 객체가 같은 성질을 띠게 되는 것-역주)의 관행이 확고하게 자리 잡을수록 - 결과물의 현실성은 커진다(2002, 12)." 따라서 그러한 기록은 증거로서 더 큰 설득력을 얻게 된다.

나는 '동치의 관행'에 의해 이루어진 작업에 관심이 있다. 동치의 관행 때문에 우리는 하나같이 불확실하기 짝이 없는 데이터에 근거한 '현실'을 받아들인다(사회 과학의 데이터 수집 방식이 아무리 과학적이라 해도 불확실성은 피할 수 없다). 다시 말해 사회 과학 데이터의 운명은, 전적으로 믿을 만하지 않다 하더라도, 우리 사회 과학자가 사회 과학적 객관화 방식으로 산출된 객체를 우리 목적에 충분히 부합하는 것으로 합의하느냐에 달려있다.

사회 과학자들은 자신들이 통제할 수 없는 상황에서 작업한다. 다른 분야 과학자들과 달리 사회 과학자는 (인과 관계를 분리하는 방식으로서 실험 통제 모형의 핵심이 되는) '다른 모든 것이 동등'하다는 조건이 우리가 수집한 데이터에도 영구적으로 적용된다고 확신하는 척조차 할 수 없다. 우리는 항상 사건과 씨름할 뿐 아니라 우리 이론의 증거이며 지속성이 있는 '불변'의 데이터 수집 계획을 방해하는 사람들과 맞서고 있다. 그 결과 회의주의자들이 우리가 데이터, 증거, 이론의 관계를 밝히기 위해 만든 연관성을 반박할 기회는 항상 충분하다. 비판론자들은 마음만 먹으면 제시된 이론의 증거로서 데이터가 지닌 가치를 부정할 이유를 찾아낼 수 있다. 제시된 이론과는 별개의 이론으로도 동일한 결과를 도출해낼 수 있으리라 주장하고, 관찰, 분석, 보고의 오류 가능성을 들먹이는 식이다. 아니면 이들은 받아들일 수 있는 증거라 하더라도 이러저러한 이유 때문에 이론을 논리적으로 뒷받침하지 못한다고 주장하고 그에 이어 본래의 연구 설계에 상정되지 않은 이유를 끌어들인다. 그 이외에도 이론에 논리적 오류나 다른 결함이 있다고 주장함으로써 연구를 통해 구축하려는 논거 전체를 빈약한 것으로 치부하는 비판론자들도 있다.

어떤 데이터를 자신들이 뒷받침하고자 하는 이론을 입증하기에 '충분히 타당'한 데이터로서 받아들일 것인가에 관한 구성원들의 합의 수준은 학문 분야마다 다르다. 자연 과학자들도 이와 같은 어려움을 수도 없이 겪지만 이를 극복할 수 있는 방법을 조금이나마 더 손쉽게 찾아낸다. 이에 관해서는 나중에 자세히 알아보기로 한다. 토머스 쿤Thomas Kuhn은 과학 혁명을 다룬 명저([1962] 2012)에서 극단적이고 흔치 않은 사례를 소개했다. 모든(이라기보다 대부분의) 자연 과학 분야 구성원들이 자기 집단의 연구에 토대가 되는 전제에 동의한다. 쿤이 제안한 유용한 표현에 따르면 그들에게는 패러다임paradigm이 있다고 한다. 그들은 어떤 문제를 해결해야 할지, 어떤 데이터가 패러다임이 창출하는 부차적 이론subidea을 설득력 있게 뒷받침할 수 있는 증거인지 합의한다. 자기들이 언제 옳고 언제 그릇된 생각을 하고 있는지를 분간할 수 있다.

쿤은 사회 과학에서는 그처럼 만족스러운 상황을 보이는 일이 드물다고 고찰했다. 그는 그 같은 결론에 대한 근거로서 다양한 분야의 저명한 학자 50명 정도로 구성된 '고등행동과학연구소Center for Advanced Studies in the Behavioral Sciences'에서 자신이 1년 동안 연구원으로 일하는 동안에 소수의 사회 과학자 집단을 관찰하여 얻은 데이터를 제시했다. "무엇보다도 나는 정당한 과학적 문제와 방법의 본질을 놓고 사회 과학자 사이에서 빚어지는 의견 충돌의 횟수와 정도에 놀랐다. 나는 과학의 역사와 내가 아는 바에 비추어 자연 과학 종사자들이 사회 과학 종사자들보다 그러한 문제에 대해 더 확고하거나 영구적인 해답을 지닌 것은 아니라는 의혹을 품게 되었다. 그러나 어찌된 일인지 천문학이나 물리학이나 화학이나 생물학에서는 이를테면 오늘날 심리학자나 사회학자의 고유한 습성으로 간주되는 기본 문제 관련 논쟁이 대개 일어나지 않는다(쿤, [1962] 2012, xlii)." 물리학자에서 역사학자와 사회 과학자로 전향한 쿤에게 놀라움을 준 이 같은 사실들은 사회 과학자 대다수의 일상 경험에 영향을 끼친다. 이들은 직업 생활을 통해 그것이 자기 분야 사람들이 일을 하는 방식임을 잘 안다. 그러나 그들은 적어도 평상시에 특정 구성원 사이에서는 특정 작업을 마무리할 수 있을 만큼 합의가 이루어진다는 사실도 알고 있다.

나는 그러한 갈등이 최소로 일어나는 사회 과학 전통에서 성장했다. 다만 그곳에는 수많은 방법론적 차이가 존재했고 이는 나중에 가서 두드러지게 되었다. 제2차 세계대전 이후(대략 1940년대 초부터 1950년대 중반까지의 기간)에도 시카고 대학 사회 학과는 로버트 E. 파크Robert E. Park가 창안한 광범위하고 포용적인 이상의 영향에서 완전히 벗어나지 않은 상태였고, 관련 문제에 대한 온갖 심각하고 뿌리 깊은 의견 차이를 수용했다. 그러나 사회적 삶에 대한 다양한 연구 수행 방법을 전반적으로 받아들이는 분위기 속에서도 의견 차이는 존재했다. 적어도 내 경험은 그러했으며 나만 그런 경험을 한 것도 아니었다. 사람들은 모든 것에 대한 주장을 펼쳤지만(그곳은 대학의 학과였다. 그러니 달리 무슨 일을 할 수 있었겠는가?) 사실상 기본적 문제에 대해 다양한 접근법을 수용했고, 동료들이 중복되는 아이디어에 대해 증거로 제시한 데이터를 받아들였다. 연구에 다양한 형태의 데이터를 활용하는 사람들이 많았다. 예를 들어 파크의 제자 클리퍼드 쇼와 헨리 맥키는 경찰 통계와 법원 기록을 통해 (상관관계 계수 등을 비롯한) 통계 기법을 이용하여 분석할 수 있는 대규모 정량적 데이터를 뽑아내어 청소년 범죄를 오랜 기간 연구했다. 동시에 그들은 같은 문제를 덜 형식적인 방법으로도 연구했다. 개별 행위자가 상세하게 들려준 인생사, 범죄자로서의 삶, 범죄 이력, 범죄 성공과 실패 등을 수집하고 논문에 실은 것이다. 다른 학자들도 범죄 이력, 자살 등과 같은 행위에 대한 구체적 경험을 파악하기 위해 비슷한 자료를 조합하여 사용했다.《미들타운》(린드, 1929),《과도기의 미들타운》(린드, 1937),《처남부 지역》(데이비스와 가드너, 1941),《검은 메트로폴리스》(드레이크와 케이턴, 1945) 등 이 시기의 위대한 공동체 연구 가운데 몇 가지는 그러한 방법론적 범위를 보여주는 본보기였다.

서로 다른 방법론적 접근법을 강력하게(그리고 완고하게) 지지했던 이들은 대대적인 논쟁을 벌였다. 이를테면 허버트 블루머Herbert Blumer와 새뮤얼 스투퍼Samuel Stouffer가 사회 과학이 어떠한 형태를 취해야 할지에 대해 의견 충돌을 일으킨 것은 유명하다. 또한 어떤 사람은 한 가지 방법론에만 천착했다. 그러나 훗날 '정성적' 방법론과 '정량적' 방법론으로 불리게 된 방법론의 지지자들 사이에서는 조직적인 것은 물론 일상적인 의견 대립도 일어나지 않았다. 시카고 대학 사회 과학의 근거지인 시카고 동부 59번가 1126번지의 건물 정면에는 (저명한 물리학자 켈빈 남작이 한 말로 추정되는) 전설적인 어록이 새겨져 있다. "숫자로 표현할 수 없는 지식은 부족하고 불충분한 것이다." 그러나 그 건물에서 (적어도 나와 같은 시기에) 일한 몇몇 사람이 소중하게 간직한 이야기에 따르면, 어느 날 경제학자 제이콥 바이너Jacob Viner가 지나가다가 켈빈의 어록을 보고 다음과 같이 사색적인 말을 남겼다고 한다. "그렇긴 한데 숫자로 표현할 수 있는 지식도 부족하고 불충분한 것이지(코츠와 멍거, 1991, 275)."

내게 사회학의 길잡이 역할을 한 사람은 내 박사 학위 논문을 지도한 에버렛 휴즈Everett Hughes였다. 내가 박사 학위를 취득한 후에 사회학과는 내게 강의를 맡겼다. 그 덕분에 나는 교직원 회의에 참여하게 되었는데, 당시 나는 휴즈와 윌리엄 F. 오그번William F. Ogburn 사이의 명백한 호의와 친밀감을 보고 놀랐다. (교수들 사이에서 실제로 어떠한 일이 벌어지고 있는지 알 턱이 없는) 대학원 학생들은 두 사람이 분명 철천지원수일 것이라고 생각하고 있었다. 나는 휴스에게 그 이야기를 전했다. 그러자 그는 나를 제정신이 아니라는 듯 바라보았고 (내가 23세다운 의견을 늘어놓을 때마다 그런 감정을 느꼈을지도 모른다) 내 말이 무슨 뜻인지 궁금해했다. 나는 연구 방법론의 명백한 차이 때문에 두 사람 사이에 적대감이 형성되었으리라는 우리 모두의 생각을 전달했다. 그는 내 말을 비웃으면서 이렇게 말했다. "어리석은 소리 말길. 오그번과 나는 둘도 없는 친구라네." 그리고는 그 말을 확실하게 뒷받침하는 증거를 제시했다. 《캐나다 프랑스어 구사 지역》에 수록된 그 모든 표를 작성할 때 누가 도와줬을 거라고 생각하나?" 나는 그때의 교훈을 결코 잊지 않았다.

우리의 모든 지식은 불충분하고 초기적인 데 불과하다. 그러므로 우리는 올바른 과학과 숫자를 사용하는 유형(혹은 그 반대 유형)을 전적으로 동일시해서는 안 되며, 그러한 종류의 학내 분쟁에 휘말려 사회 과학의 형성에 문제를 더하는 일이 없도록 해야 한다. 그뿐만 아니라 사회생활의 구조를 이해하기 위한 방법으로 사회적 상호작용의 모든 세부사항과 그 결과에 오랜 기간 몰두하는 것을 정당화하는 연구를, 올바른 과학과 동일시하는 일도 없어야 한다. 우리는 모두 자기 나름의 작업 방식을 통해, 데이터 수집과 증거 활용을 개선할 방법을 찾아내기 위한 근원으로 오류를 이용할 수 있고, 이를 통해 좀 더 다양하며 훌륭한 아이디어를 창출할 수 있다. 그런 다음에 새로운 데이터 수집 방식 등을 이용하여 우리의 아이디어를 확인할 수 있다.

데이터, 증거, 아이디어는 실제로 상호 의존적인 순환을 이루므로 우리는 그러한 순환 구조를 따라 양방향으로 움직일 수 있다. 우리는 이전에 창출한 아이디어를 확인할 증거로 우리가 생성한 데이터를 활용하는 식의 고전적 방법을 시도할 수 있다. 그뿐만 아니라 생각지도 못하게 우리의 예상을 벗어나는 데이터를 활용하여 새로운 아이디어를 창조할 수도 있다. 어떤 방향을 택하느냐에 따라 우리가 활용하는 데이터 수집과 분석 방법은 달라지게 되어있다. 어떤 사람은 한쪽 방향으로 움직이는 연구를 전문으로 하며 우리나 다른 사람이 이전에 창조한 아이디어를 검증할 데이터를 생성하기 위해 그 어느 때보다도 정확한 측정 방법을 모색할 것이다. 이와 정반대 방향을 취하여 새로운 아이디어를 이끌어낼 만한 의외성을 지닌 데이터를 모색하는 사람도 있을 것이다. 우리 중 일부는 두 가지 방향을 모두 택하여 우리가 연구하는 사회적 상황에 대한 이해에 도움을 줄 아이디어를 창조하는 데 토대가 될 데이터를 모색하고, 그와 동시에 우리가 잠정적으로 도달한 결론을 검증할 방안을 파악하려 할지도 모른다. 우리 모두가 좀 더 발전하려면 우리 분야의 지식을 발전시킬 수 있는 다양한 방법을 인정해야 한다.

나는 서로 판이한 것으로 알려진 두 가지 과학 연구 방법의 동시대적 분열을 재고하고 불필요한 다툼을 막겠다는 의도에서 이 책을 구상했다. 또한 데이터, 증거, 아이디어 간의 관계에 대한 기본적인 의문들, 그리고 이 의문들을 풀기 위해 동원되는 다양한 방법을 연결함으로써 연구의 모든 측면에서 유용한 것을 밝혀내고자 했다. 그 결과 나는 정성적 연구의 유명한 오류를 수없이 재검토하기에 이르렀다. 건방지게 따지고 들려는 것이 아니라 그러한 오류를 인식할 때 우리 모두의 연구 방법이 개선될 수 있는지 확인하기 위해서였다. 또한 그와 마찬가지로 중대하고 비판적인 기준을 정량적 연구에 적용하려는 목적도 있었다. 특히 내가 앞서 언급했듯이 동일한 연구에 두 가지 데이터 수집 방식을 모두 적용하는 고질적인 (그러나 간과되게 마련인) 전통에 대해 주의를 환기하여, 올바른 사회 과학 연구의 일관성을 확인하고 촉진하려는 의도도 있다.

　이 같은 식의 추론을 통해 우리 모두는 참여하고 때로 관찰하며 측정하고 다른 사람에 대해 추리함으로써 지식과 행동의 유연성을 개발할 수 있다. 나는 뒷부분에서 바로 그러한 방법으로 진행된 뛰어난 연구와 이론의 사례를 제시할 것이다.

## 지식 모형에 대하여

데로지에르는 통계적 추론의 역사를 다룬 명저(2002)에서 과학적 지식의 두 가지 고전적 모형에 대한 주의를 환기한다. 각각 18세기 과학자인 카를 폰 린네Carl Linnaeus와 조르주 루이 르클레르 드 뷔퐁Georges-Louis Leclerc, Comte de Buffon과 연관된 모형이다.

　린네는 과학자들에게 연구에서 얻은 정보를 끼워 넣을 수 있는 종합 분류 체계를 활용할 것을 제안했다. 과학자들은 그러한 분류 체계의 모든 칸에 데이터를 채워 넣어 자신의 연구를 완성했다. 반대로 뷔퐁은 분류 체계의 구축을 주요 작업으로 삼아야 한다고 주장했다. 그는 새롭고 예상치 못한 데이터가 기존 분류 체계의 칸을 채우고도 남을 정도로 지속적으로 발생하기 때문에 분류 체계의 구축이 끝나지 않는 작업이며, 새롭고 예기치 못했던 패턴과 주장을 다시 분류해야 한다고 생각했다. 두 과학자 모두 동물과 식물을 연구했지만 연구에서 얻은 정보를 다른 방식으로 활용했다. 다시 말해 린네는 연구 결과를 자신이 구축한 체계의 정확한 칸에 채워 넣는 것을 과학자의 임무로 간주했다. 뷔퐁에게는 새로운 사실이 밝혀질 때마다 새로운 칸을 지속적으로 만들어내는 것이 과학자의 임무였다.

이 두 가지 분석 방법은 연구에서 산출한 데이터를 어떤 용도로 쓸 수 있으며 써야 하는지에 대한 처방적 형태 측면에서 (다소간에 불과하기는 하지만) 차이가 난다. 데로지에르는 두 가지 방법의 차이를 다음과 같이 분석했다.

모든 특징 중에서 린네는 몇 가지 특징을 선택했고 다른 특징은 배제한 채 그러한 기준에 근거하여 분류 체계를 만들었다. 그처럼 연역적으로 독단적인 선택의 타당성은 귀납적으로만 명백해질 수 있지만, 린네는 생물 '속genus'이 진짜라는 사실로 말미암아 그러한 선택이 불가피하며, 생명체의 타당한 특징을 결정짓는 것은 속이라고 생각했다. "속을 구성하는 것이 특징이 아니라, 특징을 구성하는 것이 속이라는 사실을 인식해야 한다. 특징은 속에서 비롯되지만 속은 특징에서 비롯되지 않는다." (중략) 이와 같이 동일한 분석 틀을 연구 대상인 우주 전체에 체계적으로 적용하면, 자연계에 존재하는 타당한 기준을 찾아낼 수 있다. 타당한 기준은 진짜였고 자연과 우주에 적용되었다. 그러한 기준은 체계를 형성했다.

그와 반대로 뷔퐁에게는 타당한 기준이 고정불변이라는 것이 미심쩍게 느껴졌다. 그러므로 가능한 한 모든 뚜렷한 특징을 연역적으로 고찰할 필요가 있다고 보았다. 그의 방법은 애당초 예상 가능한 생물 종 모두에 적용될 수 없었으며 그보다 광범위하며 연역적으로 구성된 '명백한' 과family에만 적용될 수 있었다. 그 이후 어떤 학자가 일부 종을 선택하여 서로 비교했다. 그런 다음에 비슷한 특징과 상이한 특징이 구별되었고 상이한 특징만이 유지되었다. 그리고 나서 세 번째 종이 처음 두 가지 종과 비교되었고 그러한 절차가 무한정 되풀이되었다. 이때 뚜렷한 특징은 오직 한 번만 언급되었다. 이렇게 해서 범주를 다시 분류할 수 있었고 동족 관계의 표가 점점 더 명확해졌다. 이러한 방법은 소수의 기준이 우주 전체에 타당하다는 것을 연역적으로 가정하는 일 없이, 생물 공간 중 개별 영역 고유의 논리를 강조했다. (중략) 이 같은 방법은 일반적 특징이 우주 전체에 대해 유효하다는 린네의 분류 기법과는 정반대되는 것이었다. (데로지에르, 2002, 240~42)

이어서 데로지에르는 사회 과학자의 일상적 작업 문제에 반영된 방법론적 차이에 주목했다.

논리적이고 일관성 있는 표를 구성하는 것에 만족하지 못하고 그 표를 이용하여 방대한 설문지를 부호화하려고 하는 통계학자는 여러 경우에 동화라는 수단에 의해서만, 즉 자신이 이전에 다루었던 사례와의 유사성을 토대로만 명명 체계에 포함되지 않은 논리에 따라 그렇게 할 수 있다는 것을 실감한다.

이러한 국지적 관행을 담당하는 것은 노동 분업에 따라 부호화와 입력의 작업장에서 악착같이 일하는 대리인들이며, 이들은 린네의 가르침에 고무된 리더들의 지휘를 받는다. 반면에 실질적인 집행자들은 그 사실을 모른 채 뷔퐁의 방법을 적용할 가능성이 크다. (242)

데로지에르의 분석을 현재의 사회학에 적용해보면 이러한 목표와 절차의 고전적 차이가 다소 다른 두 가지 작업 방식을 만들어낸다는 사실을 알 수 있다. 그러므로 우리는 그 두 가지 방식을 대립되는 것으로 보기보다 목표와 실행 측면에서 차이가 나는 것으로 보아야 한다.

### 린네의 해법

사회 과학 연구 방법에 대한 전통적 교육과 학생 연구 프로젝트의 승인 그리고 그 결과물인 학위 논문을 둘러싼 학술적 절차 대부분은 의례화된 형태를 취하며, 그 형태는 학생들이 실제로 하는 작업에 비해 형식적인 예우를 받을 때가 많다. 이러한 형식성은 본질적으로 데로지에르가 서술한 바와 같이 이상화된 린네의 절차를 반영한다. 실제로 가장 순수하고 고전적인 형태의 학위 논문 제안서에서는 기존에 수집된 선행 논문이 검토되는데, 이러한 선행 논문은 학생이 해결하겠다고 제안한 문제가 법률처럼 확고한 명제로 이루어졌으며 지속적으로 성장하는 체계로 나아가기 위한 조치를 보여준다.

나는 이 같은 사회 과학의 관점을 경제학자 비어즐리 러믈 Beardsley Ruml이 들려준 다소 미심쩍은 이야기를 통해 접했다. 러믈은 근로자가 고용주에게 받는 소득에서 세금을 원천징수하는 개념을 창안한 사람이기도 하다. 러믈이 시카고 대학 사회 과학 대학 학장일 당시, 인류학과 교수로 있던 로버트 레드필드 Robert Redfield는 방심한 교수들에게 접근하여 큰 목소리로 이런 질문을 하는 버릇이 있었다고 한다. "자네는 이번 주에 사회 과학의 벽에 어떤 벽돌을 추가했나?" 때로는 은유를 달리하여 상대방에게 과학의 사슬에 어떠한 고리를 더했냐는 질문을 하기도 했다. 레드필드 자신은 적절한 답변을 생각해본 적이 없다고 말했으며, 작고 수많은 물줄기가 대양으로 흘러갈 때 그중 일부는 좀 더 수심 깊은 해협을 가로질러 합류할 수도 있다는 현실적인 은유로 답하곤 했다.

학생들은 필요에 의해 가공된 문제에서 출발하여 남들('선행 논문')이 그 문제에 대해 설명한 바를 상세히 열거한 다음, 가장 중요한 일을 한다. 즉, 자신들의 연구가 어떻게 해서 기존의 불일치 일부를 해소하고 경쟁적인 해석의 옳고 그름을 판정하는 분석용 데이터를 수집할 것인지 구체적으로 설명하는 것이다. 학생이 중요하다고 제안한 문제를 해결하면 그 의례는 완성된다.

그러나 상황이 제안서 내용대로 흘러가지 않는다는 데는 거의 예외가 없다. 연구 결과는 대개 모호하며, 학생이 제안한 가설만큼이나 겉으로만 그럴싸한 대안적 해석을 제시한다. 연구는 명확한 '예'나 '아니요'로 시원스럽게 끝나기보다 '추가 연구가 필요하다'는 고전적 징징거림으로 끝난다.

그렇게 삶은 계속되고 학생들은 학위를 받을 수 있게 된다. 관련자 모두는 원래의 제안서를 무시하고, 실제로 나온 결과와 그 불운한 학생이 결과를 설명하기 위해 꾸며낸 사후 설명에 만족하기로 합의한다.

이 같은 상황에 가장 잘 들어맞는 연구는 정량적 연구 설계라는 고전적 유형으로서, 학생이 전공하는 분야의 주요 학술지에 실린 논문 중 상당수가 소재 역할을 한다. 정량적 연구 설계는 명망 있는 참고 문헌을 통해 문제를 명확하게 서술하고, 특정 인구 집단에 대해 조사를 진행하는 식의 적합한 연구 방법을 택한다. 이는 일반 선형 모형으로 불리며 연구자가 여러 가지 독립 변수의 영향을 (개별적으로든 집합적으로든) 검증하는 방식에 따라 결과를 분석한다. 학업 성적이나 경제적 성과, 사회 계층이나 인종의 관계에 대한 연구가 그러한 작업 방식을 택한다.

이런 연구 설계는 현대 사회학의 표준적 방법론이 되었다. 설문을 통해 대량의 데이터를 수집하거나 인구 조사, 공공기관의 출생 신고나 사망 신고 기록, 학교, 경찰서, 병원처럼 정기적으로 특정 정보를 모아 표를 작성하고 집계하는 조직에서 산출된 통계 자료 등 어떤 조직이 자체적인 목적에 따라 수집한 대량 정보를 활용하는 방식이다. 이러한 조직은 행정적인(그리고 대부분은 어느 정도 정치적인) 목적으로 데이터를 수집하지만, 대부분은 사회 과학자들이 연구 목적에 사용할 수 있도록 허용해준다.

설계된 조사 연구의 실행 과정에서 문제(예를 들어 적절한 응답자 표본을 수집하는 데 따른 어려움)가 발생하더라도 연구자들은 계획을 쉽사리 바꾸지 못한다. 분석의 논리가 계획이 적절히 실행되느냐에 좌우되기 때문이다. 그 결과 수많은 면접 조사interview를 거의 동시에 진행해야 하는 경우가 대부분이다. 그렇지 않으면 (면담이 장기간 지체될 경우) 사이사이 끼어드는 사건들이 응답자의 답변에 영향을 줄 수도 있다. 노련한 조사 연구자인 데이비드 골드는 아이오와 대학에서 두 그룹의 제자들에게 시행한 설문에 대해 내게 말해주었다. 설문 내용 중 일부는 교내 미식축구팀에 대한 인식을 묻는 내용이었는데, 한 그룹은 금요일에, 다른 그룹은 월요일에 설문 답변을 채워 넣도록 했다. 주말 동안에 벌어질 일은 분명했다. 아이오와 대학의 미식축구팀이 큰 승리를 거두었거나 완패를 당했거나 둘 중 하나였고, 어떤 경우든 상당히 유사한 두 집단의 인식은 설문에 답한 요일에 따라 극명하게 나뉘었다. 이 같은 문제의 일반적 해결책은 새로 발견한 어려움을 후속 연구의 대상으로 삼는 것이다(예를 들어 이는 동물 실험을 이용한 심리학적 학습 이론 실험에서 일반적이다).

공공기관 등의 제3자가 자체적 목적을 위해 이전에 수집했으나 연구자가 접근할 수 있는 데이터를 활용한 방식도 있다. 대표적인 사례로는 미국 인구 조사 데이터와 (에밀 뒤르켐의 고전적 자살 분석 이론의 소재가 된) 사망 원인 통계 등을 들 수 있다. 두 경우 모두 일단 데이터 수집 활동을 시작하면 완료할 때까지 계획된 대로 수행해야 한다. 방법을 바꾸어서는 안 된다. 연구자가 데이터를 추출한 기록에서 발견한 오류가 무엇이든 간에 그 데이터는 사람들이 과거에 만든 것으로 이루어져 있기 때문이다. 그러한 데이터에 오류가 포함되어 있으면 그대로 두어야 한다. 지나가면 끝이다.

이런 식으로 연구를 수행하면 이점이 많다. 적어도 원칙적으로는 지식을 축적하고 연구 분야에 대한 과학적 이해의 벽에 벽돌을 더하기가 상대적으로 용이하다. 개별 연구는 몇 가지 주장을 명시하고 이를 입증하는 데 치중하며 몇 가지 문제를 밝혀 낸다. 이러한 문제는 (결코 불가피한 일은 아니지만) 후속 연구에서 다루어지기도 한다.

좀 더 구체적으로 말하자면 위와 같이 연구를 수행하면 주요 변수에 초점을 맞출 수 있을 뿐 아니라, 다수의 사례에서

40~50명이 아니라 수백 혹은 수천 명에 대한 정보를 수집하여 변수를 측정할 수 있다. 그 결과 연구자들은 복잡한 통계 분석 기법을 활용하고 확률적 추론을 활용하여 자신들의 연구 결과를 좀 더 큰 규모의 인구 집단이나 좀 더 광범위한 사례에 대해 일반화할 수 있다.

발견은 모든 데이터를 수집하고 이를 집합체, 표, 구체적 측정치로 요약하는 과정이 끝날 때 찾아온다. 그때가 되면 보고할 만한 새로운 결과를 얻고 이를 토대로 이론을 내세울 수 있을 것이다. 그러나 다음 연구를 계획하고 수행하기 전에는 그러한 연구 결과를 활용해서는 안 된다.


**뷔퐁의 해결책**

연구 계획과 수행의 대안적 형태에서는 연구자들이 연구하고자 하는 사안에 대한 일반적이고 상당히 모호한 주요 아이디어로 시작한다. 뷔퐁은 이 세상에 어떤 면에서 서로 친척 관계인 동물들이 존재한다는 사실을 알고 있었지만 그 동물들이 어떻게 연관되어 있는지 알지 못했고, 자신이 과거에 연구 과정에서 개발한 범주가 새롭고 신기한 표본을 설명하고 분류하기에 적합한지 확신할 수 없었다. 그는 이 세상에 자신이 아는 것보다 훨씬 더 복잡한 경우가 존재할 가능성이 크다고 생각했기 때문에, 문제를 찾고 이를 활용하여 여전히 잠정적이기는 하지만 좀 더 적합한 분류 체계를 만드는 것을 과제로 삼았다. 이를 사회 과학의 경우로 바꾸어보면 단순하고 목표 지향적인 생각만으로 연구를 시작하는 것이다. 그 전형적인 사례는 연구자가 관심 있는 일이 일어나는 장소, 그곳에 있는 사람, 그곳에서 일어날 법한 일 등을 경험하는 것이다. 이런 식으로 작업하는 연구자는 그때까지 예측되지 못한 현상을 이해하고 설명하는 데 필요한 것을 발견한다. 인류학자가 브라질 내륙의 거대한 싱구강 유역을 거슬러 올라가면서 과거에 유럽인을 접촉한 적 없는 부족 집단을 찾아다니다가 운 좋게 발견하는 일을 예로 들 수 있다. 인류학자는 그 부족의 언어나 생활 방식을 알지 못한다. 물론 인류학자라면 누구나 그러한 '미접촉' 부족이 부족원들의 성관계를 규정하고 감독하는 친족 체계, 일상적인 원인으로 설명되지 않는 일들을 해명하기 위한 종교, 식량을 수집하기 위한 운영 체계를 갖추고 있다는 것을 짐작할 수 있다. 그러나 아직 이 부족이 어떤 방식으로 그러한 일들을 처리하는지는 알려지지 않았다. 이 경우에 작업에서 가장 중요한 부분은 해석되어야 할 것을 서술하는 과정이며 이는 본격적인 해석이 시작되기 전에 이루어져야 한다. W. 로이드 워너는 호주 원주민인 먼진족Murngin(1937) 사회와 현대 미국의 공동체인 매사추세츠 뉴베리 포트(1941~59)를 일컫는 '양키 도시'를 모두 조사한 사회 인류학자다. 워너는 현장 연구에 관해 제자들에게 이렇게 조언했다. (성년식이든 도시의 중대한 행사든) "중요한 행사가 곧 거행된다는 사실을 알게 되면 누구보다도 먼저 그곳에 가서 행사 내내 머물고 마지막에 떠나라. 그런 다음에 그곳에 있었던 모든 이에게 다가가서 말을 걸고 무슨 일이 있었는지 말해달라고 부탁해라."

워너는 그처럼 직접 행사에 참석하면, 사람들에게 물어볼 구체적인 질문을 떠올릴 수 있게 된다고 주장했다. 사회생활을 내가 그러하듯이 하나의 과정으로 생각하면(이 일과 저 일이 동시에 일어나고 그런 다음에 다른 일이 일어난다는 식으로 생각하면), 그러한 행사를 이미 정해진 칸에 끼워 넣기보다는 행사의 '내용'을 알아낼 때 더 많은 것을 파악할 수 있다.

따라서 이러한 유형의 조사에서는 초기에 습득하는 지식이 앞으로 무엇을 찾아야 할지, 해명이 필요한 것은 무엇인지를 어느 정도 결정짓는다. 블랜치 기어Blanche Geer와 내가 캔자스 대학의 학부생들을 대상으로 몇 년에 걸친 연구를 시작했을 때(베커, 기어, 휴즈, 1968), 우리는 의대의 학생 문화에 대한 몇 년간의 연구를 끝내고, 학생들이 자신들이 처한 상황 속에서 적절히 대응하기 위한 공공의 지식을 생산하려고 할 때 어떻게 협력하는지에 대해 수많은 아이디어를 수립한 참이었다. 물론 외부 세계와 차단되다시피하고 초점이 한정되어 있으며 압박이 큰 의대의 상황을 그와 판이한 학부 상황에 단순히 적용할 수는 없다. 애당초 우리에게는 일반적인 아이디어 몇 가지가 있었다. 예를 들어 문화는 문제가 있는 상황을 공유하고 그 문제에 대해 소통할 기회가 있는 사람들 사이에서 발전한다는 생각이 그중 하나였다. 그러나 우리는 근본적으로 다른 상황에서는 다른 결과가 나타나게 되어있으므로, 연구를 진행하면서 훨씬 더 많은 지식을 습득하기까지는 상세하고 검증 가능한 제안을 생각해낼 수 없다고 추론했다.

우리가 연구 장소인 캔자스 대학 교정에 처음 발을 들여놓은 때는 개강 며칠 전으로, 마침 신입생 예비교육 주간이었던 것 같다. 우리는 의대에서 발견한 지식 공유와 조직적 활동을 연구할 계획이었다(베커 이외, 1961). 그에 따라 다양한 동아리가 신입생들에게 자기네 동아리를 소개하기 위해 놓아둔 탁자 주위를 배회하면서, 그곳에서 만난 모든 사람에게 우리가 앞으로 몇 년 동안 교정에서 연구를 진행할 사람들이라고 밝혔다.

그때 잭이라는 이름의 어느 젊은 남성이 우리 이름과 하는 일 등에 대해 많은 질문을 하더니 사라졌다. 그는 몇 시간 후에 다시 나타나서 (나중에 알고 보니 그 시간 동안 다수의 교직원들에게 우리의 경력을 확인했다고 한다) 우리를 두 시간 동안 앉혀놓고 대다수 사람이 알지 못하는 교내의 정치적 생활에 관한 몇 가지 사실을 들려주었다. 요약하자면 그는 우리에게 남학생 교류 위원회, 범헬레니즘 단체(여학생 동아리), 학생회 등 교내 주요 동아리 대다수의 지도자들로 구성된 교내 비밀 단체가 있다고 말했다. 그에 따르면 이 단체는 각종 동아리의 대표와 회장을 은밀히 결정하며 힘이 닿는 한 대부분의 조직적, 정치적 행위를 통제하고, 대학의 고위 행정가에게도 상당한 영향을 끼친다고 했다. 우리는 너그럽게 말해 그가 약간 미친 사람일 거라 판단하고 그의 생각을 조사하는 데 초점을 맞추지 않았다.

그 후 2년 동안의 현장 연구에서 우리는 그가 우리에게 들려준 일들이 상당 부분 사실이라는 것을 깨달았다. 알아둘 점은 이것이 우리가 조사한 수많은 아이디어 가운데 하나에 불과했다는 사실이다. 우리는 그러한 사안에 대한 질문의 방향을 잡기 위해 그의 기이한 이야기를 신중하고 어느 정도 의혹을 품은 채로 활용했다. 그리고 교내의 일들이 실제로 잭의 말대로 일어난다는 사실을 거듭 깨닫게 되었다. 우리는 그것을 뒷받침하는 정보를 하나둘씩 습득했고, 개별 정보를 토대로 질문의 방향과 틀을 잡은 다음, 우리가 어떤 회의에 참석해야 하는지 등을 결정했다. 잭의 도움 없이도 결국에는 대부분의 일을 알아낼 수 있었겠지만 잭의 폭로 덕분에 그 과정이 빨라졌다.

동시에 우리는 우리가 습득한 다른 정보를 활용하여 연구의 다른 측면에 대한 방향도 잡았다. 단적인 사례 하나를 소개한다. 어느 오후에 나는 1학년 여학생 둘과 앉아서 그들이 하는 말을 듣고 있었다. 그러다 한 여학생이 다른 여학생에게 전날 저녁에 데이트한 젊은 남성에 대해 "그 사람 어땠어?"라고 물었다. "정말 괜찮은 사람이었어. 멋진 시간을 보냈지. 하지만 다시는 안 만날 거야." "왜 안 만나려는데?" "평균 학점이 너무 낮더라." 다른 여학생이 그것이 괜찮은 젊은 남성이 퇴짜 맞을 이유로 충분하다는 듯이 수긍했다. 하지만 나는 수긍할 수 없었다. 어른의 상식에 비추어 볼 때 합당한 이유로 느껴지지 않았다. 그래서 나는 물었다. "학점이 무슨 상관이죠?" 그녀는 인생의 기초적 진실조차 알지 못하는 어린이를 보듯이 나를 한심하게 쳐다보더니 올해가 자신의 첫 학년이므로 앞으로 3년은 더 남았는데 올해 이후에 대학에 남지 못할 사람과 진지한 사이가 될 생각은 없다고 설명했고, 그러는 동안 그녀의 친구는 이해한다는 듯 고개를 끄덕였다(그녀는 그가 몇 과목에서 낙제해서 학교를 떠나리라 단정한 것 같았다). 그 여학생은 대학에서 기대했던 멋진 시간을 보내는 데 방해가 될 만한 사람과 사교적으로나 낭만적으로나 엮이고 싶지 않았던 것이다. 대학 생활의 다른 분야에서 겪은 비슷한 경험 중에서도 이날의 예기치 않은 관찰을 통해 알게 된 깨달음, 즉 학생들의 생활에서 평균 학점이 압도적으로 중요하다는 사실을 확인할 수 있었다. 우리는 학생들의 연애 생활에 학점 체계가 영향을 끼친다는 사실이 검증 가능한 가설을 세우기에 충분할 정도라는 것을 상상조차 하지 못했다. (실제로 캔자스 대학의 일부 교수와 행정가는 우리의 이야기를 듣고도 믿으려 하지 않았다.)

연구자들은 이처럼 연구 대상의 활동에 참여하는 식으로 광범위하고 장기적인 현장 연구를 하거나, 공통 주제에 대해 장황하고 때로 즉흥적인 면접 조사를 시행한다. 두 경우 모두 어느 날 얻은 지식을 이용하여 그 다음 날 할 일의 틀과 방향을 잡는다. 예를 들어 예전에 내가 진행했던 연구들은 두 가지 방식 모두를 포함했다. 첫째, 음악인과 학생들을 대상으로 몇 년에 걸쳐 현장 연구를 수행하며 날마다 조사 방향을 정한다. 둘째, 개별 면접 조사 동안에 내가 직접 만든 질문을 개개인과 그들이 말하는 상황에 맞게 수정하여 마리화나 경험자, 교사, 연극계 관계자를 대상으로 상세한 면접 조사를 시행한다(구체적으로는 세 가지의 개별적인 연구다). 이런 식으로 작업하면 재빨리 작업 방향을 다시 잡을 수 있고 예상하지 못했던 흥미로운 문제를 연구하고 있는 현상에 접목할 수 있다. 첫 번째 면접 조사 과정에서 생각난 질문을 후속 면접 조사에서 물어보거나 시간을 들여 어떤 흥미로운 사건이나 아이디어에 대한 이해를 더할 다른 사례를 찾을 수도 있다. 연구는 일부 문제를 해결하고 다른 문제를 밝혀내는 지속적인 과정으로서 시간, 돈, 흥미가 소진될 때에야 끝이 난다.

미리 계획을 세워 학위 논문 심사위원회나 연구 기금의 출처 등 회의적인 독자에게 앞으로 무슨 일을 할지 알려주는 일은 불가능하다. 프로젝트 업무 전반에 걸쳐 연구자와 거의 동등한 파트너가 참여하지 않는 한 다른 연구자 집단에 작업을 맡길 수도 없다. 결과가 나오리라는 사실은 확신할 수 있어도 어떤 결과가 나올지 미리 짐작할 수 없다. 연구자가 전달하고자 하는 아이디어의 명확한 증거를 제공할 수도 없다. 다만 이런 방향은 현장 연구 지향적인 연구자 대다수에 비해 좀 더 많은 일을 할 수는 있다.

대규모 정량 연구로도 같은 일을 할 수 있지만 기간이 다르다. (윌런과 윌도가 그러했듯이) 이런 식으로 일하는 연구자들은 어려움을 겪고 오류의 근원에 부딪히므로 그런 것들을 발견하고 동료들에게 보고하며 추가 조사나 다른 데이터 수집 활동에 반영할 수 있다. 결국 두 종류의 과학자 모두 일상적인 절차를 개선하고 데이터의 정확도를 향상시킨다.

## 리버슨의 확률론적 모형

방법론 전문가로 이름난 스탠리 리버슨Stanley Lieberson(1992)은 사회학 연구에 나타나는 이 두 가지 모형에 대한 종합적 설명을 제시했다. 그는 세심하고 양심적으로 모형을 제안하면서 사회학자들이 '확률론적probabilistic'모형을 사용해야 한다는 확고한 결론에 이르렀다. 그의 논리는 다음과 같다.

한편으로 현재 우리는 어떤 이론에 위배되는 증거가 있을 때, 그 이론이 '잘못된' 것이거나 어느 정도 수정할 필요가 있다는 것을 보여준다고 추정한다. 반면에 사회 과학에서는 모든 관련 데이터가 이론과 일치한다고 추정하는 것이 비현실적이다. 이론이 옳은 것이라도 마찬가지다. 그럼에도 어떤 이론을 뒷받침하는 증거가 다른 해석의 여지를 없 앨 정도로 강력한 경우는 드물다. 따라서 현재의 절차대로 는 어떻게 해도 난국에 처하게 된다. 이론을 다룬다는 것은 증거를 다루는 것이다. 우리가 특정 증거를 너무 진지하게 취급하면 흠잡을 데 없이 훌륭한 이론을 기각할 가능성이 있다. 그렇다고 증거를 무시하면 이론은 얻지 못하고 추측 만 남는다. 이러한 문제를 어떻게 해결해야 할까?

첫 단계는 우리가 본질적으로 확률론적 세계와 상대하고 있고, 대다수 사회학 이론에 표현되어 있으며 검증의 개념 에 밑바탕이 되는 결정론적 관점이 비현실적인 것을 넘어 서서 부적절하다는 사실을 인정하는 것이다. 이론을 확률 론적 용어로 제기하면 (즉, 일련의 정해진 조건이 정해진 결과가 일어날 가능성을 바꾼다는 점을 명시하면) 사회생활의 실상을 정 확히 서술할 수 있을 뿐 아니라 부정적인 증거를 보자마자 이론이 옳지 않다고 단정하는 습관에서 벗어날 수 있다. (결 정론적 이론은 일련의 정해진 조건이 정해진 결과로 이어진다고 딱 잘라 상정한다.)

결정론적 인과 관계가 아닌 확률론적 인과 관계의 환경을 상정하는 것이 합당한 까닭은 무엇일까? 나는 우리가 사 회적 사건을 측정할 때 거의 무한정 발생하는 방대한 데이 터 오차에 대해서는 논하지 않을 것이다. 그러한 오차는 정 해진 결과의 관찰에 방해가 되지만 항상 발생한다. 다 떠나서 생각과는 별개로 복잡하고 변수가 많은 세계에서, 사회 생활이 결정론적인 힘에 좌우되듯이 행동하는 것은 비현 실적이다. 이처럼 결과에 영향을 주는 조건은 다양하게 존 재하므로, 정확한 이론이라 해도 그 이론으로 특정한 상황 의 결과를 예측하거나 심지어 규명할 수 있다는 것은 순진 한 생각일 뿐이다. 가장 단순하고 기계적인 개념만이 단위 의 이질성과 상관없이 하나의 이론이 모든 역사적인 상황 과 맥락에서 지배적인 영향을 끼쳐야 한다고 단정할 것이 다. 더욱이 모든 사건을 해명하는 이론은 세계의 역사나 다 름없다. (7)

이러한 확률론적 접근법에는 권장할 만한 장점이 많다. 리버슨 은 현재 우리의 연구 환경에 존재하는 연구 방법, 즉 그가 생각 하기로는 우리가 해명하려고 하는 결과에 지대한 영향을 미칠 수 있는 모든 사건과 대상을 다루려는 것을 목표로 하는 연구 방법을 비판한다.

확률론적 관점에서 일련의 복잡한 사건을 포함하는 이론은 매력적이지 못하며 실증 증거는 오해를 불러일으킬 가능 성이 있다. (중략) 연속적인 사건을 포함하는 이론은 거기에 내재된 확률이 사실상 모두 1.0이고 그런 다음에 연속되는 사건의 횟수에 따라 확률적 가치가 급속도로 떨어질 때만 유용하다. X가 주어질 때 Y의 확률이 0.7이며 Y가 주어질 때 Z의 확률은 0.6이라고 가정해보자. X가 주어질 때 Z의 확률은 $0.7 \times 0.6 = 0.42$다. 따라서 두 이론 모두 정확할 가능성이 있지만, 대개 여러 단계로 이루어진 이론은 개별 단계를 별도의 이론적 사안으로 간주할 때보다 예측 능력이 떨어지게 된다. 두 번째 단계의 발생 확률이 낮으면 오류는 한층 더 심각해진다. 예를 들어 전신마비를 일으키려면 먼저 매독을 앓아야 하는데 매독은 치료되지 않으면 여러 상태를 거쳐 진행된다. 그렇다 해도 치료되지 않은 잠복성 매독이 있는 사람 가운데 전신마비를 일으키는 사람은 절반에 한참 못 미친다. 분명 초기 조건(X 또는 매독)이 있는 이들에게 마지막 결과의 확률은 X를 경험하지 않거나 매독에 감염되지 않은 사람들에 비해 높을 것이다. 그러나 사슬의 각 부분을 조사할 때 우리는 한층 더 정확한 분석과 지식을 얻을 수 있다. 아니면 우리가 이론적으로 전혀 알고 있지 못한 복잡한 사슬의 일부가 있을 수도 있다. 제1차 세계대전으로 이어진 일련의 사건에서 1914년에 일어난 페르디난트 대공의 암살을 설명한 이론은 무엇이며, 암살이 일어나지 않았을 때의 전쟁 가능성을 다룬 이론은 무엇인가? (8; 리버슨의 인용 출처는 생략되어 있음)

그러나 내게는 리버슨의 합리적인 평가를 바꿀 만한 크나큰 이의가 있다. 사회학 연구는 일련의 구체적 전제 조건의 결과를 예측할 수 있는 결론으로 도출할 필요가 없다. 예를 들어 어떤 사람이 전신마비를 일으킬지 예측할 필요가 없다. 그 대신 전신 마비로 이어지는 경로를 규명하고 그 각각의 단계를 조사 과정 으로 취급하는 것을 목표로 정하면 된다. 그 과정은 전신마비라 는 최종 결과를 일으킬 수 있는 합병증을 좀 더 다양하게 포함 하고 있는 '블랙박스(좀 더 전문적인 용어로는 입력-출력 기계)'로 볼 수 있다. 리버슨이 (그리고 그 이외 많은 사람이) 큰 골칫거리로 본 합병증이 내게는 연구하고 싶은 새로운 일들로 생각된다(나 이 외에도 그렇게 생각하는 사람은 많을 것이다). 나는 그러한 합병증의 작용을 전신마비를 일으키는 데 관여하는 입력-출력 기계에 대 한 내 지식에 포함시키고 싶다. 블랙박스의 논리와 그 내부 작 용에 대해서는 다른 연구에서 다룬 바 있다(베커, 2014, 95~121). 이제 그러한 입장을 짤막하게 요약하겠다.

"우리는 종종 사회적 사건에 다양한 원인이 있다고 말할 뿐 만 아니라 주장하기까지 한다. 그러나 표준적인 방법에는 우리 가 아직 밝혀내지 못한 원인을 찾는 메커니즘이 담겨있지 않다. A와 B(리버슨의 사례에서는 X와 Y)의 관계 정도를 가늠하는 데는 유용하지만 '해명되지 않은 편차'를 조사하는 데는 유용성이 크 게 떨어진다. 그러한 편차는 우리가 찾아 나설 때까지 블랙박스 안에 머물러 있다(65)." 사회학 연구를 원인과 결과의 상관관계 가 아닌 입력-출력 기계의 내부 작용을 파악하는 수단으로 이해하면 연구 활동의 성격이 달라진다. 이러한 식으로 작업하는 사회학자는 합병증을 단순화하기보다 이야기에 추가하는 쪽을 택한다. 내가 정량적 비교 분석 같은 정해진 이론적 방법과 정성적, 정량적 연구 측면에서 그와 유사한 것을 논하는 과정에서 자세히 설명했듯이(베커, 1998, 183~94) 그러한 탐색이 반드시 반정량적일 필요는 없다. 그러나 검증된 상관관계를 제시하여 개인의 결정에 정확한 길잡이 역할을 할 수 있는 (게다가 그 안의 증거가 확률론적으로만 진실이므로 일시적으로만 진실인) 예측의 토대를 마련하려는 것을 목표로 하지 않는다. 그보다는 관리자들이 검증할 수 있는 (사회적 파장을 일으키리라고 예상하는) 조직의 행위에 영향을 끼치는 것이 목표가 되어야 한다.

이러한 모형과 연구를 구상하고 수행하는 방식은 사회학의 역사에 끊임없이 나타난다. 그러다 보니 가치나 오류 그리고 연구자들이 연구를 하면서 고른 선택지를 평가하는 선행 문헌이 방대한 양으로 증가했다.

이러한 논의에서는 "내 방법이 네 방법보다 훨씬 낫지" 같은 격론이 자주 발생하지 않는다. 나는 격론의 소지를 없애기 위해 최선을 다했다. 두 종류의 연구 모두 문제와 결함이 있으며 나는 그 두 가지를 공평하게 평가하고자 한다. 그렇다고 점수를 매긴다는 말이 아니라 사회학 분야의 연구 문제가 실제로 무엇인지 확인하고 그런 다음에 그 문제를 해결하는 방법에 대해 제시하고자 한다.

가장 분명한 점은 (그 자리에서 손쉽게 예측 가능한 문구를 인용하자면) 그 활용에 관련된 어려움에 대해 유사 종교적인 태도를 취하기보다는 실용적으로 두 가지 방식을 상황에 맞게 이용하는 편이 득이 된다는 것이다. 이렇게 하거나 또는 두 가지가 서로 다른 방식으로 지식을 확충하는 데 도움을 준 훌륭한 연구의 사례는 무궁무진하다. 나는 비어즐리 러믈이 말한 '사회 과학의 벽'이 지어진 적이 있는지 확신할 수는 없다. 그러나 작업을 잘 해내는 정도면 충분하다고 본다.

두 모형의 차이는 각각이 데이터-증거-이론의 순환 구조에서 어떠한 관계를 맺고 있느냐에 있다. '정량적' 모형으로는 대부분 데이터와 증거의 관계를 찾기가 어렵다. 정량적 모형의 데이터는 연구자가 나중에 할 주장의 증거로서 유용하다고 보고 측정한 것을 보여줄 뿐이다. 반면에 '정성적' 모형은 납득할 만하며 관찰된 사실과의 관련성을 주장할 수 있는 데이터를 토대로 하긴 하지만, 수집된 증거와 연구자가 주장하는 이론과 명확한 관계가 있다는 점을 입증하기가 어렵다. 각각의 접근법은 그 전제를 허용하는 한 장점이 있다지만 마찬가지로 특징적인 오류가 있다. 게다가 두 가지 접근법을 취하는 연구자 모두 필요한 경우가 아니면 그러한 오류를 해결하지 않는 편을 택한다.

여기까지가 앞으로 나올 내용의 대체적인 요약이다. 우선 나는 사회학 연구의 방법에 관한 논쟁 역사를 선별적으로 전달할 예정이다. 그런 다음에 상세히 설명된 자연 과학 연구 프로젝트를 통해 훌륭한 과학적 방법의 두 가지 사례를 살펴볼 것이다. 2부에서는 미국 인구 조사국이 실증 연구의 시조로서 어떠한 역할을 했으며, 이들의 실증 연구를 통해 어떠한 고전적 문제가 발생했는지 알아볼 것이다. 또한 실제로 데이터를 수집하는 사람의 관점에서 그러한 방법론적 문제를 처리하는 방안에 대해 일련의 짤막한 논의를 거치고, 주요 데이터 수집자들의 동기, 상황, 기량이 데이터 구성과 증거에 영향을 끼친다는 주장을 펼칠 것이다.

# 2장
## 데이터가 증거가 되기까지

앞서 우리는 좀 더 일반적이고 추상적인 사고방식으로 연구 문제에 접근하는 방법들을 간략히 알아보았다. 그러나 의견 차이가 역사적 진공 상태에서 일어나는 일은 없다. 문제를 철저히 이해하기 위해서는 과거에 무슨 일이 일어났으며 그 일이 어떠한 구조적 결과를 낳았는지 확인해야 한다. 어떤 종류의 집단이 형성되었을까? 사회학자의 업무 환경과 경력에서 사실상 영구적인 특성으로 고착된 과학적 연구를 어떤 식으로 수행해야 할까?

## 사회학자의 문제 해결법

영화광 세 명이 밖에서 술을 한잔하다가 아카데미 시상식에 대해 이야기하기 시작했다. 여러 수상자에 대한 의견을 내놓는가 하면 몇몇 수상자에 대해서는 의문을 제기하는 등 즐겁게 대화를 나누다가, 그들은 한 가지 문제에 부딪혔다. 1986년의 작품상 수상작과 여우주연상 수상자를 놓고 의견이 엇갈린 것이다. 첫 번째 사람은 작품상은 〈아웃 오브 아프리카〉가, 여우주연상은 그 영화에 출연한 메릴 스트립이 받았다고 생각한다. 두 번째 사람은 〈컬러 퍼플〉이 수상작이며 우피 골드버그가 그 영화로 여우주연상을 탔다고 주장한다. 세 번째 사람은 그해에 〈거미 여인의 키스〉가 작품상을, 제시카 랭이 〈스위트 드림〉으로 여우주연상을 탔다고 믿는다. 그들은 각자 자신이 언급한 후보들의 수상을 생생하게 기억한다면서 의견 충돌을 벌였다. 마침내 그들은 각 수상 항목에 대해 10달러씩 돈을 건 다음, 바텐더에게 실제로 어떤 영화와 배우가 수상했는지를 물었다. 바텐더는 그들이 야구에 관해 질문했다면 도움을 줄 수 있었을지도 모르지만 영화에 대해서는 아는 것이 없다고 대답했다. 때는 21세기이므로 한 명이 휴대전화를 꺼내어 위키피디아를 검색해보더니, 실제 수상작은 〈아웃 오브 아프리카〉이며 수상자는 〈바운티풀 가는 길〉에 출연한 제럴딘 페이지라는 걸 알게 되었다. 그들 중 아무도 예상하지 못했던 배우였다. 작품상을 맞힌 승자는 돈을 땄고, 여우주연상 내기에 걸었던 돈은 다시 챙겨 넣었다.

위키피디아는 그들의 문제를 해결해주었다. 그들은 (아무런 토론도 하지 않고) 무엇이 되었든지 간에 위키피디아의 정보로 문제를 해결할 수 있다는 데 합의했다. 그들 중 누구도 위키피디아의 정확성이나 타당성을 의심하지 않았다. 특정 주제에 대해 위키피디아가 제공하는 정보에 의구심을 느끼는 사람들은 많지만, 이 문제에 있어서는 아무도 정치적 편향성, 편집상의 오류, 적절한 참고문헌을 비롯하여 비판자들이 위키피디아에 대해 줄곧 트집 잡는 것들에 대해 이의를 제기하지 않았다. (내가 시카고에서 자랄 때만 해도 사람들은 〈시카고 트리뷴〉을 참고하여 내기의 승자를 정했다. 나는 〈시카고 트리뷴〉에 그러한 문제를 해결할 직원이 밤낮으로 상주하는 줄 알았다.)

과거에 만들어진 표현을 사용해보자면, 각각의 내기꾼은

어떤 영화와 배우가 수상했는지에 대해 (아이디어를 멋지게 포장한 용어인) 가설을 내세웠다. 그들은 (위키피디아에 명시된 내용인) 데이터를 찾아냈고 그 데이터의 권위를 인정했다. 그런 다음에 데이터를 증거로 활용하여 결론을 정당화했다(물론 그들은 내가 하듯이 자신들의 주장을 논리적 단계로 설명할 필요가 없었다).

나는 시카고의 술집에서 피아노를 연주할 때 들었던 손님들의 입씨름이 내가 그 이후에 사회학과 그 이외 분야의 학술적 논쟁이라는 일과를 통해 접한 모든 문제의 본보기라고 생각해 왔다. 아이디어, 데이터, 증거의 삼박자와 그것을 조작할 수 있는 방법은 어떤 분야의 지식인지, 어떤 종류의 데이터와 분석 기법을 사용했는지에 상관없이 예나 지금이나 내게 과학적 방법의 핵심으로 보인다.

그러나 사회학은 물론 사회학과 비슷한 문제를 다루는 기타 학문 분야가 술집에서 학술적인 논의를 진행하고 위키피디아에 문제 해결을 맡기는 일은 없다. 지지자와 반대자가 '검증'하거나 '연구'할 수 있는 아이디어를 고안하는 어려움은 그렇게 쉽게 해소되지 않는다. 연구자들은 문제의 답에 대해 열띤 논쟁을 벌이며 모든 사람이 결정적인 것으로 받아들일 만한 '중요한' 데이터와 그러한 데이터가 증거로서 할 수 있는 역할에 대해 서로 다른 의견을 내놓는다. 그에 이어지는 논쟁은 어느 정도 영구적인 형태를 띠며 조직적인 하위 집단 사이에서 이루어진다. 이러한 하위 집단은 교수 자리, 학생, 논문 발표 기회, (그리고 그중에서도 가장 중요하게는) 연구자들에게 과학적 연구의 진행에 필요한 시간과 여러 가지 요소를 제공하는 연구 기금을 놓고 경쟁한다.

좀 더 구체적으로 말하자면 일부 사회학자는 '정량적 방법'을 선호하고 옹호한다. 그들은 자신들이 산출하거나 측정하겠다고 제안한 '확고한 자료hard data'를 찾고 그 데이터를 활용하여 (표준화된 순위상의 수치에 따라) 하위 집단을 비교하며, 대개 언제 결과에 주목할지, 언제 그 데이터를 증거로 사용할 수 있을지, 언제 자신의 연구에 적합하지 않은 데이터를 폐기할지를 결정하기 위해 통계학적 검증을 거친다. 이러한 과정이 바로 1장에서 소개한 린네식 모형이다. 반대로 어떤 사회학자들은 '정성적 방법'을 사용하여 사람, 단체, 상황을 면밀히 관찰하고, 오랜 시간을 들여 발견한 결과를 상세히 보고하는 현장 일지를 다량으로 작성하며, 측정에 대해서는 크게 신경 쓰지 않는다(물론 그들도 실제로는 수치를 산출하고 그 결과로 아이디어를 검증할 때가 많다). 그들은 아이디어를 뒷받침하기 위해 자신들이 수집한 데이터를 활용하여 데이터의 속성에 적합한 여러 가지 방법으로 분석한다. 이러한 방법은 뷔퐁식 모형이다. 두 집단은 상대방이 수집한 데이터에 오류가 넘쳐나서 결코 증거로 사용되지 못한다고 생각하기 때문에 곧잘 다툼을 벌인다.

이런 식으로 특정 부서와 조직, 단체, 동맹 등에 소속된 사회학자들은 아이디어뿐만 아니라 린네과 뷔퐁의 연구 방법과 연관된 작업 방식을 내세운다.

예를 들어 나는 '정성적' 유형으로 분류되곤 한다. 내가 내심 현장 연구를 즐기는 것은 사실이다. 이를테면 일상 업무를 하는 사람들과 시간을 보내거나 길고 두서없이 이어지는 면접 조사를 통해 그들의 삶과 경험을 알아보는 것을 좋아한다. 비록 내 업무의 대부분이 그러한 형태이기는 해도, 실상 나는 두 가지 연구 방식을 모두 옹호했던 전통 속에서 성장했다. 로버트 E. 파크가 이끌었던 1920~30년대 시카고 대학 사회학과가 그러했단 말이다. 다른 수많은 '정성적' 연구자들이 하듯이 나도 연구를 하면서 수치를 구할 때가 많다. 그리고 (겁쟁이처럼 들릴지도 모르지만) 나와 가장 친한 친구 몇 명도 숫자를 계산한다.

그러나 결국 나는 증거의 가치가 있는 데이터의 요소가 무엇인지, 우리가 우리의 아이디어를 실증적으로 평가하려고 할 때 불가피하게 발생하는 문제들을 어떠한 방법으로 감안해야 할지 생각하면서 데이터를 수집하기 시작했다. 내가 내린 결론은, 문제는 데이터-증거-아이디어의 삼박자에 존재할 뿐만 아니라 연구자들이 그 셋 사이의 연결고리 형성에 자주 실패하는 데서 비롯된다는 것이다.

그래서 나는 정량적 사회 과학 데이터의 오류로 이루어진 여러 저작을 본격적으로 탐구하기 시작했다. 내 생각에 그 가운데서 예나 지금이나 최고의 저작은 오스카 모겐스턴Oskar Morgenstern의 고전인《경제학적 고찰의 정확성에 대해On the Accuracy of

Economic Observations》(1950, 1963)다. 경제학자이며 게임 이론을 공동으로 창시한 모겐스턴은 실증 연구의 초점을 해외 무역에 맞추었다. 당시 A나라가 B나라에 수출하는 제품 물량과 판매 가격에 대한 데이터는 오류로 가득하여 모겐스턴뿐만 아니라 그 분야에 종사하는 사람들의 골치를 썩였다. 무엇보다도 그는 어떤 주장에 대해 증거로 제시된 수치에 오류가 가득하다는 것을 자신뿐만 아니라 남들도 모두 알고 있을 때, 두 숫자 사이의 사소한 차이에 큰 비중을 두는 일반 관행을 싫어했다. 그래서 어떤 의견이나 두 숫자 사이에서 10% 이상의 차이를 발견하지 못할 경우에는 중요한 이론의 증거 역할을 할 수 없다고 보기까지 했다. 특히 그는 연구자들이 주장을 입증한 근거도 제시하지 않은 채 오류가 무작위로 분산되어 있기 때문에 오류를 '상쇄'할 수 있다고 말할 때 불쾌해했다. 어쨌든 그들의 데이터에는 오류가 있다는 것이다.

나는 모겐스턴의 저작을 신중하고 주의 깊게 읽은 다음, 그의 연구 결과를 후대 학자들의 연구 결과 그리고 모겐스턴을 괴롭혔던 것과 유사한 사회학적 데이터 문제와 접목시켰다. 예를 들어 도이처(1973)를 참조하라. 나는 남들이 우표를 수집하듯 오류를 수집하기 시작했고 (솔직히 말해) 오랫동안 정량적 연구에서 발생한 오류에만 흥미를 느꼈다. 일반적으로 정량적 연구에는 더 많은 오류가 포함되어 있다. 정성적 연구의 오류는 연구 도중에 발견하고 수정하기가 좀 더 용이하기 때문이다. 되돌아가서 다시 관찰하거나 질문하면 된다. 그 결과 완성된 연구에서 발생한 오류 중 상당수를 제거할 수 있다. 이러한 일이 가능한 까닭은 질문 방식을 바꾸거나 관찰 대상을 달리하며 오류를 수정한다고 해서 전체적인 연구 프로젝트가 무효화되지 않기 때문이다. 이 주장에 대해서는 나중에 좀 더 상세하게 알아보기로 한다. 물론 다른 정량적 연구자들도 모겐스턴이 발견한 오류를 알았다. 그러한 실수를 찾아내는 방법을 달리 누가 알겠는가? 그런 다음에 나는 오류 수정을 할 수 있었겠지만 굳이 하지 않은 정성적 사회학자의 연구에 포함된 비슷한 오류에도 주목하기 시작했다. 그 시기는 이 책이 탄생할 때쯤이었다.

그뿐만 아니라 나는 같은 유형이되 좀 더 신중하고 책임감 있게 진행된 연구 사례 다수를 찾아냈다. 알려진 오류를 저지르지 않고 증거에 필요 이상의 비중을 두지 않은 데다가 주장의 탄탄함을 확인하는 데 더 많은 수고와 시간과 돈을 들인 연구들이었다.

나는 내가 다수의 정성적 연구를 마음속 깊이 존중하고 있으며 그와 동시에 정량적 연구에 대해 그때까지 생각해본 적 없는 여러 가지 지식을 얻었다는 것을 깨달았다. 두 분야에서 발견되는 오류는 언뜻 달라 보이지만 대체로 비슷한 결함을 지닌다. (예시는 곧 나온다. 기다려라.) 내가 존중한 정량적 연구에는 공통된 특징이 있었다. 증거로서 신뢰할 수 없는 데이터를 주장을 뒷받침하는 데 사용하지 않았다는 점이다. 나는 일부 정성적 연구에서도 비슷한 패턴을 손쉽게 확인할 수 있었다.

현재 정성적 연구 방법과 정량적 연구 방법 사이에는 일상화되었으며 아무 생각 없이 당연시되는 갈등이 존재한다. 역사적으로 이러한 갈등을 고찰해보면 숫자와 언어, 정밀성과 표현성, 일반 법칙과 특정 상황에 대한 해석(좀 더 간결하게 말해 린네와 뷔퐁) 사이에 대립이 존재해왔다는 것을 알 수 있다. 이 모든 의식화된 적대감과 갈등은 사회학자가 수행하는 연구의 현실을 정당하게 반영하지 못한다. 사회학자들은 그런 식으로 행동하지 않았고 지금도 마찬가지이며 사실 그렇게 할 마땅한 이유도 없다. 그러나 두 가지 방법론 진영 간의 분열은 심화되고 견고해졌으며 모든 조직적 관행의 일부로 고착되어 불행히도 사회학의 피할 수 없는 현실이 되었다. 우리는 그러한 분열을 무시할 수 있지만 그러는 데는 대가가 따른다.

이러한 분쟁과 조직적 앙금에는 지나간 역사가 있다. 과거가 어떻게 해서 현재를 만들어냈는지 파악하면 도움이 된다. 다만 주의사항이 있다. 그 역사가 사회학 역사의 표준으로 간주할 만한 진짜 역사는 아니다. 그보다는 그 당시에 내 눈에 비친 현상이며, 그런 만큼 편협한 관점의 역사에 가깝다. 좀 더 상세하고 본격적인 역사를 원한다면 플랫Platt(1996)과 캐믹Camic(2007)을 참조하라. 그러나 이를 살펴보기 전에, 먼저 관련된 용어를 명료히 하고자 한다.

# 용어에 대한 해석 문제

이 책의 대부분이 연구 방법의 문제를 다룬다. 그러한 문제는 대개 형태와 강도가 다양하며 여러 가지 작업 방식에서 나타난다. 그러므로 용어 사용에 신중을 기할 필요가 있다. 흔히 사용되는 용어 중 일부는 사람에 따라 다른 방식으로 이해되고 있다. 그 결과 심각한 차이처럼 보였는데, 알고 보니 우리가 사용하는 용어에 공통된 의미가 없어서 비롯된 문제가 많다. 나는 남들이 그러한 용어에 어떤 의미를 부여해야 하는지 규정하려는 것이 아니다(나 역시 그러한 용어들을 그리 정확하지 않고 덜 형식적인 방식으로 사용했다. 이 책에서도 이미 그렇게 했을지도 모른다). 그러나 이제부터는 용어를 좀 더 신중하게 사용하려고 한다.

나는 주제를 구성하는 다양한 자료의 세부 사항과 미묘한 의미 차이에 주의를 기울이며 (항상 그렇지는 않지만) 일반적으로 데이터를 숫자보다 언어로 설명하는 연구를 설명할 때 '정성적'이라는 단어를 사용할 것이다. 정성적 연구에서 가장 중요한 데이터는 연구자의 관찰이나 면접 조사의 정확한 기록일 것이다. 연구자들은 자료의 의미를 문제없는 기정사실로 받아들이기보다 연구의 대상으로 간주한다. 그들은 때로 자신들이 서술한 것들에 대해 사례를 제시한다.

나는 '연구자가 의미를 취할 것'을 강조한다. 예를 들어 내가 어떤 여성에게 나이를 물어본다고 해보자. 그녀가 알려준

'나이'의 의미를 생년월일과 연관된 일련의 기수基數이자 산술적으로 처리할 수 있는 답변(예를 들어 어느 집단 구성원들의 평균 연령을 구하는 것처럼)으로 받아들인다면, 지금 나는 '정량적 연구'를 하고 있는 것이다. 이때의 나는 대개 응답자가 '나이'라는 단어를 어떻게 이해하고 있는지를 굳이 확인하지 않는다. 그러나 내가 내 질문에 대한 그녀의 답변을 내가 아직 접한 적 없는 사회적 견해와 맥락 안에서 그 단어가 갖는 의미로 받아들이고는, 그 단어를 그녀가 자신의 삶과 사회적 상황에 들려준 다른 내용을 해석하는 데 사용하고 그 어떠한 산술적 계산도 하지 않는다면, 내 연구는 '정성적'이다.

심각한 용어 문제가 발생하는 까닭은 사회학자를 비롯한 연구자들이 산술적인 가치가 없으며 그렇기 때문에 다른 방법으로 처리해야 할 데이터를 생성하고 활용하는 제반 활동을 설명하기 위해, 다양한 용어를 사용하기 때문이다. 이제 내가 직접 얻은 연구 사례를 통해 내가 설명하고자 하는 현상과 그 현상을 나타내기 위해 사용할 단어를 알아보자.

'현장 연구fieldwork'는 느슨한 의미로 쓰이는 잡동사니 용어이다. 이는 그때까지 알려진 바 없으며 연구자들이 합당한 연구 문제조차 떠올릴 수 없는 사회적 데이터를 수집하기 위해, 집을 떠나 다른 곳(현장)으로 갔던 고전적 인류학자들의 연구 방법에서 비롯되었다. 그들은 '토착' 언어나 종교, 친족 체계를 알지 못하며 연구 문제를 정하기 전에 그 모든 것을 습득해야 했다. 이

튼날의 연구를 계획하기 위해 첫날 얻은 데이터를 사용하는 식으로 활동했으며, 더 많은 지식을 습득할수록 좀 더 구체적인 질문을 짜고 한층 더 질서정연한 방법으로 그 문제를 조사할 수 있었다. 그들은 나이 같은 분명한 사실뿐만 아니라 연구 대상인 사람들이 어떤 현상에 대해 하는 말이나 행동 등 관련된 모든 내용을 기록했다.

사회학자들이 연구를 하기 위해 멀리 떨어진 장소로 떠나는 일은 없지만, 그들도 때로는 뉴기니의 오지나 아마존강 유역에 있는 미지의 장소에 간 인류학자들처럼, 자신들이 거의 아는 바가 없는 사회의 일부로 향한다. 그런 다음에 역시 인류학자들처럼 언어를 배우고 (새로운 언어를 배운다는 뜻이 아니라 자신들과 언어가 같은 연구 대상이 현지에서 쓰는 단어의 의미를 익힌다는 뜻이다) 일시적으로 머무르는 장소의 사회 형태와 생활 방식을 파악한다. 게다가 인류학자처럼 뜻을 이해하든 못하든 모든 것을 기록한다. 그보다 더 중요한 점은 그들이 날마다 얻은 정보를 이용해 그 다음 날에 할 조사의 계획을 짠다는 사실이다.

이것이 현장 연구의 순수한 사례다. 많은 사회학자가 그런 식으로 연구한다. 자신들과 그리 다르지 않은 삶과 관습을 유지하는 사람들의 삶을 조사하는 것이다. 그들은 하루의 일과가 끝나면 익숙한 자기 가정으로 돌아가서 평상시와 같은 삶을 영위한다.

현장 연구의 일부는 연구 대상에게 수없이 많은 질문을 하는 작업으로 이루어진다. 대개 사회학자가 관찰한 사물과 활동에 대한 아주 간단한 질문들이며, 상대방이 별 어려움 없이 답변할 수 있는 내용들이다. 예를 들어 "그건 무슨 물건이죠? 그 사람은 누구예요? 그 남자는 왜 그렇게 했나요? 우리가 지금 어디로 가는 거죠?" 같은 질문을 들 수 있다. 질문이 이끌어낸 답변에서 얻는 것이 많아지면, 사회학자는 연구 문제와 계획을 생각해내기 시작한다. 그때부터 질문은 한층 더 체계적이 되며 연구자는 상대방에게 좀 더 구체적으로 답하라고 압박하기 시작한다. 이제 연구는 점점 더 면접 조사 같은 양상을 띠게 된다. 그 결과 질문이 사전에 정해지며 그에 대한 답은 몇 가지 중 한 가지 형태를 취할 것이 분명해진다. 그러다 보면 수많은 사람에게 같은 질문을 하고 그들의 답변을 좀 더 체계적으로 정리할 수 있게 된다.

그러나 항상 그렇지는 않다. 사람들이 쓰는 단어가 무슨 의미인지 알지 못할 때가 많고 그 단어를 쓴 사람조차도 의미를 모를 때가 있기 때문이다. 그러므로 직접적인 맥락 안에서 의미를 이해할 수 없는 단어들을 파악한 후에 상대방에게 무슨 뜻인지 설명해달라고 요청해야 한다. 이렇게 하는 것을 '면접 조사 interview'라고 부를 수도 있다. 그러나 그 용어에는 다양한 의미가 있다. 물론 면접 조사가 내가 방금 설명한 식의 느슨하고 가벼운 조사를 뜻하기도 하지만, 때론 연구자들이 흔히 활용하는 좀 더 체계적인 조사 방식을 의미할 때도 있다. 예를 들어 특정 정보를 구체적 형태로 파악하고자 할 때, 면담자가 조사 대상에게 미리 마련해둔 답변 중에서 하나를 고르라고 하는 것이 그러하다. 그러나 그 이외의 목적으로는 조사 대상에게 자신만의 표현을 사용하도록 한다. 그 의미를 해석하여 범주로 분류할 때 조사 대상의 답변은 데이터로 전환된다. '구조화structured' 면접 조사와 '비구조화unstructured' 면접 조사라는 판이한 방법 사이에는 수많은 가능성이 존재한다.

한 번은 샌프란시스코 연극계의 사람들을 면접 조사하고 관찰하느라 일 년을 보낸 적이 있다. 나는 그들의 직업을 샅샅이 파악하고자 했다. (배우든 감독이든 기술자든) 어디에서 지금 하고 있는 일을 배웠는지, 어떤 작품에 참여했는지, 어떻게 그 일을 맡았는지 등을 알고 싶었다. 내가 처음 접근했을 때 사람들은 다소 불안한 기색이었다. 그들은 내 시시한 질문에 답할 시간이 있을지 확실하지 않다는 듯이 "얼마나 오래 걸리쇼?"라고 물었다. 나는 그들의 거리낌을 해소할 만한 방법을 생각해냈다. "질문이 두 개뿐이에요. 어떻게 이 업계에 입문하게 됐는지, 그런 다음에 무슨 일이 있었는지를 물을 거예요." 두 가지 질문은 내가 정말로 알아내고 싶은 내용들이었다. 나는 그들의 답변이 어떤 내용일지 미리 예상할 수 없었으므로 정해진 일정에 따라 내가 원하는 정보를 손쉽고 온전히 이끌어낼 만한 질문을 구상할 수 없었다. 무엇보다도 나는 내 질문을 그들이 사용하는 언어로 표현하고 싶었기 때문에 그렇게 할 수가 없었다. 질문의 형태를 조사 대상이 이미 언급한 내용으로 조정하고 싶었던 것이다. 그들은 내 농담에 웃음을 터뜨린 다음에 뻔한 응답을 내놓는 데 그치지 않고 내가 알고자 했던 자세한 정보를 제공했다. 나는 그들이 길게 응답하도록 유도했고 그렇게 해서 다른 방법으로는 알아낼 수 없었을 수많은 정보를 얻을 수 있었다.

그러한 형태도 분명 면접 조사였지만, 인구 조사 조사원이나 설문 연구자나 특정 조직이 하듯이 정해진 순서에 따라 고정된 표현으로 의견을 묻는 면접 조사 형식과는 큰 차이가 있다. 연극계를 대상으로 한 면접 조사는 내가 의대에서 현장 연구를 하면서 즉흥적으로 했던 면접 조사와도 달랐다. 의대 현장 연구를 할 당시, 나는 뭔가 새로운 일을 기다리고 있던 의대 학생과 단둘이 남게 되었고 그 학생에게 내 관심사인 학생으로서의 경험에 대해 몇 가지 질문을 던졌다. 학생이 내 질문에 흥미를 느껴서 일상적인 업무를 보거나 환자를 살펴보러 갈 때까지, 얼마나 자세히 대답하고 다른 질문까지 이어질지는 순전히 내 운에 달려있었다. 다시는 다른 사람들을 대상으로 되풀이하고 싶지 않은 식의 면접 조사였다.

이와 같이 면접 조사는 유형에 따라 천차만별이다. 양극단 중 한쪽에는 질문을 글로 옮겨서 면접 대상에게 읽어주고 사전에 정해진 범주에 맞춰 응답을 기록하는 방법이 있다. 그와 반대로 나 같은 면담자들이 관심 있는 주제에 대해 사람들에게 질문하고, 면접 조사가 진행되는 동안에 자신들이 들은 내용을 토대로 구체적 질문을 짜는 유형도 있다. 우리는 첫 번째 방법을 '구조화' 면접 조사로, 두 번째를 '비구조화' 면접 조사로 부른다. 면접 조사 방법을 분류하는 데 사용할 만한 체계적 범주는 결코 존재하지 않을 가능성이 크다. 하지만 그렇다고 모든 것을 되는 대로 뭉뚱그려 면접 조사라고 불러서도 안 된다.

(흥미 있는 상황에 참여하여 관찰하고 청취하며 지속적으로 이론과 관심사를 재구성하는) 현장 연구를 하는 사람들은 위와 같은 연속체의 어느 한쪽에서 다양한 방법을 동원하여 다양한 때에 면접 조사를 시행할 것이다. 그들이 할 만한 일을 모두 '면접 조사'로 부르게 되면 오해가 발생한다. 나는 특정 사례에 사용된 면접 조사 유형을 구체적으로 명시할 것을 권장한다. 나도 이 책에서 직접 실천할 예정이다.

그러한 입장의 중대한 결과 중 하나를 지적하자면, 어떤 현상을 눈으로 관찰한 것과 조사 대상이 그 현상을 관찰했다고 주장하는 내용을 혼동해서는 안 된다. 조사 대상의 설명이 실제 일어난 현상의 증거와 같은 비중을 차지할 수는 없지만, 특정 조합의 상황에서 일어난 일에 대한 우리의 판단력에 영향을 줄 수 있다.

그러나 복잡한 문제가 한 가지 더 있다. 나는 연극계 관계자들을 연구했을 때 면접 조사만을 하지는 않았다. 그들이 공연하거나 연습하는 장소로 갔고 한 달쯤 지난 후에 상당히 많은 사람과 안면을 틀 수 있었다. 그렇게 해서 내 면접 조사는 일종의 현장 연구로 이어졌다. 새 공연의 개막일에 나는 그때까지 조사한 사람들과 마주쳤고 이런저런 잡담을 나누었다. 그들은 내게 최근에 자기들에게 일어난 일을 들려주었고 나를 다른 사람에게 소개했다. 내가 무슨 말을 하고 싶은지 눈치챘는가?

이쯤에서 중요한 질문 두 가지를 생각해봐야 한다. 연구자들이 직접 관찰한 것은 무엇이며, 관찰하고 들은 내용 중에서 이론을 뒷받침할 증거 역할을 할 수 있는 것은 무엇인가? 또한 연구자가 연구 설계를 바꾸고 새로운 정보를 찾아 사용하기는 얼마만큼 쉬울까? 면접 조사가 개방성을 띨수록 현장 연구에 가까워진다. 반면에 개방성이 덜할수록 형식적으로 설계된 설문에 가까워진다. 항상 그러하듯이 답변을 읽는 사람들은 실제로 보고된 세부 내용에 주의를 기울이고 의존성이나 고정관념을 버려야 한다.

'민족지학ethnography'에 대해 언급할 것이 있다. 민족지학이라는 용어는 전반적으로 모호한 의미를 지니게 되어 내가 방금 설명한 모든 활동을 뜻하기에 이르렀다. 누군가 "내 주제에 대해 민족지학 연구를 했어요"라고 하면 내가 위에 설명한 여러 가지 방법 중에서 그들이 실제로 택한 방법이 무엇인지 알아차릴 수 없을 정도다. 내가 헷갈릴 정도면 다른 사람도 그럴 것이다. 이 용어는 무분별한 남용 때문에 쓸모없어졌다. 나는 내 말이 먹힌다는 보장만 있다면 민족지학이라는 용어의 사용을 금지하거나 최소한 자발적으로 중단하도록 권장했을 것이다.

이제 이 모든 것을 염두에 두고 역사적인 사실 몇 가지를
알아보자.

## 정성적 연구와 정량적 연구의 논쟁

논쟁의 양쪽 진영 모두 그 두 가지 형태의 데이터 수집을 효율
적으로 절충한 연구의 역사가 길다는 사실을 무시한다. 많은 연
구자들이 가능할 때는 측정을 하고 분석을 위한 자료가 필요하
면 다른 종류의 정보를 탐색했다. 동일한 연구에 두 가지 방식
을 모두 활용하는 일이 많았고, 입수할 수 있는 정보는 무엇이
든 활용했으며, 연구에서 밝혀진 것을 이해하고 체계화하는 데
도움이 되는 아이디어를 모색했다.

나는 남들보다 훨씬 어린 나이에 대학원에 입학하여 (시카
고 대학 학부는 그 당시에 조기 입학이라는 혼란스러운 시스템을 시행했
다. 그 덕분에 나는 17세이던 1946년에 시카고 대학 사회학과에서 석사과
정을 밟기 시작했고 23세이던 1951년에 박사 학위를 취득했다) 사회학
책과 논문을 읽기 시작했다.

그때는 사회학 학술지가 몇 개 되지 않았다. 3대 주요 학술
지(〈아메리칸 저널 오브 소시올로지American Journal of Sociology〉, 〈아메리칸
소시올로지컬 리뷰American Sociological Review〉, 〈소셜 포시즈Social Forces〉)와
소수의 지방, 지역,·전문 분야별 학술지에는 모든 사람이 읽을

만한 내용이 실렸다. 사회학 책은 지금처럼 대량으로 쏟아져 나오지 않았다. 제대 군인들이 대학원을 가득 메운 1940년대 후반까지는 사회학자가 많지 않았고 그들은 (교과서 이외에는) 책을 사지도, 출판하지도 않았다.

그래서 모두가 닥치는 대로 읽었다. 같은 전공인 친구와 나는 읽을 만한 내용이 실렸는지 확인하기 위해 신착 학술지를 샅샅이 읽었다. 그때는 검색 엔진 같은 것이 존재하지 않았기 때문에 참고 문헌에 넣어야 할 논문이 게재되었는지 알려주는 서비스도 없었다. 우리는 분야와 주제를 가리지 않고 논문을 읽었고, 모두 우리가 집중해서 읽을 만한 의견들이었다. 달리 읽을 것도 없었다. 우리는 닥치는 대로 읽었지만 탤컷 파슨스Talcott Parsons의 길고 난해한 저작《사회 행위의 구조The Structure of Social Action》는 제외했다. 사회학도라면 대개 그러했겠지만 최소한 시카고 대학의 학생들은 마음 편히 그의 책을 건너뛰었다. 하버드대 대학원의 학생 몇 명이 내게 자기네 학교 학생들은 1953년 이후에 출판된 파슨스 교수의 책을 절대 읽지 않기로 합의했다고 말하기도 했다. 그 까닭은 파슨스가 패턴 변수의 숫자를 너무 자주 바꿔서 이해하기 어렵고, 연구 제안서와 초고를 시간 내에 고칠 수도 없기 때문이었다. 그들은 자기들 모두가 합의한 규칙을 지킨다고 해도 그가 불평하지 않으리라 생각했다. 어쨌든 파슨스가 대학원 학생들을 모조리 내쫓지는 못하지 않겠냐는 것이다. 실제로 그는 그렇게 하지 않았다.

학구적인 학생이라면 1920~30년대에 시카고대 출판사에서 나온 논문 모음집을 읽었을 것이다. 그 당시에 출판된 논문 모음집은 주로 로버트 E. 파크의 제자들이 쓴 학위 논문으로 구성되어 있었다. 우리는 정성적이든, 정량적이든, 이론적이든 가리지 않고, 조직폭력단이나 공동체, 산업 조직, 혼인 적합성, 범죄율 예측에 대한 학술지 논문들을 읽었다. 3대 학술지는 그리 많은 논문을 게재하지 않았다. 그마저도 21세기에는 당연시되는 다양하고 세분화된 분야가 아니라 대부분은 사회학 전반을 다룬 논문이었다.

그 시대에 내가 읽은 논문은 대부분 길이가 긴 면접 조사나 인구 조사 자료, 설문 결과 중 한 종류만 사용했지만 (특히 시카고대 사회학과가 발표하고 시카고대 출판사가 출간한 사회학 책들이 그러했다) 다양한 종류의 데이터를 싣는 논문도 적지 않았다. (지금도 그렇지만) 그 당시에 내가 감명 깊게 읽은 책과 논문들은 낭연한 일이라는 듯이 다양한 방법을 활용했다. 요즘 권장되듯이 정성적 연구자들이 통찰과 가능한 가설을 제공하고 정량적 연구자들이 이론과 통찰을 '진짜 과학'으로 전환하는 검증 결과와 증거를 제공하는 식의 노동 분업과는 딴판이었다.

그런 식의 독서로 말미암아 형성된 인식이 있다. (시카고라는 대도시의 특성상 서로 모르는 사람들로 구성된 술집의 밴드에서 연주하는) 나 같은 음악인을 주제로 석사 논문을 쓰기로 결심했을 때 나는 당연히 현장 관찰과 연주자로서의 내 위치를 이용해, 관찰하고자 하는 장소와 인물들에 대한 데이터를 수집할 생각이었다. (난 학생이었지만) 그렇게 하면 논문을 위한 자료를 수집하는 동안에도 계속해서 연주 활동으로 생활비를 벌 수 있을 터였다.

그러나 나는 나와 같은 전통에서 교육받은 사회학자들이 하는 일 중 하나가 연구 대상의 생태학적 측면을 탐색하는 것임을 잘 알고 있었다. 나를 비롯한 같은 과의 학생 대다수에게 그것은 '공간 분포spatial distribution'를 의미했다. 아직 어리고 충분한 훈련을 거치지 않았던 내 생각에, '생태학ecology'이란 각 지역의 통계 수치에서 드러나는 '사회적 특성'이 있다는 이론에 근거하여, 내 연구 주제와 관련된 것들의 공간 분포를 그리는 활동처럼 비춰졌다. 그래서 나는 대학 서점에 가서 수많은 시카고 길거리 지도 중 하나를 샀다. 그리고는 전미음악인협회 시카고 지부이며 내가 소속된 '로컬 10' 회원들의 구직을 돕기 위해 발행한 《연맹 책자》에서 회원 1만 2,000명의 주소와 전화번호를 찾아 지도 위에 하나하나 공들여 표시했다. 나는 그러한 데이터에 심각한 결함이 있다는 사실을 알아차리지 못했다. 그 당시 시카고의 단체들은 인종적으로 분리되어 있었다. (흑인 음악인은 '로컬 208'에 소속되어 있었다.) 인종 분리 정책 때문에 흑인과 백인이 섞인 빅밴드와 일 년 동안 일할 때 몇 가지 골치 아픈 일들이 있었다. 음악인들은 인종 분리에 찬성하지 않았지만 협회의 지역 지부들은 인종 분리에 합의했고 (분명 다른 이유였겠지만) 시카고의 흑인과 백인 주민 모두 그런 방식을 선호하는 듯 했다.

지도를 만드는 고충을 겪고 난 후 나는 음악인들의 주소에서 그 어떠한 지리적 패턴도 발견하지 못해 속이 상했다. 그들은 모두 시카고에 살고 있었다! 게다가 나는 너무 순진하고 사회학적 사고를 하기에는 미숙했기 때문에 공들여 지도에 표시한 데이터에 중요한 발견이 포함되어 있다는 사실을 깨닫지 못했다. (그 당시 사회학자들이 청소년 범죄, 이혼, 정신 질환 등 '사회 해체' 현상을 연구하기 위해 활용한 지리적 지표와 달리) 음악인의 주소에서는 음악인이 전 계층에 분포하며 인종과 상관없이 시카고 전반에 고르게 거주한다는 패턴이 나타났던 것이다. 고상한 직업이든 비천한 직업이든 다른 직업의 종사자들이 시카고의 지리적, 사회적 공간에 고르지 않게 분포된 것과는 딴판이었다. 좀 더 일반적인 패턴을 소개하자면 도살장에서 일하는 이들은 자기들 직장 근처에 있는 폴란드계 또는 아일랜드계 이민 거주 지역에 살았다. 스탠리 리버슨(1958)이 좀 더 나중에 유사하고 한층 더 정교한 방법으로 제시한 바와 같이 아일랜드, 이탈리아, 폴란드계 의사들은 자신들의 인종 집단이 장악한 동네에 병원을 차린 반면에, 유대계와 앵글로색슨계 의사들은 (도심 상업 지구인) 루프나 자기 동포들이 거주하는 부유한 동네에 개업했다. 그 이외 의사의 거주지 선택에서도 비슷한 패턴이 뚜렷했다.

거주지 선택의 의미를 이해했다면 음악인에 대한 내 현장 연구는 (물론 그때는 아직 리버슨의 연구가 나오기 전이었지만) 리버슨이 내린 결론의 범위를 확대했을 것이다. 그 단서를 따라갔다면 내 지도는 실증적 경관에 복잡성을 더하는 분포를 보여줌으로써 사실과 이론에 관한 중요한 주장으로 이어졌을 것이고 참신하고 연구할 만한 의문들을 낳았을 것이다.

그러나 여기서 중요한 사실은 내가 종류가 다른 두 가지 데이터를 혼합하는 것을 이상한 일로 생각하지 않았다는 점이다. 리버슨은 직접 관찰을 하거나 면접 조사를 한 적이 없었지만, 오스월드 홀Oswald Hall(1948, 1949)과 에버렛 휴즈가 광범위한 면접 조사를 통해 수집한 데이터를 증거로 활용하여 고안한 이론에 대해 연구하고 확장하는 것을 꺼리지 않았다. 그리고 내가 음악인의 주소를 지도로 표시했을 때 혁신적인 방법이라고 생각하지 않은 까닭은 솔직히 말해 사실이 그러했기 때문이다. 같은 과의 다른 학생들도 자신들이 연구하는 대상과 관련이 있고 나처럼 손쉽게 데이터를 구할 수 있었다면 대부분 비슷한 일을 했을 것이 분명했다.

우리가 읽은 학술지는 그 당시에 가능했던 모든 방법으로 진행된 연구에 입각한 논문을 실었다. 모두가 각자 선호하는 분야가 다르기는 했지만 우리는 그 논문들이 전부 사회학과 관련된 내용이며, 가능한 연구 수행 방식을 보여주는 사례라는 것을 잘 알고 있었다. 우리가 보기에는 학술지 논문이 활용한 방식이라면 검증된 것이나 다름없었다.

# 논쟁: 블루머, 스투퍼, 그리고《미국의 군인》

그럼에도 이러한 논쟁(아니면 언쟁이나 정성적 연구와 정량적 연구 사이의 오해) 역시 오랜 역사가 있다. 허버트 블루머와 새뮤얼 스투퍼는 내가 태어났을 무렵부터 연구 방법을 놓고 길고도 격렬한 불화를 일으키기 시작했다(그보다 더 전에 시작됐을 수도 있다). 어떤 면에서 그들의 의견 불일치는 출간된 문헌에는 제대로 기록되어 있지 않지만, 그 이후에 일어난 모든 일의 풍조를 결정지었다고 볼 수 있다(다양한 도서관에 보관된 개인 문서 모음에는 그러한 기록이 훨씬 더 많이 남아있을지도 모르지만 나는 그러한 자료는 찾아보지는 않았다).

## 스투퍼와 블루머의 대립

1947년 12월에 미국사회학협회ASA는 뉴욕시에서 연례 회의를 개최했다. 이때 허버트 블루머는 '여론과 여론 조사'라는 제목으로 강연했다(블루머, 1969, 195~208). 그 장면을 한 번 상상해보라. 전직 프로 미식축구 선수이며 덩치가 크고 위풍당당했던 블루머가 인상적이고 웅변적인 투로 말하는 모습을 말이다. 그는 로버트 E. 파크와 조지 허버트 미드의 수제자였으며 현재는 사회학의 시카고학파를 창시한 인물 중 하나로 평가된다. 연례 회의 당시에 그는 시카고대 사회학과 교수로 오랜 세월 재직하고 있었다. 그가 주제에 접근하는 방식은 다른 학자들의 접근법을 막연한 말로 설명한 다음, 그 방법들이 모두 틀렸다고 권위적으로 주장하는 것이었다(그가 내놓은 에세이 모음집《상징적 상호교류주의Symbolic Interactionism》에서 그의 스타일을 확인할 수 있다). 각각의 접근법을 자세히 설명하지 않은 채로 그는 어김없이 미드의 저작에서 이끌어낸 '올바른 접근법'을 선포했다. 그러한 접근법은 사회와 사회생활에 대한 블루머의 포괄적이고 전반적인 견해에 구체적인 주제를 부여한 것이었다.

블루머가 말하면 사람들은 경청했다. 그가 하는 말은 그 당시만 해도 협소했던 미국 사회학계에서 화제가 되었다. 그는 세심하고 장황한 방법으로 미국에 형성되어 있던 여론 연구의 이론과 관행을 통렬하게 비난했고, 국민과 여론의 성격에 대한 잘못된 개념에서 출발한 여론 조사가 잘못된 결과를 낼 수밖에 없다고 주장했다. 또한 여론 조사 기관이 '여론'에 대한 명확한 개념을 갖추지 못한 데다 그저 면접 조사 결과를 여론 조사 결과와 동일시하기만 한다고 말했다. 그는 어떤 주제에 대한 '여론'이란 조직화된 집단 사이의 논의와 논쟁을 통해 형성된 집단적 합의로 보았다. 그가 보기에 여론은 여론 조사 기관이 상정하듯이 개개인의 의견이 모인 것이 아니었다. 주제에 대한 집단적 합의가 여론이므로, 여론 조사 기관이 시행하는 개인 면접 조사로는 여론을 전혀 파악할 수 없다는 점을 분명히 했다.

그가 발표를 끝냈을 때 두 명의 토론자가 관례대로 그의 논문에 대한 학술적인 비판을 내놓았다. 그런 다음에 좌중에 있던 새뮤얼 스투퍼가 반론을 제기했다. 스투퍼는 블루머보다 약간 어렸고 시카고 대학에서 박사 학위를 받았으며(그러므로 블루머의 강의를 들었을 것이 분명하며) 하버드대 교수였다. 게다가 블루머가 그토록 격렬하고 가혹하게 비난했던 연구 방법과 형식, 그 근저의 이론을 옹호하는 사람으로 유명했다. 스투퍼의 말을 정확히 기록한 사람은 없지만, 그 당시 내 학우였으며 자리에 있었던 로버트 해븐스타인의 말에 따르면, 스투퍼가 그곳에 모인 사회학자들을 충격에 빠뜨렸다고 했다. 그가 블루머의 의견에 반대하리라는 것은 누구나 예상하던 바였지만 한술 더 떠서 블루머를 '미국 사회학의 무덤을 판 자'로 비난할 줄은 아무도 예상하지 못했기 때문이다. 이에 따른 블루머의 비판이 스투퍼가 관여한 연구에 타격을 입히고 걸림돌이 될 것은 분명했다. 무엇이 그 유명한 하버드대 교수를 그토록 폭발시킨 걸까? 왜 스투퍼는 블루머가 사회학의 무덤을 파고 있다고 생각한 걸까?

스투퍼는 블루머의 제자였을 뿐 아니라 전 동료이기도 했다. 그는 제2차 세계대전이 일어나던 때에 그 당시로서는 가장 큰 규모의 조사 연구 활동을 지휘했다. 미국 육군의 비호 아래, 그가 창설한 연구 조직은 육군 지휘관들이 관심 있어 할 모든 주제에 대해 설문지를 작성하여 사전 검증을 했다. 이후 50만 군인에게서 응답지를 거두어들였고 결과를 분석한 다음에 육군 지휘관들에게 서면으로 보고했다. 그들은 군의 사기와 궁극적인 동원 해제 등의 많은 주제와 관련된 문제를 연구했다. 의심할 여지없이 연구 활동은 대단한 성공을 거두었고 육군 참모총장인 조지 C. 마셜의 크나큰 지지를 얻었다.

하지만 스투퍼는 마셜의 호의적인 의견에 만족하지 못했다. 그는 자기 자신뿐만 아니라 미국 사회학과 사회심리학의 미래를 위해 훨씬 더 중요한 것을 목표로 했다. 사회학과 사회심리학을 자신과 다른 학자들이 '진정한 과학real science'으로 간주하는 분야로 전환하기를 원한 것이다. 그가 보기에 '진정한 과학'은 중요한 변수를 측정하고 선진적인 통계 기법을 이용하며 철저하고 명확한 방법을 통해 이론의 기본 전제에서 도출한 가설을 검증하기 위한 결과 데이터를 분석하는 것이었다. 그는 조직화된 연구 활동을 주도하면서 진정한 과학의 탄생에 대한 방법론적 타당성과 효력을 입증했다고 믿었고, 자신이 그 일을 할 수 있다고 생각했다.

종전 후에 그는 대규모 연구팀을 운영할 자금을 확보했고 그들의 연구는 4권짜리 전집《미국의 군인The American Soldier》(1949, 1950)으로 이어졌다. 이 책은 육군으로부터 수집한 조사 데이터를 토대로 한 현실적이고 방법론적인 에세이로 이루어졌다. 이어 컬럼비아 대학의 폴 라자스펠드Paul Lazarsfeld와 로버트 K. 머튼Robert K. Merton이 1950년에 제5권인《사회 연구의 연속성 – 미국의 군인 연구의 범위와 방법Continuities in Social Research: Studies in the Scope and Method of The American Soldier》을 펴냈다. 이 책은 공식 연구 프로젝트의 일부는 아니었지만 두 학자는 과학적인 연구 방법이 결국에는 사회 과학을 장악하기를 바라는 마음에서, 앞서 나온 4권짜리 전집의 순전히 과학적인 용도를 확고히 제시하는 것을 취지로 했다.

이처럼 느슨하게 조직된 작업 집단은 (세심하게 측정된 데이터 - 이 경우에는 군인들의 인식-에 대한 명쾌한 정량적 분석에 의해 검증되고 입증된 이론적 전제를 토대로 한) 이런 종류의 연구를 통해 사회학이 '진정한 과학'임을 자기 분야뿐 아니라 물리학과 생물학계의 회의주의자들에게도 입증하고자 했다. 스투퍼, 라자스펠드, 머튼 등의 연구진은 다가오는 시대에 하버드 대학과 컬럼비아 대학 사회학과에 확립되어 있는 연구 방법이 미국(과 전 세계) 사회학에 자리 잡아 (훗날 토머스 쿤이 고안한 용어를 쓴다면) '정상 과학normal science'으로 발전하기를 바랐다. 그들은 그 다섯 권의 책으로 반대 의견을 논파하고자 했다. 무엇보다도 미국국립과학재단을 좌지우지하던 의회와 자연 과학자들에게 사회 과학(적어도 자신들의 학파)이 정부의 연구 기금 지원을 받을 자격이 된다는 것을 보여주려고 했다.

스투퍼의 스승 중 하나인 윌리엄 F. 오그번이 관련 정부 기관 사이에서 활동하며 그 문제를 워싱턴 정가에 전달한 덕분에, 그 이전에도 사회학에 연구 기금 지원이 필요하다는 이해가 형성되어 있기는 했다(래슬릿, 1990, 1991). 그러나 단편적으로 나온 연구 결과로는 기대와 달리 (그때까지 누가 뭐래도 진정한 과학의 본보기로 간주되던) 물리학과 생물학 지도자들의 인정을 얻을 수 없었다.

육군에 대한 설문을 추가적인 분석의 데이터로 활용하겠다는 욕구는 전후 시대 미국 대학에서 물리학이 차지하고 있던 높은 위상에 대한 시기심에서 비롯되었다. 오랫동안 스탠퍼드 대학 사회학과의 교수였고 1, 2차 세계대전 사이에 미국 사회학의 선두주자로 활약했던 리처드 라피에르Richard LaPiere는 내게 자신이 스탠퍼드 교직원 클럽에 입장했을 때 '진정한' 과학자들이 "사회 과학자가 오셨군!"이라고 조롱을 섞어서 외치는 소리를 듣고 얼마나 끔찍한 기분을 느꼈는지 모른다고 감정을 담아서 말한 적이 있다. 오랜 세월이 지난 뒤에도 그 기억은 그의 마음을 괴롭혔다.

(지나친 단순화임에는 분명하지만) 나는 그 다섯 권이 만들어지는 과정에서, 머튼이 사회학 이론을 고안하면 스투퍼가 라자스펠드가 발명한 기발하고 새로운 방법으로 분석하는 식으로 노동 분업이 이루어졌으리라는 상상을 한다. 예를 들어 적어도 한 세대 동안 사회학적 사고에서 큰 역할을 담당한 '준거 집단reference group' 개념은 현재 상황에 대한 군인들의 인식을 조사한 연구에서 발전한 것이다. 해당 설문 조사에 따르면 군인들의 객관적인 생활 환경은 그들이 복무 경험의 다양한 측면에 대해 표출한 '만족감(연구자들이 선택한 '사기'의 척도)'에 훨씬 더 미미한 영향을 끼쳤다. 다시 말해 A부대의 군인들은 (그들의 '준거 집단'인) 인

근 B부대의 군인들보다 열악한 환경에서 지내고 있다고 생각할 때, 그들만큼 좋거나 그들보다 나은 환경에서 생활한다고 생각할 때보다 더 큰 불만을 느꼈다. 저자들은 이러한 개념과 그와 유사한 개념에 대한 설명, 그리고 자신들이 제기한 변수의 효과를 입증하는 표로 책을 채웠다.

해당 프로젝트 중 4권은 조사 연구 단위의 업적만이 아니라 최종적으로 합의된 견해를 도출하고자 했던 연구 협력자들의 기대와 사회학의 위상에 대한 끈덕진 의문을 구체화했다. 그 당시에 스투퍼는 다른 사회학자들이 자신과 자기 동료들이 어렵게 쟁취한 승리를 인정해야 마땅하다고 생각했음이 분명하다. 그런 상황에서 사회학계의 원로인 블루머가 그러한 열망과 업적을 폄하했으니, 스투퍼는 그에 대한 적대감을 표출할 수밖에 없었을 것이다.

당연히 스투퍼와 동료들의 열망은 교직원 클럽의 식당에서 조롱의 대상이 되는 일을 피하겠다는 것보다는 훨씬 더 컸다. 정량적 방법의 지지자들은 연구 결과와 과학적인 방법을 제시하면 조만간 전문 협회는 물론 대학 학과와 대학원 과정에 대한 장악력을 얻을 수 있으리라고 예상했다. 더욱이 과학으로서의 위상을 확보하면 차세대 교육뿐만 아니라 사회학 학술지와 연구 기금 공급처에 더 큰 영향력을 행사하여 더 많은 기금을 조달할 수 있으리라 생각했다. 물론 그런 일은 일어나지 않았지만 판이 커짐에 따라 사회학이라는 학문의 권력 관계가 바뀌었고,

각자 다른 방법을 활용하는 학자들 간에는 단절감이 커졌다.

## 1948년의 낭패

스투퍼는 자기 팀의 전집 출간으로 (그가 미국사회학협회 회의에서 블루머의 비판에 반격한 이후에 발생한) 또 하나의 큰 장애물이 극복되리라 확신했다. 이 장애물이란 바로 '1948년 대선 낭패1948 election fiasco'라 불리며, 주요 여론 조사 기관들의 대통령 당선자 예측이 무지막지하게 빗나간 사건을 가리킨다. 여론 조사의 예측대로라면 토머스 듀이가 대선에서 승리하여 33대 대통령으로 당선했어야 했다. 그러나 듀이는 해리 트루먼에게 참패를 당했다.

　그 당시에 인기를 끌던 시사지 〈리터러리 다이제스트Literary Digest〉가 최초로 '여론 조사poll'로 불리게 된 우편 설문으로 국민의 생각을 가늠하려는 시도를 한 것은 1936년 대통령 선거 때였다. 해당 여론 조사는 여론의 실태를 완전히 오해하여 캔자스주의 무명 공화당 의원인 알프 랜던이 현직 대통령인 프랭클린 D. 루스벨트를 꺾으리라 예상했다. 당연히 그런 일은 일어나지 않았고, 그 결과 여론 조사 방법에 대한 비판이 쏟아졌다. 그런데 사실상 여론 조사 방법에 대한 비판은 여론 조사 방법의 발전과 동시에 일어난 일이다(스콰이어, 1988).

　그러다가 조지 갤럽이 설립했으며 1936년 대통령 선거 결과를 정확히 예측했던 미국여론조사기관American Institute of Public

Opinion이 〈리터러리 다이제스트〉 사태 때 형성된 생태적 지위 ecological niche로 이동하고 말았다. 여전히 신생 산업이던 여론 조사 분야에서 좋은 성과를 내던 이 기관이 1948년에는 (크로슬리와 로퍼 등의) 다른 주요 여론 조사 기관과 마찬가지로 듀이의 승리를 점쳤던 것이다. 스투퍼와 그의 동료들이 여론 조사의 문제가 사라졌기를 바랐던 바로 그때 발생한 이 크나큰 실패로 말미암아, 여론 조사는 국민들의 신뢰를 잃었다.

여론 조사의 실패는 정확한 조사를 진행하고 예측을 하는 과정에서의 수많은 문제점을 진지하게 재검토하는 계기가 되었다. 반대파와 일반 국민은 여론 조사 전반의 신뢰도에 의혹을 품었다. 대대적인 계산 착오는 선거 결과를 성공적으로 예측해야 기업 고객들에게 자신들의 연구 방법이 유용함을 입증할 수 있었던 대형 여론 조사 기관들의 사업적 이해관계뿐만 아니라, 학술 연구 단체와 학자 개개인의 열망과 지속적인 성과에도 타격을 입혔다.

1936년부터 1948년에 이르기까지 여론 조사는 규모가 큰 산업 분야로 발전했고 (제조업체, 광고주, 라디오 방송국, 할리우드 영화사 등의) 민간 기업이 소비자의 구매 의욕을 자극할 만한 요소를 알아내는 데 도움을 주도록 설계된 여론 조사를 통해 수익을 창출했다. 선거 연구는 현재까지 지속적인 형태로 발전하여(개리구, 2006) 예측 대상의 실제 결과와의 비교로 정확성을 판단할 수 있는 조사 유형이 되었다. 반면 상업적 여론 조사의 정확성은 그리 효과적으로 입증되지 못했다. 수많은 기타 변수가 측정 대상인 광고나 신제품에 대한 대중의 반응에 영향을 끼쳤기 때문이다.

# 1948년의 낭패를 벗어나기 위해서

여론 조사 기관들은 자신들의 활동과 조직이 그 치명적인 실패에서 벗어나기를 바랐다. 사회 과학 학계 역시 걱정스러운 반응을 보였다. 두 집단은 공조를 통해 각자의 대표자들로 이루어진 사회과학연구위원회SSRC의 지휘를 받는 조사 위원회를 신속하게 구성했다.

SSRC는 신속한 작업을 통해 무엇이 잘못되었는지 파악하고 그처럼 평판을 떨어뜨리는 실수를 되풀이하지 않도록 몇 가지 조치를 제안하는 보고서를 작성했다. 위원회에는 (크로슬리, 로퍼, 갤럽 등) 주요 상업 여론 조사 조직의 리더와 대표뿐만 아니라 《미국의 군인》을 내놓은 사회 과학 전문가들이 포함되었다.

위원회는 주로 스투퍼, 머튼, 라자스펠드가 이끌었고, 블루머가 공격했으며 사회 과학이 진정한 과학임을 입증하고 싶어 안달이 난 단체의 이해관계를 반영했다. 심리학은 최근과 마찬가지로 '경성 과학hard science'의 성공에 공이 있는 것으로 간주되던 실험 방법을 모방함으로써 스스로를 진정한 과학으로 입증하고자 했다. 그러나 얼마 지나지 않아 모두가 사회 과학이 현실적, 윤리적 이유로 실험이라는 방법을 이용할 수 없다는 것을 깨닫게 되었다. 따라서 사회 과학 분야의 선두주자들은 큰 주제의 논의에 필요한 기법을 찾아 나선 한편, 측정 대상을 제외한 모든 변수를 통제한다고 알려진 실험 방법을 흉내내기 시작했다.

위원회가 도출한 결론은 놀랍지 않았다. 여론 조사 업계는 그러한 낭패를 유발한 문제들에 대해 이미 오래전부터 잘 알고 있었기 때문이다. (위원회가 비판한) '할당 표본 추출법quota sampling' 은 면담자들에게 (이를테면 35세에서 50세 사이의 수많은 백인 여성 중에서) 범주별로 특정한 숫자의 표본을 추출하도록 하되, 표본을 찾는 방법은 조사자의 재량에 맡기는 기법이다. 면담자들과 그들을 고용한 사람들에게는 할당 표본 추출법이 '확률 표본 추출법probability sampling'보다 훨씬 더 용이한 작업이었다. 그러나 할당 표본 추출법으로는 소규모 확률 표본을 통해 일반화를 도출하는 수학적 추론을 사용할 수 없었다. 마찬가지로 설문지 구성에서 흔히 나타나는 문제들도 통제 불가능한 오류의 근원이 되었다(자세한 내용은 나중에 알아보기로 하자). 위원회는 그와 같은 수많은 오류에 대해 논의했고 문제 해결을 위해 후속 연구를 설계하고 진행할 것을 권고했다. 권고된 연구 중 일부는 완료되었지만 문제 해결을 위해 권고된 연구를 시행하는 데는 현재에 비해 큰 비용과 수고가 들었다. 게다가 연구자와 여론 조사 기관 대다수가 '비현실적'이라고 생각했기 때문에 권고안은 전면적으로 시행되지 못했다.

게다가 미국 사회학은 여러 개의 학과와 수십 개의 단체로 나뉘어져 극과 극으로 분열되어 있기 때문에, 그 어떠한 이론적, 방법론적 입장도 여론 조사 방식의 신봉자들이 그토록 바랐던 식의 주도권을 쥐지 못했다. 이는 지금까지도 그러하다. 사회학의 모든 파벌은 대학 학과를 비롯한 어딘가에 안착했다. 정량적 연구자 집단이 정성적 연구자 집단보다 대체로 더 좋은 성과를 내는 것은 사실이지만, 학문으로서의 사회학이 특정 파벌에 의해 장악된 적은 없다.

국립과학재단을 비롯한 사회학 연구 기금의 주요 공급원들은 늘 대규모 조사 활동을 선호해왔으며 이는 국립과학재단이 1972년 이후로 1~2년에 한 번씩 대규모로 진행되어온 '일반 사회 조사General Social Survey'를 지속적으로 지원하는 데서 단적으로 드러난다. 그러나 가장 중요한 박사 학위 수여 학과의 교수진이 혼합된 방법을 선택했다는 데서, 사회학 전반이 《미국의 군인》과 그 저자들의 영향을 받은 프로그램을 완전히 받아들이지 않았다는 사실을 알 수 있다. 그 결과 방법론적으로 그와 다른 분파들이 상당수 남게 되었다. 토머스 쿤이 행동과학고등연구소의 동료인 사회 과학 연구원들 사이에서 전반적으로 인정되는 패러다임을 발견하지 못한 것도 당연한 일이다!

이러한 사건들은 대부분 잊혀졌지만 그로 말미암은 조직

적 결과와 정서는 아직까지 남아있다. 초기 형태의 방법론적 초교파주의는 설 땅을 잃었으며 사회학자들은 대개 '자기 진영'의 이론을 전적으로 찬성하지 않거나 딱히 충성심을 느끼지 않는 채로 한쪽을 선택했다. (분명히 말하건대 나는 그런 적이 없지만) 그러한 분열을 심각하게 생각한 사람들이야말로 점점 더 극단적인 입장을 취하게 되었다.

전후 시대 이후로 사회학자들은 정성적-정량적 '문제'에 대한 반복적이고 의례적인 논의에 관여해왔다. 그러한 논의를 시작하는 사람은 대개 정량적 연구자들이다. 이들은 두 진영이 존재한다는 사실을 문제로 간주하고 그 문제를 해결하기 위해 회의를 조직하고 책을 쓴다. 정량적 연구자들의 논의는 두 가지 방식의 노동 분업에 초점이 맞춰진다. 일반적으로 그러한 저작을 쓴 저자들은 정성적 연구자들이 문제를 제기하고 그러한 문제를 서술할 용어를 정의하는 데 도움을 주었으며 자신들의 연구가 생성하는 '풍부한' 데이터에 근거한 가설을 제안하는 등 사회학의 노동 분업에서 중요한 역할을 담당했다고 설명한다. 그러나 정량적 연구의 신봉자들은 그러한 작업이 이루어지고 나면 진정한 과학적 작업인 가설 검증과 입증이 시작된다고 말한다. 그들이 보기에 그 같은 과학적 작업은 다수의 유사한 사례에 대한 통계학적 분석 방법을 이용하여 이루어져야 한다. 여기에서 유사한 사례란《미국의 군인》의 방식과 마찬가지로 대략 같은 시간대에 같은 도구로써 조사한 사례를 뜻한다(그러한 관점이 앞서 인용한 리버슨의 입장을 형성했다). 반면 정성적 연구자들은 정량적 연구에 대해 여러 가지 불만을 품고 있지만, 정성적 연구의 지지자로 포섭해야 할 설문 조사 연구자와 인구 통계학자를 설득할 시도조차 하지 않는다. 그래서 '제대로 된' 노동 분업을 확립하기를 원하는 정량적 연구자들은 이에 대해 주기적으로 우려를 분출한다. 또한 정성적 연구자들은 설문지를 신봉하는 사람들이 '살아온 경험'의 본질과 미묘한 차이를 구별하지 못하며, 결과에 영향을 주는 관련 변수들을 간과한다는 식의 비난을 주기적으로 제기한다.

이들의 담론은 새로운 주인공들과 더불어 몇 년에 한 번씩 되풀이되므로, 그러한 반복적인 담론에 관여하는 이들은 모두 자기들이 중요하고 혁신적인 일을 한다고 생각한다. 실제로 상황은 늘 똑같다. 정량적 연구자들은 정성적 연구자들의 불만을 가라앉히기 위해 그들이 할 수 있는 유용한 작업을 제안하거나 혹은 반대로 제안해주기를 부탁한다. 이러한 일화들을 겪으면서 두 입장의 신봉자들은 일종의 점잖은 회피, 즉 자기 방식대로 살아가겠다는 태도를 취하게 된다. 그들은 상대방에 대한 비판을 삼간다. 그렇게 시간이 흐르다가 어려운 시기가 오고 일자리와 연구 기금이 부족해지면 갈등이 재발한다.

우리는 이처럼 의례적인 트집 잡기 속에서 중립을 잃었다. 그래서 모든 사회학 연구 방법에는 장단점이 있으며, 진짜 핵심은 훌륭하고 창의적인 연구와 엄격한 기준에 부합하지 못하는 연구 사이에 있다는 당연한 상식을 놓치고 있다.

그러나 그보다 더 중요한 사실이 있다. 우리가 신중하고 객관적으로 탐색하면 여러 가지 할 일이 존재한다는 사실을 파악할 수 있을 뿐 아니라, 갖가지 방법마다 갖가지 작업에 적용할 수 있는 다양한 결과가 나온다는 사실을 확인할 수 있다. 이 얼마나 놀라운 일인가! 그러나 각각의 작업을 아이디어를 생산한 다음에 과학적 방법을 사용하는 식으로 시간 순서대로 진행할 필요는 없다. 게다가 이런 작업이 현실에서 다른 순서를 차지하는 것도 아니다. '우리'는 사람들이 '정말로 어떻게 사는지' 연구하는 반면에 '당신들'은 고작 통계적 가공물만 분석한다거나, 그와 반대로 '우리'는 사물을 과학적으로 측정하는 반면에 '당신들'은 그저 삼류소설을 쓸 뿐이라고 말하는 것은 어리석은 일이다. 노동 분업은 그보다 훨씬 더 흥미롭다. 다양한 작업들이 교차하고, 현명한 연구자는 알맞은 때에 해야 할 일을 한다.

이제까지 이어진 갈등의 역사에서 '희소식'의 대부분은 무익한 논쟁 때문에 묻혔다. 그래서 나는 전문가들의 정치 공작에 지나지 않는 논쟁에서 유익한 것을 분리하고자 한다. 또한 정량적, 정성적 연구가 교차하고 서로를 관통할 때, 흥미로운 결과 발견의 가능성을 높인다는 것을 보여줄 생각이다. 이에 나는 합당한 주목을 받지 못한 연구들을 소개하려고 한다. 또한 우리가 해결해야 할 문제는 우리가 탐색하고자 하는 아이디어에 대해 신뢰성 있는 증거로 작용할 수 있으며 우리가 부과하는 무게를

지탱할 수 있는 데이터를 생성하는 것임을 이 책 전반에 걸쳐
주장하고자 한다.

# 3장

# 자연 과학자들은 어떻게 연구하는가

# 자연 과학 모형에 대한 이해

일부 사회 과학자들은 자연 과학자들의 연구를 자신들이 달성하고자 하는 목표의 본보기로 삼는다. 그들의 목표는 '경성 과학hard science'과 '일반화generalization'다. 경성 과학은 예외 없이 어디에나 존재하는 변수 사이의 관계를 특정 짓는 과학 법칙을 도출하기 위해 엄밀한 방법을 사용하며 역사적 변화에 휘둘리지 않는 과학이다. 일반화는 나라와 시대가 달라져도 변화하지 않으며 사회의 어느 하위 집단에나 적용된다. 그러나 이 같은 노선을 따르는 사회 과학자들은 자연 과학의 잘못된 모형을 모방하고 거기에서 잘못된 결론을 도출하므로 결코 목표에 가까워지지 못한다.

이러한 사회 과학자들은 일반적으로 물리학을 비롯한 물리과학을 본보기로 삼는다. 이들은 물리과학을 극도로 이론적이고 추상적이며 엄밀한 과학적 측정에 의존하여 보편적 진리를 이끌어내는 분야의 전형으로 간주한다. 그리하여 자신들이 연구하는 상황에 좀 더 가까운 주제를 다루는 자연 과학 분야는 간과한다. 예를 들어 생리학자와 지질학자는 다양한 자연환경에 따라 다양한 형태를 취하는 관계와 과정의 일반적 패턴에 대해 뷔퐁식 이론을 생산한다. 이러한 이론은 그들이 연구하는 사례에 대한 구체적인 지식을 희생시키는 일 없이 향후 프로젝트의 방향을 결정짓는다.

하지만 물리학을 본보기로 삼는 사회 과학자들은 자연 과학자들의 연구 방식에 대해 잘못된 결론에 도달하여 그들이 어떻게 문제를 규명하고 무엇을 합당한 증거로 받아들이며 어떠한 방법으로 결론을 검증하는지 제대로 이해하지 못한다. 특히 그러한 사회 과학자들은 자연 과학자들의 연구 방식 중에서도 두드러진 특성, 즉 자연 과학자들이 어떠한 대가를 치르더라도 데이터의 정확성을 확실시하기 위해 부단한 노력을 기울인다는 사실을 간과한다.

우리가 자연 과학자처럼 되기를 원한다면 그들이 하는 일을 좀 더 정확히 관찰해야 할 필요가 있다. 자연 과학자의 활동에 대해 우리가 품고 있는 환상을 버리고 그 대신에 자연 과학자(또는 자연 과학자를 면밀히 관찰하는 과학 전문 사회 과학자)의 설명을 통해 자연 과학 연구의 일상적 현실을 파악해야 한다.

앞으로 자세히 소개할 자연 과학자들의 두 가지 사례에서, 우리는 그들이 실제로 어떤 일을 하는지 좀 더 현실적인 정보를 얻을 수 있으며 우리가 모방하려고 하는 것이 무엇인지를 알게 될 것이다. 요약하자면 연구 중인 과학자들은 얼마나 큰 수고가 따르든 비용이 어떻게 되든 추론 과정에서 검증이 가능한 단계를 모조리 검증한다. 여기에서 "얼마나 큰 수고가 따르든 비용이 어떻게 되든"이라는 말은 정말로 중요하다. 그리고 (일반적으로 그들이 일어나리라 예상했던 일이 일어나지 않음으로써) 제대로 검증되지 않은 단계가 드러나면 그들은 실수를 바로잡기 위해 필요한 조치를 빠짐없이 취한다. 특히 자신들이 발견한 변칙성이 실제로 그러한 원인에서 비롯되었다는 증거가 없는 한, 기대한 결과와의 편차를 '무작위 변이random variation'로 과소평가하거나 달리 편리한 희생양을 만들어내지 않는다.

자연 과학자들이 데이터의 검증에 극도로 주의를 기울이는 까닭은 같은 문제에 관심이 있는 다른 과학자들이 자신들의 연구를 재현하고 증거로 제시된 실증 데이터가 결론을 뒷받침하지 못한다는 사실을 입증할 가능성이 항상 존재하기 때문이다. 이러한 문제는 사회 과학 연구에서는 거의 나타나지 않는다. 어떤 연구를 재현할 수 있을 만한 조건이 거의 존재하지 않기 때문이다. 그러므로 반복되는 연구가 거의 없으며, 동료든 경쟁자든 온갖 지름길을 '충분히 좋은' 데이터로 받아들인다. 더 끔찍한 일은 '충분히 좋은' 데이터에서 도출된 결론을 아무튼 '사실상' 상당한 진실이라 받아들인다는 점이다. 그들에게 그처럼 모호하고 두루뭉술한 표현들이 정확히 무슨 뜻인지는 중요치 않다.

물론 사회 과학자들이 행하는 과학은 자연 과학과는 다른 문제를 제시하는 연구 대상을 다룬다. 게다가 자연 과학 안에서도 분야마다 차이가 있다. 천문학자의 문제는 지질학자나 곤충학자들의 문제와는 다르다. 분야마다 (별, 암석, 곤충 등) 연구의 기본 재료가 다르게 존재하고, 데이터를 수집하는 기본 수단이 그에 상응하여 달라지며, 장비와 정확성의 문제도 다르다. 그러나 그들 모두가 알아내고자 하는 대상을 최대한도로 정확히 관찰하고 산출하며 측정할 수 있는 방법을 찾는 데 초점을 맞춘다. 그렇게 하지 않으면 다른 사람이 그렇게 하여 더 정확한 데이터를 생산할 테고 그 경우 그들의 연구 결과는 의혹의 대상이 될 것이다.

물리학자들은 사회학적 환상의 본보기 역할을 할 때가 많으므로, 우리는 먼저 세바스티앙 발리바르Sebastien Balibar(2014)의 설명에 따라 실험 물리학자의 연구를 살펴볼 필요가 있다. 물리학 같은 과학은 장소가 달라져도 같은 결과가 나오리라 예상한다. 적어도 이론상으로는 그렇다. 하지만 실제로 물리학자들이 연구를 진행하는 특정 장소에는 그 장소만의 구체적 특징이 존재하기 마련이다. (온도, 습도, 주변의 전기나 전파 방출, 그 이외 갖가지 물리적 특성 등) 연구자의 이론적 문제와는 무관하지만 연구자가 관찰하고 측정하는 수량에 심각한 영향을 미치는 구체적 특징 말이다. 과학자들이 그런 특징들을 관찰할 필요는 없지만 그런 특징들이 관찰 대상에 영향을 주는 일은 막아야 한다. 발리바르는 자신과 동료들이 극도로 낮은 온도에서 물리적 물질이 어떠한 결과를 가지는지 연구하는 과정을 설명했는데, 겉보기에 그들의 연구는 연구자의 통제 밖에 있는 조건의 특징에 좌우되지 않을 것처럼 보인다. 그러나 정확하게는 조금 다르다. 발리바르의 이야기에 따르면 사실 그와 같은 과학자들은 그러한 명제를 진실로 만들기 위한 노력에 대부분의 시간을 할애하기 때문이다. 그들의 가장 큰 문제는 그 자신들의 견해나 이론과 무관하지만 그럼에도 관심을 끄는 의문을 해소하기 위해서, 여러 사물과 사건을 제거하거나 상쇄시켜야 한다는 것이다. (리버슨과 호위치[2008]는 물리과학자들이 실제로 무엇을 하는지, 그리고 그들의 실험 결과가 얼마만큼 확정적이거나 그렇지 못한지에 대해 사회 과학자들이 고질적인 오해를 품고 있다고 지적한다.)

반면에 대부분의 생물학자에게는 물리학자가 누리는 연구 환경에 대한 통제력이 거의 허용되지 않는다. 브뤼노 라투르Bruno Latour(1988)가 언급했듯이 생물학 분야의 과학자들은 세상을 실험실로 전환한다. 그 안에서 그들은 관심사와 무관한 변수가 자신들이 찾고 있는 명확한 관계를 뒤죽박죽으로 만드는 일이 없도록, 관심을 끄는 사물을 조작하는 데 필요한 통제력을 발휘해야 한다. 예를 들어 라투르가 연구한 학자들은 자신들이 규명하고자 하는 일들이 일어나는 브라질의 밀림 한복판에서 그 목표를 달성해야만 했다. 라투르(1995)의 상세한 논문에는 브라질 오지의 특징적인 현상(사바나와 밀림의 혼합과 그에 따라 어느 것이 상대방을 침범하고 상대방에 의해 침범되는지에 대한 의문)에 대한 연구에 착수한 프랑스의 토양학자 팀이 나중에 자기 분야의 전문 학술지에서 발표할 과학 보고서를 작성하면서 취한 모든 조치가 면밀하게 기록되어 있다. 라투르는 그들이 최종 결론의 증거로서 수집한 데이터의 적합성을 확실히 하기 위해 취했던 수많은 표준 예방 조치가 그들에게는 일상이라는 점을 강조한다.

사회 과학자들은 그러한 가능성조차 누릴 수 없다. 연구할 사례를 마음대로 선택할 수 없는 것은 물론, 어찌 됐든 결과에 영향을 미칠 외생 변수의 영향을 조작하거나 상쇄할 정도로 충분히 측정 가능한 변수를 선택하는 데도 제한이 있기 때문이다. 그 때문에 과학에서 이용 가능한 연구 조작 기법 대다수가 사회 과학자들에게는 허용되지 않는다.

## 발리바르의 냉장고

미국의 두 물리학자가 끝없이 흐르는 유체처럼 보였던 고체 헬륨의 결정체를 발견했다고 보고했다. 어느 노벨상 수상자가 그러한 연구 결과에 대해 '모험적 해석'을 발표했고, 여러 물리학자들이 그의 해석이 불러일으킨 문제를 해결하고자 몇 년 동안 골머리를 앓았다. 세바스티앙 발리바르(2014)는 캘빈Kelvin 온도 척도로 (분자의 모든 움직임이 멈추는) 절대 0도에 가까운 초저온에서 일어나는 현상을 전문적으로 연구하는 실험 물리학자였다. 발리바르 역시 그 문제에 뛰어들었고, 그러한 현상의 연구를 진행하기에 완벽할 것만 같은 실험실을 만들었다. 견고한 콘크리트 건물 안의 지하 두 층에 냉장고를 설치했는데, 이 냉장고는 쌓여가는 의문을 모두 해소하는 데 필요한 초저온을 얻을 수 있도록 그의 구체적 주문에 따라 제작된 것이었다. 발리바르는 연구를 진행하기 위해 초보 연구자, 박사 취득 연구자, (발리바르의 실험 환경에 맞게 매우 정밀한 사양으로 장비를 제작할 금속 세공사와 유리 세공사 등) 기술자들로 팀을 구성했다.

그는 자신과 팀원들이 다른 연구자들이 상반되게 보고한 실험 결과를 비롯하여 남아있는 문제를 모두 해결했다고 생각했다. 그런 다음에 혼란을 초래하는 몇 가지 부산물과 그 원인을 제거한 연구팀은 마지막 순간에 갑자기 일부 수치가 이전의 실험 결과를 재현하지 못한다는 사실을 깨달았다. 그들은 이미 초기 문제의 원인이 된 기구와 절차의 자잘한 결함을 무수히 제거한 터였다. 그러자 연구팀은 자신들이 아직 발견하지 못한 진동의 근원이 자신들의 노고를 물거품으로 만들고 있다고 생각했다. "우리는 전등을 모조리 끄고 냉장고의 공기압 서스펜션 pneumatic suspension 을 작동시켰다. 그런 다음에 지하 실험실 출입을 금지하고 야간에 측정했다. 우리는 36시간에 걸쳐 평균 측정치를 산출했다." 하지만 그 어떠한 조치도 도움이 되지 않았다. 그들은 이전에 만든 특수 장비들을 다시 조사한 다음에 기술자에게 특수 부품 한 가지를 다시 제작해달라고 요청했다. 그렇게 진행된 이후 실험에서야 기대했던 대로 자신들의 이론을 검증하는 결과를 얻었다.


빛이 에너지를 운반하기 때문에 햇빛이 들면 온도가 높아진다는 것은 모두가 아는 사실이다. 햇빛 아래에 둔 온도계와 그늘에 둔 온도계는 같은 온도를 표시하지 않는다! 햇빛이 위층 실험실의 창문을 뚫고 들어왔으니 냉장고에 침투하여 냉장고를 데우리라는 것은 분명했다. 절대 0도의 100분의 1도를 얻기 위해 우리는 입사광을 10억분의 1와트 단위까지 측정해야 했다. 실험실 창문은 사실상 여과 장치였다. 우리는 실내가 간신히 보일 정도로 최소한의 빛만 허용하는 선글라스를 썼다고 생각하고 실험실을 보았다. (중략) [연구팀은 지하로 실험실을 옮겼다.] 그러나 우리는 갑자기 금속으로 만들어지지는 않았음이 분명한 (그랬더라면 창밖을 볼 수 없었을 테니까) 지하 실험실의 창문을 통해 빛뿐만 아니라 라디오나 휴대전화 등에 신호를 전달하는 온갖 전파가 들어오고 있다는 사실을 깨달았다. 그 같은 전파는 작은 전류를 발생시켜 극도로 민감한 온도계를 데운다. 나는 그때 웃음을 터뜨렸다. 뭐라고? 프랑스의 음악 방송이 우리 온도계를 데운다고? 우리는 그 문제를 해결하기 위해 라디오 주파수 차단에 적합한 구리 필터로 실험기구를 감쌌다. 그런 다음에 성공했다! 온도는 40밀리켈빈에서 멈추지 않고 20밀리켈빈으로 떨어지더니 다시 15, 11, 9밀리켈빈으로까지 떨어졌다. 우리의 훌륭한 냉장고는 [연구자가 진행 상황을 "알아보기" 위해 필요했던] 두 쌍의 창문 다섯 개에도 불구하고 상반된 결과를 보고한 사람들의 온도보다 두 배나 더 낮은 온도에 도달했다. (발리바르, 2014, 39~40)

이와 같이 물리학은 수학과 추상적인 이론으로만 이루어져 있지 않다. 물론 물리학은 그 두 가지를 필요로 한다. 그러나 부분적으로는 탐정 일도 필요하다. 오류의 잠재적인 원인을 모조리 추적하고 모든 측정치가 실제로 측정하고자 하는 것을 정확히 측정한 결과물인지 확인해야 한다는 뜻이다. 사회 과학자가 그러한 과학자들을 본보기로 삼으려면 그들이 우리의 감탄을 자아내는 결과를 얻기 위해 실제로 들이는 수고에도 주목해야 한다.

발리바르가 한 일을 성취하려면 자연의 협조뿐만 아니라 여러 가지 조건을 적절하게 맞춘 물리적, 사회적 상황의 조성도 필요하다. 발리바르는 특수한 냉장고를 필요로 했고 냉장고의 지속적인 작동을 위해 전문 기술자를 실험 기간 내내 상주시켰다. 그뿐만 아니라 필요할 때 구체적인 주문에 따라 장비를 제작할 특수 금속 세공사와 유리 세공사도 실험에 참여했다. 또한 결과에 영향을 줄 만한 외부 방해 요소가 모두(모조리!) 제거된 물리적 상황도 조성했다.

우리가 실험 물리학을 본보기로 삼는다면 편리하고 가능한 일뿐만 아니라, 실험 물리학자들의 모든 활동을 기꺼이 따라할 수 있어야 할 것이다.

## 사바나에서 토양학을 연구한 라투르

브뤼노 라투르(1999)는 자신의 연구 대상인 프랑스의 토양학자 팀에 장기간 합류한 경험을 토대로, 이들이 브라질 밀림에서 밀림이 사바나를 잠식하는지, 아니면 사바나가 밀림을 잠식하는지 확인하기 위해 펼친 연구 활동을 기록했다. 그들의 의문은 주위를 한 번 둘러보거나 현지인들에게 의견을 묻고 그 답변을 요약하는 것만으로는 쉽사리 풀리지 않는 것이었다.

그는 단계별로 그들의 활동을 묘사한다. 먼저 그들은 깐깐한 동료들에게 설득력을 발휘할 세심하고 검증된 결론에 도달하기 위해 (일반적으로는 토양학자들이 연구하는 지역에 존재하지 않는) 환경을 조성했다. 그는 그러한 작업을 밀림에 실험실을 만든 격이라고 설명한다. 통제력을 확보하여 파리의 실험실에서와 마찬가지로 추론의 각 단계를 검증하고자 했기 때문이다. 그들은 체계적인 방법으로 데이터를 수집하기 위해 기본 매개변수를 설정했다. 그러고 나서 자신들이 통제할 수 있고 추론의 각 단계를 검증할 수 있는 유사 실험실로 전환한 밀림의 땅에서 토양 표본을 채취했다. 이후 토양학자들은 믿을 만한 결과를 도출하는 것으로 옹호되는 절차를 통해 주장을 단계별로 입증했다. 이들의 연구 결과는 관련된 생태학적 과정에 대한 최종 견해를 설득력 있게 뒷받침할 증거가 되었다.

라투르는 원시 밀림과의 첫 조우에서 시작하여 분야 학술지에 (결론과 결론을 뒷받침할 증거를 제시하는 표와 도표로 채워진) 논문을 발표하는 것으로 끝나는 긴 과정을 각 단계별로 설명한다.

1. 그들은 연구 지역을 특정하기 위해 지도를 사용한다. "누군가 지도를 없애고 지도 제작의 관례에 혼란을 초래하며 라담브라질Radambrasil(브라질의 대규모 지역 조사 프로젝트 - 역주)이 지도 제작에 투입한 수만 시간을 무효화하고 비행기 레이더를 방해하면, 우리 네 명의 과학자는 밀림에서 길을 잃고 탐색, 기준점 표시, 삼각 측량, 면적 계산 등 이전 연구자들이 수행했던 작업을 전부 다시 시작해야 할 터였다. 그렇다. 과학자들은 세상에 통달하지만 세상이 이차원적이고 겹쳐지며 결합 가능한 글귀 형태로 그들에게 다가올 때만이 그 일이 가능하다(라투르, 1999, 29)." (라투르는 식당의 주인이 연구자들과 마찬가지로 개별 테이블을 숫자로 표시하는 것에 주목하라고 말한다. "그렇게 해서 _L는 테이블을 찾을 수 있다[29]." ) 그의 동료 중 하나인 에디루자는 (항공사진과 일반 지도 등) 두 가지 지도에서 그들이 갈 곳을 손가락으로 가리킨다. 그녀가 가리키는 것은 종이이지만 실제로는 세상에 대해 말하는 것이다.

2. 그들은 서로 구별이 가지 않을 정도로 비슷비슷한 산림에서 장소를 표시하기 위해 숫자가 새겨진 금속 꼬리표를 일정한 간격을 두고 나무마다 못으로 박는다.

3. 그들은 기존 분류법을 참고하여 각 장소의 식물을 식별한다. 그다음 참고 가능하며 다시 찾을 수 있는 방법으로 구성된 상자에 그 표본을 넣고 글자로 표시한다.

4. "토양학자들은 밀림 아래의 기반암이 사바나 아래의 기반암과는 특정 깊이에서 다른 성질을 띠는지 알아내고자 했다(40)." 그래서 그들은 땅을 파고 측정한 결과 둘 다 동일하다는 것을 알아냈다. 가설 하나가 무너졌다.

5. "숲에서 길을 잃은 연구자들은 가장 오래되고 가장 원시적인 공간 조직 기법 중 하나에 의존했다. 기하학적 형태를 따라 땅에 박아 넣은 말뚝으로 특정 공간을 차지함으로써 배경의 잡음을 차단하거나 적어도 자신들이 알아볼 수 있도록 했다(41)."

6. "르네의 표준 관행은 최대한도로 다른 토양을 포함하는 땅의 경계를 표시한 횡단면을 따라 표면 토양을 복원하는 것이다. (중략) 그는 측량사의 측정용 사슬을 사용할 수 없다. 그 어떠한 농업 종사자도 이 토양을 평평하게 한 적이 없다(42)." 그는 그 대신 1평방미터 땅을 사각형으로 조성하기 위해, 길이를 실로 표시하는 '토양실pedofil'로 측정한다.

7. 그런 다음에 1평방미터 땅 각각에서 토양 표본을 채집하여 숫자가 표시된 비닐봉지에 넣고 그 봉지에 "장소, 구멍의 번호, 토양이 채집된 시간과 깊이, 토양이 채집된 터" 등과 토양이 채집될 당시에 관찰된 정성적 데이터에 대한 설명을 정확하게 표시한다(46).

8. 그들은 "생성된 데이터의 추적 가능성을 최대한도로 변형 없이 유지하기 위해 (동시에 지역적 맥락을 제거하는 식으로 데이터를 완전히 전환하기 위해)" 극도로 체계화된 활동에 관여한다(47).

9. 그런 다음에 '토양 비교 측정기'를 만든다. 큰 사각형 상자 안에 마분지로 만든 작은 정육면체를 배열한 장치로써, 표본이 채집된 땅의 면적을 축소된 축척으로 나다낸다. (또한 표본을 흐트러뜨리지 않고 운반하기 위한 소형 여행 가방 역할도 할 수 있도록 제작된다.)

10. 그리고 나서 르네는 각 평방미터마다 정해진 깊이로 파낸 구멍에서 작은 흙덩어리를 채집하고, 라투르의 표현에 따르면 토양학의 가장 중요한 마술을 부린다. 방금 파낸 흙덩어리(르네의 데이터)를 작은 마분지 상자에 넣고 그것을 과학적 증거로 바꾸는 것이다! 그 누구도 그 데이터가 어디

에서 비롯되었는지, 그 흙덩어리가 속한 더 큰 땅의 특성을 확실하게 재현할 수 있는지에 대해 제대로 된 이의를 제기할 수 없다.

11. 이러한 전환을 통해 토양학자들은 모든 표본을 동시에 관찰하고 거기에서 어떤 패턴을 발견한다. 이제 그들은 관찰된 패턴을 글로 표현할 수 있다. 그에 따라 토양 표본을 제거하는 한편, 그 가운데 자신들이 개진할 주장에 대한 증거로 필요한 부분만 남겨놓는다. 이렇게 하더라도 원래의 관찰 결과와 활동에 연관된 숫자나 다른 정보(관찰된 데이터)는 그대로 유지된다. 그 덕분에 과학자들은 그러한 정보를 아무도 반박할 수 없는 증거로 활용한다.

12. "모든 단계에서 우리는 기본적 형태의 수학을 발견한다. 이는 연구자 집단에 체화된 관행의 중재를 통해 물질을 수집하는 데 활용된다(56~57)."

13. 연구자들은 각 표본의 색상에 대한 '주관적' 느낌을 어떻게 묘사할까?

페이지가 엄격하게 정해진 공책 형태의 먼셀 색 체계Munsell code를 이용한다. 이 작은 책의 각 페이지에는 색조가 비슷한 색들이 모여있다. 예를 들어 어떤 페이지에는 보라색이 도는 빨간색, 다른 페이지에는 노란색이 도는 빨간색이, 또 다른 페이지에는 갈색 색조들이 실려있다. 먼셀 색 체계는 비교적 보편화된 규범이다. 스펙트럼에 있는 모든 색의 모든 미묘한 차이를 페이지별로 배열하고 각각의 색에 숫자를 표시한 것으로써, 화가, 페인트 제조업체, 지도 제작자, 토양학자들의 표준 체계로 활용된다. 숫자는 같은 판본의 색상 체계를 사용하는 전 세계 색채 전문가들이 신속하게 이해하고 재현할 수 있도록 하는 기준점이다. (58~59)

르네는 색 견본의 옆에 있는 구멍에 흙덩어리와 색 견본 중 한 가지를 나란히 넣고 '일치'하는 견본을 신속하고 정확하게 골라낼 수 있다. 이렇게 해서 반박할 수 없는 후속 분석용 데이터가 만들어지는 것이다.

14. 라투르는 전체 활동을 이렇게 요약한다.

르네는 너무 비옥하거나 복합적인 토양을 제외한 흙덩어리를 추출한다. 그렇게 해서 생긴 구멍은 흙덩어리를 담을 수 있으며 분량과 질감과 상관없이 색상만으로 토양을 선택할 수 있는 틀이 된다. 그런 다음에 이 작고 평평하며 토양의 색상을 보여주는 직사각형 구멍은 색상으로 요약되는 토양과 각각의 색상에 상응하는 번호의 매개체 역할을 한다. 우리는 표본의 분량과 상관없이 직사각형의 색에만 집중할 수 있게 되고, 곧이어 색을 무시하고 참고 번호만 보존해도 된다. 나중에 보고서에서는 너무 구체적이고 자세하며 정확한 번호는 생략하고 지평층과 전반적인 특성만을 기록할 것이다. (60~61)

15. 이에 비해 쉽지 않은 판단이 여전히 남아있다. 모래보다 진흙이 많은 표본인가, 아니면 진흙보다 모래가 많은 표본인가? 토양학자들은 각 표본에 침을 뱉고 맛을 보는 식으로 그 문제를 해결한다. (이러한 토양 특성에 대해서는 먼셀 색 체계에 상응하는 것이 존재하지 않지만, 토양학자들은 반대되는 이론을 펼치는 동료 학자들의 이의 제기 없이 이러한 방법을 사용할 수 있다).

16. 이러한 절차에 따라 토양학자들이 수집한 세상의 물질은 과학적 발견이나 주장이 되며, 그들이 설득하고자 하는 독자가 받아들이고 인정하며 트집 잡을 수 없는 증거와 함께 제시된다. 라투르의 말대로 그들의 연구를 요약한 최종 도표는 현실적이지 않다.

그 도표는 그 어느 것과도 유사하지 않다. 그것은 유사한 정도를 뛰어넘는다. 규약집, 꼬리표, 토양 비교 측정기, 기록 카드, 말뚝, 그리고 마지막으로 '토양실'로 얼기설기 표시된 거미줄 모양 덕분에 도표를 통해 원래의 상황을 돌이켜볼 수 있다. 그러나 도표를 이러한 일련의 변환과 분리하여 생각할 수는 없다. 도표 그 자체로는 그 이외의 의미를 지니지 않는다. 도표는 수집된 데이터를 완전히 대체하지는 못한다. 데이터를 요약할 뿐이다. 도표는 매우 특이한 횡단 객체transversal object이자 정렬 연산자alignment operator로서, 선행한 것과 뒤를 잇는 것 사이의 경로를 허용하는 조건에서만 참이 된다. (67)

그런 다음에 그는 이러한 결론을 도출한다.

지식은 정신과 객체의 일대일 대면에 존재하지 않는다. 지시체reference가 어떤 사물에 의해 검증된 문장이라는 수단으로 그 사물을 나타내지 않는 것과 마찬가지다. 그와는 반대로 우리는 한쪽은 물질에 속하고 다른 한쪽은 형태에 속하며, 그 어떠한 유사성도 채우지 못할 간극에 의해 그 다음 단계와 분리된 공통 연산자를 모든 단계에서 확인했다. 이러한 공통 연산자들은 사물과 말의 차이를 넘나들며 언어 철학의 낡은 고정관념 두 가지를 재분배하는 사슬로 연결되어 있다. 흙은 마분지로 만든 정육면체가, 말은 종이가, 색은 숫자가 되는 식이다. 이 같은 사슬의 필수적인 특성은 언제든 뒤집을 수 있어야 한다는 점이다. 양쪽 방향으로 나아갈 수 있도록 연속된 단계 모두 추적이 가능해야 한다. 어느 지점에서 단절된 사슬은 더 이상 진리를 전달하지 못한다. 즉, 진리를 생산하고 구성하며 추적하고 실행에 옮길 수 없게 된다. '지시체'라는 단어는 전체적으로 사슬의 질을 나타내며 더 이상 '사물과 지성의 일치adaequatio rei et intellectus'를 뜻하지 않는다. 이런 면에서 진리-가치는 회로가 단절되지 않는 한 전선을 따라 흐르는 전기처럼 순환한다. (라투르, 1999, 69)

이러한 추론의 모든 단계와 그에 대한 과학자들의 입증은 저자들이 달성했다고 말하는 목표가 실제로 달성되었는지 확인하기 위해 과학계의 대상 독자들이 변형할 수 있을 정도로 충분히 이해할 수 있는 절차를 토대로 한다.

물론 이러한 일이 하루아침에 일어나지는 않는다. 절차의 일부인 오류 방지 방법은 과학자들이 나중에 바로잡은 실수를 통해 하나씩 추가되었으며 '표준 작업 절차'에 통합되었다.

# 자연 과학 모형을 사회 과학으로 옮기기

이와 같이 물리학자와 생물학자들은 자신들의 흥미와 무관한 상당수 '사물'이 관심 있는 대상의 본질과 현상에 영향을 미친다는 사실을 발견한다. 발리바르는 좁은 범위의 현상과 그 상호작용을 연구하고 매우 낮은 온도에서 어떠한 요소가 그가 관심 있는 물질의 상태에 영향을 끼치는지 파악하고자 했다. 그는 자신의 관심 대상이 아닌 온갖 요소가 자신의 연구 대상에 영향을 끼침으로써 연구 대상의 영향을 입증하는 어려움이 배가된다는 사실을 알아차렸다. 그는 가능한 한 최선을 다하여 그처럼 무관한 요소를 제거해야만 했다. 이러한 사실은 크고 작은 노력을 수반하는데 그러한 노력은 발리바르가 (창문을 통해 들어오는 라디오 전파처럼) 문제의 '무관한' 변수를 분리한 이후에야 이루어질 수 있었다.

라투르는 루이 파스퇴르Louis Pasteur가 미생물의 존재를 발견한 과정을 다룬 책(1988)에서, 과학 활동의 대부분이 연구할 현상을 적대적 요소로부터 보호할 수 있는 격리 환경을 조성하여, 과학자가 알아보고자 하는 현상이 일어나지 않는 것을 사전에 방지하는 일로 이루어진다는 사실을 보여준다. 파스퇴르는 미생물의 삶을 연구하기 위해 특수한 환경을 조성해야 했다. 미생물의 삶, 생식, 소멸을 정확히 파악하려는 노력을 방해하는 요소가 힘을 쓰지 못하는 환경을 만드는 것이다. 그러한 보호 장치가 없다면 미생물을 죽이거나 그보다는 덜 해롭지만 덜 극적인 결과를 얻었을 것이다.

마찬가지로 라투르가 연구한 토양학자들의 연구 대상은 (사바나에서 밀림으로 또는 밀림에서 사바나로의 전환이라는) 사건이었다. 그 과정에서 가치, 형태, 색, 이동수단 등이 제각각 달랐다. 또한 날씨, (브라질의 경우에는 늘 격렬한 정치적 사안이 되는) 토지 사용 패턴에 영향을 미치는 정치적 의사결정, 경작 관행에 영향을 주는 시장 세력과 그에 따른 역사적 연속성, 전통, 토지 소유권의 패턴, 가족 구조 등 이질적인 요소의 변화 때문에 시시때때로 달라지는 수많은 객체와 사건이 개입되었다. 토양학자들은 파스퇴르가 했듯이 연구 대상을 위해 특수 환경을 조성하지는 못한다. (알다시피 이는 리버슨이 사회 현상에 영향을 주는 것으로 본 복잡하게 얽힌 인과 관계와 상당히 비슷하다.) 그 대신 토양학자들은 연구 대상에 영향을 주는 요소를 면밀히 측정하여 관심이 있는 원인과 결과를 분리해냈다. (수고는 많이 들지만 리버슨의 우려와는 달리 그리 어려운 작업은 아니다.)

이렇게 자연 과학자들은 여러 가지 요소가 연구하고 규명하고자 하는 대상에 영향을 끼친다는 사실을 깨닫는다. 그러면 그들은 특정 현상을 분리하기 위해, 그처럼 '무관한' 문제를 해결하는 데 많은 시간과 노력을 들인다. 특정 현상을 분리하는 데 성공하면, 동료들이 받아들일 정도로 설득력 있는 증거가 될 만한 데이터를 생산하는 식의 올바른 과학을 할 수 있다.

자연 과학자들은 분명 관심이 가는 사건에 대해 '좋은 데이터'를 수집하는 데 큰 어려움을 겪는다. 사회 과학자들도 비슷한 문제를 겪지만 그들에게는 몇 가지 어려움이 추가된다. 사회 과학자는 (사람, 조직, 상호작용, 사건 등) 연구 대상을 조작하고 관심 있는 변수가 결과적으로 달라진 상황에서 다른 가치를 지니는지 확인할 수 없다. 자연 과학자들은 온도를 절대 0도에 가깝게 낮추고 나무에 꼬리표를 부착하며 자그만 흙덩어리를 상자에 넣어 나중에 비교할 수 있다. 그러나 사회 과학의 연구 대상(사람들)은 생명과 의견이 있으며 집단에 소속되고 자기만의 관심사가 있다. 사회 과학자들은 연구자의 요구와 희망과 상관없이 자기 삶을 영위하는 사람들에게서 데이터를 수집해야 한다. 게다가 사회 과학자는 연구 대상의 활동에 영향을 줄 수 없다. 그저 일이 일어나는 상황을 관찰하고 무슨 일이 일어나는지 파악하기 위해 가능한 한 모든 조치를 취할 뿐이다. 영향에 대해 확신할 수 없는 요소에 원인으로서의 비중을 두지 않도록 해야 한다. 사회 과학자는 그러한 영향을 끼치는 요소에 대해 자연 과학자가 결론으로 이어지는 주제에 대해 확신하는 만큼 확신할 수 없다.

사회 과학자들은 기술자에게 데이터 수집 문제를 해소해줄 특수 장비를 제작해달라고 부탁할 수 없다. 그들에게는 연구 단위를 동등하게 만들어 측정하고 표시하는 일이 불가능하다. 그들은 (시도는 자주 하지만) 연구 단위를 범주로 손쉽게 분류하는 데 필요한 간단한 장비를 만들어낼 수 없다. (토양학자들이 토양 표본을 분류하기 위해 색 비교 장치를 활용한 것과는 대조적이다. 물론 몽크의 2014년 연구에서 알 수 있듯이 사회 과학에서도 이러한 방면으로 어느 정도 흥미로운 발전이 이루어지기는 했지만 말이다.) 그 원인은 각각의 잠재적인 해결책(연구 단위의 정의, 현상의 범주, 분류와 측정 단위 등)이 그 자체로 연구 대상인 현상의 일부가 되기 때문이다. 사회 과학이 연구하는 현상이 사회적 진공 상태에서 일어나지 않는다는 것은 사회 과학의 불가피한 교훈이다. 우리가 이제까지 알아본 과학 활동의 복잡하고 사회적인 성격은 모두 사회 과학에도 고스란히 적용된다. 다만 우리는 우리의 관심사가 아닌 무관한 요소의 영향으로부터 연구 대상을 보호할 실험실을 만들 수 없을 뿐이다.

한 번은 공개회의의 토론자 중 하나로 초청받은 적이 있다. 몇몇 사회 과학 연구팀이 어떠한 데이터를 수집할 예정이며 이론에 대한 증거를 제시하기 위해 어떠한 방식으로 데이터를 조작할 것인지 상세히 서술한 제안서를 기반으로, 주요 정부 기관의 보조금을 받아 진행한 프로젝트의 결과를 보고하는 자리였다. 모든 팀이 원래 계획을 소개하면서 한 말이 있다. "상황은 원래 계획보다 한층 더 복잡한 것으로 판명되었다." 표현은 조금씩 달랐지만 의미는 같았다. 우리가 가능한 어려움을 예견하기 위해 그 어떠한 노고를 기울이든, 상황은 언제나 우리 계획보다 더 복잡하다. 게다가 우리는 예상 가능한 모든 잠재적 어려움을 해결하려는 시도조차 하기 힘들다. 필요한 만큼의 연구 자금을 제공해주는 사람이 없기 때문이다. 그리고 그러한 생각은 대개 들어맞는다. 발생하리라는 것은 확실하지만 예상할 수 없는 문제를 해결하는 데 필요한 돈이나 시간을 우리에게 제공할 사람은 없다. 상황은 늘 우리의 예상보다 '훨씬 더 복잡'하다.

이런 의미에서 사회 과학 데이터의 문제는 '기술적 문제'에 그치지 않으므로 더 나은 도구나 더 면밀한 측정으로 해결될 수 없다. 사회 과학자들이 통상 데이터를 수집하고 분석하며 보고하는 방식을 파악하게 되면, 그 말의 뜻을 이해할 수 있을 것이다. 다음에 나올 내용의 결론부터 말하자면 우리는 추론 과정의 단계와 뒷받침하는 데이터를 명확하게 규정해야 한다. 그런 다음에 모든 단계의 정확성을 확인해야 한다. 그리고 그 과정을 여러 차례 되풀이하면서 우리의 작업 방식에 잠재된 오류를 무작위적 현상(따라서 우리 관심사와는 무관한 것)으로 간편하게 무시해버리는 일 없이 적절히 감안해야 한다. 이렇게 하면 전통적이고 널리 인정되는 사회 과학 연구 방식이 심각한 도전을 받는다. 내 생각에 사회 과학자 대다수가 이론적으로는 그 사실을 알면서도 자신의 일상적인 작업 방식에 적용하지는 않는 듯하다.

# 2부

# 누가 어떤 방법으로 데이터를 수집하는가

과학 연구에는 불가피하게, 그리고 어김없이 여러 유형의 수많은 사람이 개입된다. 인간이 하는 대규모 활동이 항상 그러하듯이, 그 수많은 사람 가운데는 과학자로서의 수련과 기량을 쌓지 못한 이들도 포함되어 있다. 하지만 과학 공동체의 인정을 받을 만한 결과를 도출하기 위해서는 이러한 개개인의 협력 역시 반드시 필요하다.

전체 참여자의 모든 행위는 데이터에 영향을 준다. 이론의 증거로 쓰일 그 데이터 말이다. 따라서 데이터, 증거, 이론을 연결하는 문제는 누가 말과 숫자와 시각 자료를 수집하느냐와 자연스레 연결된다. 수집된 말과 숫자와 시각 자료가 나머지 작업을 결정짓는 만큼, 누가 그러한 것들을 수집하느냐는 중요할 수밖에 없다. 데이터를 수집하는 사람의 유형, 그들이 연구 활동에 합류한 이유, 사회 과학에서의 관심사, 그들이 사회 과학 연구에서 기대하는 바는 모두 수집된 데이터, 그러한 데이터가 분석되는 방식, 결과적으로 어떤 과학적 지식을 기반으로 데이터를 증거화시키는지에 영향을 끼친다. 또한 데이터의 집합적 생산에서 불가피하게 발생하는 오류는 그 자체로 사회학 연구의 대상이 될 수 있어야 한다.

# 데이터 수집자의 유형

최초 데이터를 수집하는 사람이 누구인지를 생각해봄으로써 사회 과학 연구의 유형을 정리해보자. 연구 아이디어를 내고 그 결과로 발생하는 보상과 비판을 받게 될 수석 연구자 자신인가? 아니면 수석 연구자의 가르침과 훈련을 받고, 수석 연구자의 목표와 연구 방식과 정확성의 기준에 대해 같은 견해를 지니게 된 제자들인가? 연구 결과에 대한 개인적 이해관계는 전혀 없이, 오로지 활동에 필요한 훈련을 받고 특정한 작업을 하도록 고용된 사람들인가? 아니면 조직에서 필요한 자료를 수집하기 위해, 조직원들에게 본 업무가 아닌 별도의 추가 업무로써 자료 수집을 시키는 것인가? 이때 그들이 수집하는 자료는 나중에 그들의 일상 업무에 대한 평가와 그 일을 함으로써 받게 되는 보상의 근거로 사용되는가?

어느 경우든 작업 상황은 데이터 수집자들의 적극성과 이해도는 물론 그들의 수집 방식에도 영향을 끼친다. 그에 따라 수집된 데이터가 증거로서 적합한지 여부도 좌우된다. 마지막으로 사회학자들의 연구 대상이 되는 사람들이 자신의 활동, 신념, 생각을 보고하는 식으로 직접 데이터를 수집하고, 나중에 다른 사람이 작성된 용지를 취합하는 방법도 자주 사용된다. 그들은 자신이 용지에 적은 내용의 정확성에 대해 얼마만큼 관심이 있을까? 그 데이터의 궁극적 사용에 대해 어떠한 이해관계를 지니는가?

한쪽 끝에서는 수석 연구자(연구 아이디어를 생각해내고, 연구 문제를 규정한 후 데이터 수집과 분석을 계획하며, 데이터 수집에 필요한 자금을 조달할 가능성이 매우 크고, 최종 보고서를 작성할 사람)가 모든 데이터를 직접 수집한다. 내가 그러한 연구자라면 모든 면접 조사를 직접 진행하며, 현장의 관찰 사항을 모조리 기록하고, 스스로 데이터를 분석하며, 보고서도 전부 작성한다. 다른 사람은 그 어떠한 일에도 관여하지 않는다. (이것이 약간 변형된 형태가 동등하거나 거의 동등한 연구자로 구성된 팀이 그 모든 일을 분담하는 경우다.)

내가 앞서 묘사한 전형적인 인류학자와 같이, 대학에서 벗어나 현장에서 활약하는 사람들이 그 같은 유형에 해당한다. 이러한 경우 연구에서 도출되는 결과는 무조건 연구자의 것이다. 즉, 관련 전문가 집단이나 일반인 공동체에서 쏟아내는 찬사나 비난이 연구자의 몫이 된다는 뜻이다. 나는 연구 활동 전반의 타당성을 입증하는 일에 명확한 이해관계가 있다. 5년 후에 어떤 사람이 나타나서 내 결과가 온통 잘못된 것임을 입증하기를 바라지 않기 때문이다. 이때 나의 개인적 이해관계는 최종 산물의 근거가 되는 내 데이터를 읽고 그 정확성과 증거로서의 가치를 판단하는 사람들의 이해관계와 일치한다.

프로젝트의 성공에 몰두하는 수석 연구자라면 모든 일을 정확히 수행하려고 할 것이다. 그러나 그런 일을 당연시해서는 안 된다. 자기 연구를 '성공적으로 수행'하고 아이디어를 입증하는 일에 혈안이 된 수석 연구자가 데이터를 수집하지 않은 채 만들어내고, 날조된 데이터를 진짜로 위장하려고 시도하는 사례가 종종 있기 때문이다. (이와 관련하여 유명 사례를 다룬 팔루디의 1991년 저작을 참조하라.) 이제까지 폭로된 데이터 날조 사건들이 빙산의 일각일 뿐이며 적발되지 않은 사기꾼들이 수없이 존재하는지, 아니면 폭로된 사건이 전부인지는 알 수 없다. 다만 신중한 독자라면 이런 일을 항상 존재하는 가능성으로 간주할 것이다. 그보다는 덜 해롭다고 해도, 연구자의 이념이나 희망 사항이 결과를 오염시키는 일이 발생할 수도 있다(방식은 다르겠지만 어떤 종류의 연구에서나 일어날 수 있는 일이다).

수석 연구자들은 대개 대학원생들을 연구 파트너나 조수로 끌어모은다. 우리는 그들의 의욕이 연구팀에서 어떤 위치를 차지하느냐에 따라 천차만별로 달라지리라는 것을 예상할 수 있다. 좀 더 본격적인 역할을 맡은 사람이라면 보상을 얻기 위해 작업을 제대로 수행하는 데 최선을 다할 것이다.

사회 과학자들은 특정한 조직이 자체적인 목적을 위해 수집한 방대한 데이터를 활용한다. 그러한 정보는 어떤 면에서 독자적인 연구의 목적에 부합되며, 혹은 부합하도록 재가공할 수 있다. 대표적인 것이 바로 미국 인구 조사이다. 미국 인구 조사는 분명 자체적인 목적을 위해 내가 아는 한 가장 규모가 크며 신중하게 마련된 프로그램을 수행한다. 미국 헌법에 따라 각 주의 하원의원 숫자가 인구 규모에 따라 결정되기 때문이다. 그들의 임무는 미국 총인구를 집계하는 대규모 활동을 완수하는 것이다. 이 정보를 수집하는 과정에는 매우 많은 직원이 투입되고, 최대한 정확한 결과가 보장된다. 이 때문에 인구 조사국의 보고서는 하원이나 대법원의 구성원들뿐만 아니라 그 이외의 다양하고 수없이 많은 유권자들의 관심을 끈다. 기업은 특정 연령, 성별, 사회 계층에 속한 잠재 고객을 찾을 수 있는 자료라는 이유로 인구 조사 보고서를 중시한다. 학교를 지으려고 계획 중인 시정부는 그 학교에 다닐 만한 아동이 어느 지역에 몇 명이나 존재하는지 파악해야 할 필요가 있다. 주정부가 새 도로를 건설하고 교통 체계를 도입할 곳을 결정할 때, 인구 조사 데이터는 주정부가 사용자의 이동 구간을 추정하는 데 도움을 준다. 그러한 면에서 인구 조사 데이터는 말하자면 미국 국민 모두의 재산이다. 국민 누구나 인구 조사 데이터를 자신이 필요한 연구 프로젝트(자신이 알고 싶은 것)에 이용할 수 있다.

국가 운영의 다른 목적을 위해 좀 더 구체적인 정보를 수집하는 정부 기관도 있다. 그러한 기관이 자체적인 목적을 위해 생산하는 데이터는 대체로 사회 과학자들이 구상하는 다른 연구 목적에도 부합되며(혹은 부합하도록 가공할 수 있으며) 데이터를 생산한 사람들은 (그래야 할 의무가 전혀 없을 때도) 자신들의 정보 자원을 우리 같은 사람들과 공유하기도 한다.

미국질병통제예방센터Centers for Disease Control and Prevention 등의 정부 기관을 비롯한 보건 단체들은 질병이나 사망과 관련된 여러 주제뿐만 아니라 좀 더 일반적인 주제에 대해 방대한 데이터를 수록한 보고서를 다수 펴낸다. 사회학자 등의 사회 과학자들은 가족 구조, 생활환경에 따른 발병률, 약물 사용 등 관심은 있지만 돈과 인력 부족 탓에 관련 정보를 수집하기 어려운 여러 가지 주제에 대한 다양한 가설의 증거로서, 그처럼 일반적인 주제의 데이터를 활용할 수 있다. 심지어 정부가 재분석을 위해 과학자들에게 데이터를 공개하는 일도 있다.

마찬가지로 정부가 수집하고 발표한 사망 원인 통계는 대개 사회학 연구의 데이터를 제공한다. 뒤르켐의 선구자적인 자살 연구([1897] 2006) 이후로 여러 세대에 걸쳐 자살 연구를 수행해온 사회학자들은 누군가 사망 진단서상의 사망 원인을 자살로 규정할 때 생겨나는 많은 문제점을 해결하려고 애써왔다. 그러나 공식 서류에 구체적인 '사망 원인'을 써넣는 검시관이나 법의관이 제공하는 숫자는 사회학의 역사에서 두각을 드러낸 여러 가지 견해와 이론을 검증하는 데 사용되어왔다. 연구에 따르면 검시관과 법의관이 사망 원인을 '자살'이나 '타살'로 지정하는 방식은 그들이 소속된 전문가 단체와 직업적인 문제의 영향을 받을 수 있다.

(법률, 범죄, 감옥, 그리고 그와 관련된 주제에 관심이 있는 사람들의 집합소인) 범죄학은 오랫동안 법 집행 기관의 기록에서 범죄 발생에 대한 데이터를 얻었으며, 범죄자에 대한 정보를 얻기 위해 특정 범죄로 체포되거나 유죄 선고를 받은 사람들에 대한 공개

데이터를 활용했다(명확히 구분되는 두 인구 집단은 때로 가해자로 표현되기도 한다. 물론 체포와 유죄 선고가 어떤 사람의 가해 여부를 완벽히 입증하는 것은 아니다).

적어도 그러한 (경찰과 사법기관이 충족해야 할 관심사를 반영하는) 자료의 결함 때문에 누가 보더라도 비현실적인 결과가 도출되기 시작할 때까지는 그러했다. 오랜 세월에 걸쳐 미국연방수사국FBI이 현지 경찰과 사법기관에 의해 수집된 데이터를 집계하여 펴내는 〈종합 범죄 보고서Uniform Crime Reports〉는 경찰의 영원한 관심사인 범죄율이 미국 전역 또는 현지에서 상승하거나 하락한다는 언론 기사의 소재가 되었다. 우리는 범죄율의 변동을 참고하여 경범죄에 대한 엄격한 법 집행(또는 공공연한 총기 소지나 은폐 총기 소지의 합법화를 비롯한 그 이외 수십 가지 '원인')이 '범죄율'에 영향을 끼치는지 여부와, 영향을 끼친다면 어떠한 방향인지 판별한다. 달리 어느 곳에서 범죄 활동에 대한 믿을만한 정보를 찾을 수 있겠는가?

마찬가지로 학교의 기록에는 출석, 시험 점수, 성적, 그 이외 학업 성취 척도 등과 같이 사회 과학자에게 유용한 정보가 대량으로 포함되어 있다.

연구 데이터 대다수는 (조사 연구소와 상업적인 설문 기관 등과 같은) 조사만을 전담하는 대형 조직에 의해 수집된다. 이러한 조직들은 일반적으로 표준화된 설문지를 사용하여 대규모 조사를 시행한다. 이들은 (조사 도구와 설문지를 개발하고 면담 일정을 잡으며 표본을 지정하는 등) 조사의 계획을 세울 숙련된 사람들을 고용하고, 계획의 실행을 감독하며, 현장 조사를 내보내고, 면담자들을 고용, 훈련, 관리하며, 분석을 위해 결과의 코딩coding(부호화)과 디지털 형식으로의 전환을 감독한다. 이러한 조직의 상근 전문가들은 면담자, 코딩하는 사람, 그 이외 숙련된 작업자들로 이루어진 팀을 관리한다. 작업을 담당하는 사람들의 동기가 그들을 고용한 이들의 동기나 그들이 생산하는 데이터로 이론을 검증하고자 하는 과학자들의 목표 그리고 그 모든 작업의 돈을 대는 사람들의 목적과 반드시 일치하는 것은 아니다. 우리는 별다른 정보가 없는 한 그 모든 직원이 한마음으로 고용주의 이상과 목표를 달성하는 데 전념한다고 단정해서는 안 된다. 합당한 의심을 품은 외부인이 연구가 계획대로 이루어지고 있는지 근거를 제시하라고 요구할 수도 있다. 이상으로부터의 일탈을 보여주는 정보는 차고 넘치며 이는 타당한 의혹을 낳는다.

대규모 조사 조직은 매주 대금을 지급한다(상당수의 정직원이 있으므로 그에 따른 급여, 건강보험, 사무 공간 유지비, 데이터 보관비, 공공요금 등의 고정비용이 발생한다). 그러므로 프로젝트를 꾸준히 수주해야 한다. 사업을 운영하려면 고객이 프로젝트의 대금으로 지급하는 돈이 필요하다. 일부 조사 조직은 일정 부분 대학의 지원을 받는다(미시건 대학의 조사 연구 센터와 시카고 대학의 전국 의견 조사가 그 사례다). 재단의 지원을 전폭적으로 받는 기관도 최소한 한군데는 존재한다. 퓨 리서치 센터가 그러한 곳이다. 미국의 인구 조사국이나 프랑스의 INSEE 같은 일부 조직은 직접 국가 정부로부터 기본적인 지원을 받는다. 상당수는 기업, 정치 집단, 후보자 등 여론 조사 결과를 구매할 여력이 되는 곳에 이 같은 서비스를 제공하는 상업 기업이다.

이 같은 조직에서 현장에 나가 (아니면 적어도 전화를 걸어서) 표본의 요건에 부합하는 사람들을 찾은 다음에 용지에 인쇄된 질문을 던지는 식으로 실제 데이터를 수집하는 사람들 대다수는, 줄리어스 로스(1965)의 적절하지만 가혹한 표현에 따르면 '고용인hired hands'이다. 특정 업무를 위해 고용된 이들은 그 이전에 조사에 대해 딱히 전문적인 교육을 받지 못했으며 일한 시간이나 조사 건수에 따라 돈을 받는다. 또한 질문할 주제, 질문의 표현 방식 등과 같이 면접 조사를 진행할 때 날마다 발생할 수밖에 없는 소소하지만 중요한 문제에 대한 발언권이 없다. 나는 대규모 조사 조직이 면접 조사를 담당하며 사회 과학 절차에 대한 고도의 훈련과 지식을 쌓은 정직원을 얼마나 많이 고용하고 있는지 알지 못한다. 그러나 면접 조사를 수행하기보다 고안하는 조사자들을 감시하기 위한 조치나 데이터의 품질에 영향을 줄 수 있는 면담 관행을 파악하기 위한 조치는 거의 이루어지지 않을 뿐 아니라, 데이터의 타당성을 위협하는 데이터 조작 조치에 대해 보고한 연구 논문은 드물다. 기껏해야 자기 기관의 면담자들이 '제대로 된 훈련'을 받았으며 면밀한 감독을 받는다고 확언하는 보고서만 존재한다. 그러한 주장을 액면 그대로 받아들이는 데 의구심을 느끼는 사람이 나만은 아닐 거라 본다. 이에 이 책의 후반부에 내 의구심에 대한 근거 몇 가지를 제시하고자 한다. 덧붙여서 나는 연구 대상이 자신의 삶을 영위하면서 직접 수집하는 자료에서 근원 데이터가 비롯되는 일이 많다는 사실을 이제까지 잊어본 적이 없다.

나는 대체로 데이터 생산자들의 차이를 중심으로 이 책의 나머지 부분을 구성했으며 사회 과학 데이터를 제공하는 사람들에 대한 대략적인 분류를 토대로, 우리가 그처럼 다양한 사람들이 수집한 데이터를 견해와 이론의 증거로 활용할 때 예상하고 경계해야 할 오류, 실수, 고충에 대한 논의를 체계적으로 알아볼 생각이다. 그 같은 분류는 문제를 처리하는 방법을 제시할 뿐 아니라 데이터 수집 방법에 대한 우리의 이해를 바로잡음으로써 행정적인 문제처럼 보이던 것이 과학적 문제로 전환될 수 있다는 점을 알려준다.

나는 각 방식에 따라 수집된 데이터의 정확성, 연구 결과에 흔히 나타나는 오류의 유형, 연구자들이 오류를 해결하는 방법, 오류를 방지하기 위해 일반적으로 취하는 조치 등에 대해 가능한 한 많은 내용을 이 책에 담았다.

이 책이 잔소리만 잔뜩 늘어놓고 서로간의 저격에 치중하는 것에 그치지 않기를 바라기 때문에, 원래부터 내 호기심과 흥미를 자극했던 과학 연구 분야의 사례를 토대로 다양한 문제에 효과적으로 대응할 수 있는 모형을 제시하고자 한다. 그 과정에서 어떠한 문제가 존재하는지, 어떻게 하면 흔히 발생하는 어려움을 극복하고 더 나은 결과를 얻을 수 있는지 구체적으로 다룰 것이다. 이 책에서 소개하는 내 모형은 (발리바르가 묘사한 물리학자와 라투르가 묘사한 토양학자와 같은) 자연 과학 연구자들이 데이터를 수집하여 증거로 사용하는 방식에 근거한다. 내가 이 책에서 때로 잔소리를 늘어놓는 까닭은 내 사회 과학계 동료들이 그러한 본보기에 따라 오류를 극복하기 위해 끈기 있게 작업하고 이론의 적합한 증거가 되는 데이터를 생산하기를 바라는 마음에서 비롯된다. 또한 나는 데이터 오류의 근원이 그 자체로 연구 대상이 되는 비교적 흔한 전개에 각별한 관심이 있다. 부정직한 면담자가 사회 과학 연구의 초점이 되는 경우를 그 예로 들 수 있을 것이다.

# 4장
## 모든 데이터 수집의 표본, 인구 조사

인구 조사census란 무엇인가? 인구 조사는 어떤 면에서 특별한가? 무슨 이유로 인구 조사를 수행하기가 그토록 어려운가? 일반적인 의미에서의 인구 조사를 완성하기 위해서는 조사 대상자를 파악하고 그들 각각에 대해 동일한 정보를 수집해야 한다. 따라서 국가 인구 조사는 그 국가에 거주하는 모든 사람의 숫자를 구하고 그들 전부나 적어도 대다수로부터 같은 질문에 대한 답변을 얻는 식으로 진행된다. 많은 사람들이 국가 인구 조사와 같이 표준적인 형태의 인구 조사에 대해 잘 알고 있긴 하지만, 인구 조사의 이론적 개념을 명확히 이해하면 좀 더 일반적이고 매우 유용한 모형을 얻을 수 있다.

현실적으로 국가 인구를 전수 조사하기는 불가능하다. 다른 과학자들과 마찬가지로 인구 조사 전문가들도 결과물을 오염시킬 만한 결함을 모조리 제거하기 위해 부단히 애쓰지만, 작업을 완료하기 위해 어쩔 수 없이 타협을 받아들일 때가 있다. 그런 면에서 인구 조사가 모든 유형의 연구에 좋은 본보기가 되는 가장 큰 까닭은 인구 조사 전문가들이 자신의 작업에 존재하는 결함을 숨기거나 그에 대해 핑계를 대지 않기 때문이다. 그 대신 조사자들은 불가피한 결함을 기정사실로 받아들이고 인구 조사 자료를 증거로 사용할 때 주장해도 되는 내용과 주장해서는 안 될 내용을 데이터 이용자들에게 알린다.

# 인구 조사는 어떻게 진행되는가

인구 조사국이 전국 인구를 세는 과정에서 벌이는 활동은 오류를 제거하기 위한 본격적인 시도로 볼 수 있다. 이 과정을 살펴봄으로써, 우리는 인구 조사 종사자들이 겪는 오류에는 어떤 것들이 있는지, 작업 도중에 불가피하게 나타나는 오류에 어떻게 대응하는지, 그들이 오류에도 불구하고 작업을 완수하기 위해 어떠한 타협을 하는지, 이러한 현실이 그들이 생산하고 과학적 이론의 증거로 사용되는 데이터에 어떠한 영향을 미치는지를 파악할 수 있다.

인구 조사 가운데서도 특히 미국 인구 조사는 (미국 인구 조사가 특이할 것은 없지만 더 철저히 연구되었으며 내가 미국 인구 조사에 대한 연구에 좀 더 빠삭하기 때문에 집중적으로 다룬다) 사회 과학 증거의 가장 근본적인 딜레마 몇 가지를 구체적으로 보여준다. 이러한 딜레마는 기본적인 연구 문제에 대한 진지한 고찰을 유도한다. 나는 이에 대해 공격하거나 옹호할 의도가 없음을 미리 밝혀둔다. 우선 인구 조사가 해결해야 할 문제로 무엇이 있는지 알아본 다음에, 조사 도구와 설문지의 사용에 불편을 초래하며 한층 더 자유롭고 다양한 기법이 사용되는 비구조화 면접 조사와 '현장'의 사회생활에 대한 관찰에서 나타나는 문제로 넘어갈 것이다.

미국 인구 조사국은 분명 데이터 수집 조직으로는 가장 유리한 위치에 있다. 탄탄한 재정적 지원 아래 작업을 방해하는 문제 해결에 쉴 새 없이 매달리는 수많은 정규 직원이 있고, 정부 안팎에서 문제를 찾아내고 교정해주는 여러 분석가와 평론가가 함께한다. 심지어 미국 헌법에 법적인 근거가 존재하기 때문에 참여를 거부하면 연방법 위반이 된다는 강제력도 있다. 요구와 비판을 통해 부단한 개선 조치에 박차를 가하는 무수한 사용자도 존재한다. 하지만 이런 이점에도 불구하고, 미국 인구 조사국 역시 세계 각국의 유사한 정부 기관과 마찬가지로 여러 문제를 안고 있다.

인구 조사는 사회 과학 연구자들이 더 열심히 일하고 덜 방어적이며 현재보다 할 일이 많아질 때, 사회 과학 데이터 수집으로 무엇을 달성할 수 있는지 구체적으로 보여준다. 따라서 내가 인구 조사의 문제와 미흡한 점을 강조하더라도 불평이나 비난으로 받아들이지 않기를 바란다. 인구 조사는 정확성과 정밀성 측면에서 더할 나위 없이 뛰어나며 올바른 방식으로 조사가 이루어지는 만큼 탄탄한 자금 지원을 받을 만한 활동이다. 인구 조사가 그처럼 훌륭한 까닭은 인구 조사의 주요 목적이 (엄격한 의미로는 유일한 목적인데) 가능한 한 많은 유권자를 만족시키는 방식으로 법률의 요구 사항을 수행하는 것이기 때문이다.

과학에는 언제나 어려움이 따른다. 과학자들은 항상 기존 방법과 장비가 생산할 수 있는 것의 한계와 씨름해야 하므로 자신의 일을 정확하게 완수하기 위해 늘 더 열심히, 더 꼼꼼하게 일할 수밖에 없다. 사회 과학에서 가장 정량적인 전문 분야인 인구 통계학demography의 학술지에는 비판과 데이터 수집과 분석의 개선 방안에 대한 제안이 넘쳐난다. 사회학의 가장 공격적인 주장은 대개 연구자들이 수집하는 데이터의 정확성에 관해서 이루어진다.

## 국가 인구 조사에 대하여

데로지에르(2002)에 따르면 인구 조사가 탄생한 까닭은 국가 정부의 관료들이 자기 사법권 내의 거주자들에 대해 더 다양하고 정확한 정보를 원했기 때문이라고 한다. 유럽 국가들이 본질적으로 근대 국가의 형태를 갖추게 된 19세기를 들여다보면, 과거보다 훨씬 더 많은 영토를 차지하던 때였다. 지도자들은 역사상 처음으로 지역에 국한되지 않는 거주자들에 대한 지식을 얻을 필요가 있었고 얻기를 원했다.

그 모든 정보를 수집하기 위해 국가는 더 크고 더 효율적인 행정 단위와 정보 수집 절차를 만들었다(달성 여부와 상관없이 적어도 그것이 그들의 바람이었다). 자국의 물리적 환경을 좀 더 충분히 파악하기를 바라는 마음에서 관료들은 지형, 정치적 경계, 도로, 기후에 대한 조사를 맡겼다. 국가 경제를 지속적으로 조사하고 계획하며 세금 징수 시스템의 근간을 마련하고자, 그들은 행정 단위와 절차를 도입해 다양한 인구 집단의 소득 분포를 기록하고 분석했으며, 농업 수확량과 공업 산출량을 측정하고 지출 패턴을 분석했다. 그뿐만 아니라 관료들은 자국 인구를 기록하고 분석할 조직을 창설했다. 얼마나 많은 사람이 자국에 거주하는가? 나이는 어떻게 되는가? 남성과 여성은 각각 몇 명인가? 교육은 얼마나 많이 받았는가? 여성의 가임 능력은 어떠한가? 근대 국가는 그 모든 것을 알아내려고 했다.

인구 조사는 여러모로 본격적인 정량 연구의 가장 우수한 사례다. 인구 조사를 통해 사회 관련 데이터를 수집할 때의 문제점을 해결하려는 국가의 총체적 의지가 여실히 드러나기 때문이다. 이때 발생하는 문제는 인구 조사 같은 절차에 수반되는 까다로운 작업에서 비롯된다. 구조화 데이터 수집 과정에 의존하는 연구에서는 이러한 문제가 인구 조사에서보다 한층 더 심각한 형태로 발생한다.

국가 차원에서 정확한 데이터를 수집하려면 대대적이고 그런 만큼 돈이 많이 든다. 게다가 신뢰할 수 있는 결과를 얻기 위해 데이터의 정확성에 만전을 기하려면, 더 큰 어려움과 비용이 따른다. 하지만 정부가 중요하게 생각하는 사회 과학 데이터 수집 프로젝트라고 해도, 군비나 거대과학big science 지출과 같이 막대한 정부 재정이 투입된 적은 없다. 군비와 거대과학 지출이 어느 정도인지는 현대식 무기와 물리학자들에게 제공되는 값비싼 장비에서 단적으로 드러난다.

인구 조사보다 규모가 작은 여러 연구를 통해, 우리는 우리가 정말로 원하기만 하면 인구 조사국이 원하는 결과를 얻기 위해 활용하는 절차의 정확성을 현재보다 훨씬 더 높은 수준으로 끌어올릴 수 있음을 알 수 있다. 인구 조사국의 흔한 문제 중 몇 가지가 해결되지 않는 까닭은 원칙적으로 해결이 불가능하기 때문이 아니라, 해결에 '너무 많은 비용'이 드는 데다 조직 측면에서 '불가능'하기 때문이다(단, 불가능하고 너무 많은 비용이 든다는 말은 항상 사회 상황에 맞게 정의되고 다르게 평가될 수 있다). 인구 조사의 그 이외 문제 다수는 인구 조사가 다루는 항목의 종류가 시간이 흐름에 따라 변화하기 때문에 발생한다. 그 때문에 인구를 산출하고 (심지어 성별과 인종처럼 간단한) 인구 특성을 파악하기에 확실한 듯 보이던 방법이 때로 시대착오적이며 돌연 사회적 의미를 상실한 데이터를 생산하기도 한다.

《뉴 옥스퍼드 아메리칸 사전New Oxford American Dictionary》에 따르면, 인구 조사란 "인구에 대한 공식적 산출이나 조사로, 일반적으로 개개인에 대한 다양한 세부 사항을 기록하는 행위"로 정의된다. 완전무결하게 진행되는 인구 조사는 해당 지역의 모든 사람을 대상으로 하며 모든 사람의 숫자를 사실상 같은 시기에 셈하고 그러한 활동을 규칙적인 간격을 두고 되풀이한다. 이 세 가지 기준은 인구 조사의 유용성을 높인다. 세 가지 기준을 모두 충족할 때 인구 조사는 특별한 면에서 다른 방법으로 얻을 수 없는 가치를 지니게 된다. 반면에 충족하지 못할 때는 인구 조사의 가치가 약화된다.

해당 지역 모두에 대한 정보를 수집하면 표본이 충분히 크지 않다거나 무작위로 추출되지 않았다는 비난을 피할 수 있다. 인구 조사는 무작위나 다른 방법으로 추출된 인구 표본에 대한 관찰을 통해 결론을 도출하지 않는다. 인구 조사는 모든 사람을 대상으로 하므로 데이터 기반 결론의 정확성이라는 큼직한 범주에 대한 의심의 소지를 없앤다. 표본 추출 문제를 처리하면 일반적인 여론 조사나 설문 조사와 관련된 문제 다수가 사라진다.

모든 사람에게 거의 같은 시기에 질문하는 방법은 데이터 수집 당시에 '어떤 일이 일어나면서' 만들어지는 문제(예를 들어 대학 미식축구에 대한 인식을 묻는 조사에서 토요일의 큰 경기 이전과 이후에 응답한 사람들이 상반된 답을 내놓는 식의 문제)를 피할 수 있다. 인구 조사는 일반적으로 특정 시기와 관련된 사안에 대해서는 질문하지 않는 경향이 있다. 그러므로 모든 질문이 1~2주 내에 이루어지면 대체로 걱정할 이유가 없다.

인구 조사는 사실상 같은 질문을 규칙적인 간격을 두고 던지는 방식이므로 인구의 안정성과 변화를 조사하는 연구자들은 자신들의 질문이 10년 이후에도 동일한 의미를 지니는지 확인할 필요가 있다. 나중에 자세히 살펴보겠지만 이와 같이 10년 후와 비교할 수 있는 정보를 생산하는 것은 생각만큼 쉽지 않은 작업이다.

여러모로 인구 조사는 고도로 구조화된 면접 조사 자료로 작업할 때의 장점과 단점을 보여준다. 사회학자들은 온갖 자료를 인구 조사에서 얻어내려고 하는 경향이 있지만, 인구 조사가 사회학자나 다른 연구자의 편의를 위해 10년에 한 번씩 시행되는 것은 아니다. 인구 조사의 사회학적 용도는 헌법의 의무로 규정된 활동을 수행하는 과정의 부산물이다. 따라서 연구자들은 인구 조사의 목적에 충분히 부합하는 결과에 만족하는 법을 배워야 하며, 그러한 결과가 우리의 목적에도 부합하기를 바라야 한다. 이번 장은 인구 조사 데이터가 사회학 연구에 본의 아니게 초래하는 문제 몇 가지를 짚어본다.

## 완벽한 산출이 가능한가

1960년 미국 인구 조사는 총인구를 터무니없이 적게 잡았으며 특히 젊은 흑인 남성의 숫자를 실제보다 적게 산출했다. 10년에 한 번씩 나오는 보고서의 결함이 만들어낸 인종적, 정치적, 학술적인 결과로 말미암아, 인구 조사국 관료들이 간과하고 싶어도 간과할 수 없는 두 가지 결과가 곧바로 나타났다(물론 그들이 간과하고 싶어 했다고 생각할 이유는 없다).

미국 인구 조사에는 대다수 다른 나라의 인구 조사와 차별화되는 특징이 있다. 미국 헌법은 특정 주의 하원의원 숫자가 인구에 비례하도록 명시하고 있다. 그러므로 인구가 많은 주일수록 할당되는 하원의원의 숫자도 많아진다. 주의 의석은 인구 조사의 거주자 산출에 근거하여 배정된다(물론 인구가 가장 적은 주에는 가장 적은 의석이 배정된다). 그러므로 심각한 과소 산출은 특정 주의 과소 대표성이라는 정치적으로 중대한 사항의 문제가 된다. 게다가 의회 내 분과에 대한 하원의원 배정에도 영향을 끼친다. 과소 산출은 1972년 국립과학학술원 보고서에 요약되어 있듯이 다른 문제도 만들어냈다.

최근 인구 조사의 과소 산출에 대한 우려의 골자는 국가 인구 조사의 총계가 단순히 몇 퍼센트 미달됐다고 하는 문제가 아니라, 젊은 흑인 남성을 중심으로 한 특정 하위 인구 집단의 숫자가 실제에 크게 미치지 못한다는 것이다. 통계학적 관점에서 차별적인 과소 산출의 존재는 나른 네이터 취약성(대표적인 사례로, 분류 오류에 의한 오차를 들 수 있다)과 마찬가지로, 조사 누락 때문에 공식적 연속 사회 데이터의 품질과 현실적인 유용성이 크게 훼손될 수 있다는 것을 의미한다. 그러나 최근 몇 년 새 불거진 사회적 주요 사안 몇 가지의 관점에서 볼 때, 인구 조사의 과소 산출은 공식적인 연속 데이터에서 특정 집단의 대표성을 배제할 만큼 미국 사회가 기능하는 방식에 중대한 문제가 있음을 알려준다. (파슨스, 1972, 3)

이 같은 어려움은 국민과 정치인들이 '사회 문제'로 생각하는 것이 정의되는 방식에 즉각적인 영향을 미친다. 우리는 총인구 내에서 (예를 들어 발병률이나 범죄 등의 사건 발생률과 같이) 어떤 일이 발생하는 비율을 구하고자 할 때 밝혀진 건수를 그러한 일을 겪었을 수도 있는 총인구수로 나눈다. (아니면 이러한 관계를 '인구 10만 명 당×건수'로 표현하기도 한다.) 이를테면 범죄율이 15%라고 치자. 이는 국가 총인구나 특정 하위 인구 집단 가운데 15%가 매년 도둑질 등의 범죄를 저지르거나 도둑을 당하는 등의 범죄를 경험했다는 뜻이다.

이런 식으로 범죄율을 계산하려면 특정 범죄를 저지른 사람의 숫자와 총인구라는 두 가지 수치를 정확하게 측정해야 한다. 어떤 범주에 속하는 사람들을 전부 셈할 때 몇 가지 중요한 수치를 포함시키지 않으면, 인구 10만 명당 범죄율 수치는 실제대로 정확하게 산출할 때보다 더 높게 나타날 것이다. 인구 조사가 어떤 도시나 동네(또는 주나 전국)의 거주자 가운데 10%에 해당하는 사람의 숫자를 정확히 산출하지 못하면, 범죄율(해당 지역 거주자가 저지른 범죄 건수)이 제대로 집계되지 않는다. 문서상으로는 분수의 분모가 실제보다 더 낮게 나타나기 때문이다.

두 수치 모두 잘못 산출되는 일이 비일비재하다. 물론 완벽한 측정은 불가능하다. 하지만 집계 오류가 사실상 무작위적이고 사회적으로 중요하지 않은 사건들을 되는대로 조합할 때 나타날 수밖에 없는 일이라며 우리 스스로를 위로하는 것은 문제이다. 그처럼 안일한 생각으로는 아무것도 해결할 수 없다. 그러한 오류는 무작위적인 것과는 거리가 멀고, 명백히 체계적이며, 우리의 관심 대상인 징후를 지닌 (또는 지닌 것으로 추정되는) 사람들에 대한 사회적으로 중요한 사실들과 연관되어 있기 때문이다.

1960년 인구 조사가 젊은 흑인 남성을 실제보다 더 적게 산출한 결과로, 흑인 인구 집단의 범죄율은 실제보다 더 높게 집계되었다. 이를 어떻게든 '상쇄'할 수 있는 무작위적인 오류나 사회적, 정치적, 도덕적 파장을 일으키지 않을 오류라고 치부할 수 있는 사람은 없을 것이다. 인구 조사는 젊은 흑인 남성의 숫자를 잘못 산출했으며 그러한 오류는 바로잡혀야만 했다. 결과적으로 국립과학재단이 오류의 원인을 파악하기 위한 조사에 착수했다(파슨스, 1972).


## '산출 불가능한 수치'를 산출하는 법 : '주거 부정'인 사람들

인구 조사는 '거주지'를 기준으로 사람들의 숫자를 셈한다. 그래서 조사 대상에게 주택이나 아파트처럼 위치 파악이 가능한 건물이나 건물 단위의 이름을 대도록 한다. 그러나 특정 장소에 거주하지 않아 그런 식으로 답할 수 없는 사람들도 있다. 그들은 '영구' 주소지가 없기 때문에 우편으로 발송되는 인구 조사 양식을 받지 못한다. 정해진 장소에 살지 않는다면 도대체 이들은 어디에 사는 것일까?

파슨스와 그 동료들은 1960년 인구 조사에서 다양한 형태로 나타난 이 문제를 연구했다(1972). 무엇보다도 그들은 너무도 명백해 보여서 그때까지 아무도 의문시하지 않았던 개념에 대한 문제를 발견했다. 어떤 사람이 어딘가에 산다는 말이 무엇을 의미하느냐 하는 것이었다. 이 의문에는 명백한 답이 존재하지 않는다. 대부분이 인생의 어느 시기에 복수의 장소에 거주하기 때문이다. 그뿐만 아니라 거주지를 자주 바꾸는 사람도 많다. 우리는 그 가운데 한 곳만을 '거주지'로 부르지만 말이다. 일부 부유층은 집이 두 채 이상이다. 이러한 경우 어떤 집이 '거주지'인가? 아니면 마리사 알리세아Marisa Alicea(1989)가 연구했듯이, 대부분의 기간에 공동체에 거주하다가 원래의 집은 그대로 두고 미국 본토로 건너가 그곳에 제2의 집을 얻어 상당 기간을 사는 푸에르토리코 사람들 같은 경우도 있다. 업무 때문에 여행을 자주 하는 사람들은 스스로 집이라 부르며 우편물 수령지로 기입한 장소에서보다 임시로 얻은 숙소(이를테면 호텔 객실)에서 더 많은 시간을 보내기도 한다. 인구 조사가 어느 주소지를 '거주지'로 간주해야 하는지는 단순히 관찰 가능한 사실의 문제가 아니다. 그보다는 우리(또는 인구 조사)가 우리의 사례에 미지의 수치를 부여할 때 어떠한 관례를 따르느냐의 문제다. 수치를 어떻게 적용하느냐에 따라 복합적인 문제가 발생할 수 있다.

국립과학재단의 보고서가 나온 1972년으로부터 몇 년 후에 똑같은 문제가 이름만 달리하여 다시 불거졌다. '노숙자'라는 명칭을 얻은 인구 집단의 숫자를 어떻게 산출해야 하는가(또한 그들을 어떠한 범주로 분류해야 할까) 하는 문제였다. 어쨌든 인구 조사는 노숙자를 '특정 장소'에 거주하는 사람으로 집계해야 한다. 그렇다면 인구 조사 양식의 거주지 항목에 이들의 주소를 무엇이라 적을 것인가? 게다가 노숙이 문제로 규정되면서 당연히도 사람들은 '그에 대한 대책'의 사전 준비 과정으로서 미국에 노숙자가 몇 명이나 살고 있는지 알아내고 싶어 했다. 파슨스를 비롯한 연구진이 지적했듯이 인구 조사는 (사람들이 거주하는) 주소지뿐만 아니라 그러한 주소지를 차지하는 가계에서도 데이터를 수집하는데, 각각의 가계는 친족 관계에 있는 가족으로 이루어진다. 그러나 가계 데이터를 수집하는 기법은 가족 주거지가 없어 요구된 정보를 기록할 인구 조사 양식을 받을 수 없는 사람들의 숫자를 산출하는 방법으로 적당하지 않다.

인구 조사의 일부 중요한 사용자(다양한 연방정부, 주정부, 지방정부 기관)는 그러한 사람들의 생활환경 개선 방안을 계획하고 예산을 책정하며 그 이외에도 사회 문제에 대처하기 위한 조치를 시행하기 위해, 그들이 몇 명이나 존재하는지 파악해야 했다. 정부 기관이든 민간단체든 해당 문제와 관련이 있는 조직은 숫자를 제시했다. 그러한 숫자에는 대개 각각의 단체가 목표 달성에 도움이 된다고 인식한 것이 반영되었다. 해결책을 내야 했던 사람들은 큰 숫자를 제시했고 적은 비용을 고수하기를 원했던 조직들은 그보다 더 작은 숫자를 도출했다.

조사 연구자로 기량과 경험이 풍부한 피터 로시Peter Rossi는 문제의 일부를 해결하기 위해 최대한도로 숫자를 정확히 산출하고, 어디서든 마지막 한 사람까지 파악하는 데 수고나 비용을 아끼지 않기로 결심했다. 정해진 집이 없는 사람들의 숫자를 산출하려면 일부 전통적인 개념과 일반적이지 않은 통계 데이터 수집 개념을 혼합해야 했다. 그는 그때의 경험을 쓴 저서(로시, 1989)에서, (비록 그가 직접적으로 그렇게 말하지는 않았지만) 전략의 첫 단계가 노숙자에게 '어젯밤에 지낸 곳'을 묻는 식으로 질문을 바꿔서, 거주하는 곳의 의미를 재정의하는 작업이었음을 밝혔다. 그렇게 하지 않으면 '평소' 밤잠을 자는 '집'이 없는 노숙자는 다른 사람들이 하듯이 질문에 제대로 대답할 수 없기 때문이었다.

이를 통해 우리는 이번 장 전체에 걸쳐 재차 다룰 중요한 방법론적 문제를 인식하게 된다. 유달리 투명하고 명백해 보이는 개념이라 해도 어김없이 모호한 부분을 포함하고 있다. 그러한 모호성은 대개 간과될 뿐 아니라 인식조차 되지 않지만, 그럼에도 예기치 않게 나타나서 측정과 결론 도출까지 연구 대상의 불변성을 유지하려는 우리의 시도를 망칠 수 있다.

그래서 로시와 그의 팀은 지나친 의미를 부여하는 일 없이 사람들이 밤을 보낸 곳을 파악했다. 그들은 노숙자 인구의 규모를 가늠하고자 했던 다른 사람들과 마찬가지로, 시정부 기관이나 종교 단체가 운영하는 쉼터에 들락날락하는 사람들부터 조사하기 시작했다. 쉼터는 '집'이 없는 사람들에게 (대부분은 남성이었지만 이따금씩 여성과 어린이도 있었다) 추위를 피해 밤잠을 잘 침대, 화장실, 욕실을 제공했고 거리보다 안전한 장소였다. 쉼터 인구는 여름철에 감소하고 겨울철에 급증한다. 쉼터에 지속적으로 머무른 이는 없었지만, 특정한 날 밤에 쉼터에 머문 사람들의 숫자를 정확하게 셈하는 일은 가능했다.

쉼터에 머무르지 않은 이들은 (공원, 골목, 출입구 등) 감시가 없고 자신들이 추적당할 염려가 없는 공공장소나 최소한 추위를 피할 수 있을 만한 곳에서 잤다. 공공 도서관의 열람실이 그러한 장소이지만 야간에 닫는다. 어떤 노숙자는 매일 밤 기차역과 버스 터미널에서 다른 곳으로 가기 위해 대기하는 여행객들과 뒤섞여 밤을 보냈다. 그때까지 존재했던 심야 극장 몇 군데도 그들이 이용하는 장소였다.

어떤 노숙자는 거리에서 잤다. 몇 명이나 됐을까? 여러 연구자들이 그 숫자를 추산하려고 시도했다. 로시는 쉼터에 머무는 사람들과 다른 곳에서 지내는 사람들 사이의 비율을 나타내는 숫자를 구해서 하나의 수치를 통해 다른 수치를 가늠하려고 했지만 성공하지 못했다. 그래서 마지막으로 '거리'에 있는 사람들의 표본이나마 하나하나 세는 영웅적 시도를 했다. 로시가 규정한 '거리'는 쉼터 이외에 노숙자가 있을 만한 장소를 모두 포괄하는 모호한 용어로서, 건물이나 그 주위의 으슥하고 구석진 곳을 비롯한 공공장소도 여기에 포함된다.

그렇게 하기 위해 로시는 시카고의 도시 블록 표본을 그렸고, 노숙자를 찾을 가능성이 큰 거리에 가중치를 둔 다음, 그곳으로 인구 조사 형식의 설문지를 지참한 면담자들을 보냈다. 그와 그의 팀은 표본 설계에 요구되는 면접 조사를 완수하기 위해 거리에 있는 사람들을 찾아낸 뒤 (다른 이유로 거리에서 지내는 사람들을 제거하기 위해) 숫자를 셌다. 그런 다음에 표준적인 인구 조사 양식을 이용해 면접 조사를 시행했는데, 그 과정을 다음과 같이 묘사한다.

우리는 식별 문제를 최소화하고 길거리에서 노숙자를 만날 가능성을 높이기 위해 집에 거주하는 사람과 길거리 노숙자를 가장 제대로 구분할 수 있는 새벽 1시부터 6시 사이에 길거리 조사를 시행했다. 그렇다 해도 거리에서 마주친 607명 가운데 10%도 안 되는 9%가 노숙자로 판명되었다. '드러나지 않은 노숙자' 문제를 해결하기 위해, 면담자 팀에는 표본으로 추출된 개별 블록의 비거주지를 샅샅이 훑으라는 지시를 내렸다. 비거주지는 잠긴 문이나 잠긴 문의 사회적 등가물social equivalent 없이 드나들 수 있는 곳으로 정의했다. ('사회적 등가물'에는 심야 식당의 관리자와 경비 등이 포함되었다). 주기적인 탐색 지역으로는 거리와 보도, 골목, 출입구, 현관, 차고, 폐가, 개방된 지하나 지붕 등이 있었다. 그뿐만 아니라 면담자들은 주차된 승용차, 트럭, 화물차, 대형 쓰레기통, 포장 상자 등 사람이 들어갈 만한 곳을 모조리 살펴보아야 했다.

시카고(를 비롯한 도시)는 한밤중에 안전하지 않다. 면담자들을 보호하기 위해 우리는 근무가 끝난 경찰관을 고용하여 그들을 길거리 구역과 쉼터까지 호위하도록 했다. 면담자들은 2인 1조로 활동했으며 각 조는 비번인 경찰관 두 명과 동행했다(경찰관은 사복 차림이었지만 법에 따라 경찰용 권총을 소지했다). 경찰은 면담자들에게 필요한 안전 조치를 알려주었고 면담자들보다 먼저 건물에 들어갔다. 면담에 들인 시간에 대한 보상을 제공하고 협력을 강화하기 위해 우리는 거리에서 만난 이들 각각에게 1달러씩 지급했다. 더 상세한 면접 조사가 이어질 경우에는 추가로 4달러를 지급하여 온전한 인터뷰 한 건 당 총 5달러를 제공했다. 쉼터에 머무는 이들 역시 5달러를 받았다. (로시, 1989, 60~61)

이것이 어떤 연구자가 원하는 숫자를 정확히 얻기 위해 취해야 했던 조치다(연구자라면 여전히 그러한 조치를 취해야 한다). 달리 어떻게 해야 할지 모르겠다고 해서 가공된 숫자, 명령에 의한 숫자, 정확할 가능성만 있는 숫자를 정확한 것으로 인정하고 수집해서는 안 된다.

로시는 이러한 모형에 따라 전국적으로 노숙자를 조사할 필요성이 있다고 확신했다. 그러나 그는 그러한 제안이 "몇 가지 심각한 재정적, 기술적 장애물을 감안하지 못한 것"임을 인정했다. 우선 전국적인 조사에는 많은 비용이 들 터였다. 쉼터와 군보다 단위가 작은 지역의 하위 표본을 추출하는 데 필요한 데이터를 수집하는 일은 지루하고 노동 집약적인 작업일 수밖에 없다. 게다가 노숙자를 찾는 일에는 상당한 자원이 소모되었다. 그 당시(1988년) 달러 가치로 그러한 조사에 드는 비용은 1,000만 달러에 육박할 가능성이 컸다. 둘째, 소도시의 노숙자 인구는 시카고 같은 대도시와 달리 밀집되어 있지 않기 때문에 표본 추출 과정에서 예기치 않게 기술적 보정이 필요할 수 있었다(로시, 1989, 71). 인구 조사를 제대로 수행하는 데는 (적어도 국가 전체와 선거구에 사는 사람 숫자를 셈하려면) 조사를 의뢰하는 정부가 예상하는 것보다 더 많은 작업과 돈이 들어간다. 이론 전개에 필요한 데이터 일체를 얻는 일만 해도 굉장히 어렵다.

## 허위 보고의 오류

에버렛 휴즈는 1952~53년에 독일에서 연구년을 보내면서 연구라 불릴 수 없는 일들을 했다. 적어도 체계적으로 계획된 프로젝트라고는 볼 수 없는 작업이었다. 그는 여기저기 정보를 캐고 다니고 이런저런 일을 관찰했으며 자신의 주의를 사로잡은 일들을 추적했다. 엄밀한 의미에서 연구라기보다 단순한 관광에 가까운 이 활동의 결과물은 그 명성이 합당한 소논문 〈좋은 사람들과 궂은 일 Good People and Dirty Work〉로 정리되었다. 이 소논문은 휴즈가 '도덕적 노동 분업moral division of labor'으로 명명한 주제에 대한 장기 추적 조사의 첫 단계로, 독일 열차에서 만난 두 사람과 나눈 가벼운 대화를 쫓아가는 내용이다(휴즈 [1962] 1984).

여기서 그는 우리가 방금 고찰했던 문제와의 연관성을 보여준다. '유대인 실종 사례에 대한 추적'이라 부를 수 있는 그의 활동은 인구 조사 집계의 완전성과 집계 대상 인구가 할당된 범주의 정의와 관련되어 있다. 전문적인 인구 통계학자라면 내 도움 없이도 휴즈의 이야기에 담긴 함의를 이해할 것이다. 그는 다음과 같은 이야기를 전달한다.

'1938년에 결혼한 사람의 인종 분류.' 1953년 여름, 내 눈은 우연히 독일 제국의 1941~1942년 통계연감에 수록된 어떤 표의 제목에 꽂혔다. 이는 나치 정권이 마지막으로 출판한 연감이었다. 이전에 독일의 공식 통계를 연구한 경험이 있었던 나는 나치 이전의 독일 통계에 종교 범주는 포함되어 있되 인종 범주는 포함되어 있지 않다는 것을 알고 있었다. 독일의 통계는 인종은 분류하되 종교는 표시하지 않는 미국의 통계와 정반대였다. 그렇게 독일 인구 조사의 범주 변화에 우연히 주목하게 된 나는 한 가지 의문을 품었다. 나치가 정권을 잡았을 때 독일 제3제국의 통계학자는 공식 연감을 작성하면서 어떠한 수정을 가해야 했을까? 그 배후 에는 전문적인 통계학자라면 품을 법한 의문이 도사리고 있었다. 독일 통계학자의 작업은 정치적으로 얼마나 중립 적일까? 통계학자가 보고한 데이터의 인종 분류에는 어느 정도로 정치적 요구 사항이 반영되어 있을까?

나는 이처럼 일반적인 의문에 대한 답을 알 수 없었다. 그 래서 급진적 정치 변화와 더불어 일어난 범주와 보고 방식 의 변화를 파악하기 위해, 나는 나치 이전의 바이마르 공화 국이 마지막으로 펴낸 1932년 연감부터 나치 시대의 연감 그리고 이차대전 전후에 처음으로 출간된 연감까지, 거의 모든 독일 통계연감을 샅샅이 훑기 시작했다. (휴즈, [1955] 1984, 516)

나는 그가 자신이 발견한 것에 놀라지 않았을 거라 생각한다. 제국 통계청에 대한 '나치의 획일화 정책gleichgeschaltet (당시의 정치 적 현실에 적합하게 조정한다는 의미)' 때문에 인종과 종교에 관한 정보는 정확성이 떨어졌다. 휴즈는 무엇보다도 이러한 점을 (정 부 소속 통계학자가) 전문가답게 행동하지 못한 결과로 보았다.

휴즈는 특정 범주에 속하는 사람들의 숫자를 뜻하며 가장 기본적인 통계적 개념인 '인구'를 기준으로 삼았고(라이더, 1965), 시대에 따라 네 가지 중 한 가지 방향으로 인구 변화가 일어난 다고 보았다. 인구 증가는 출생이나 이민 유입을 통해 일어나며 감소는 죽음과 해외 이민을 통해 일어난다. 이 모든 사건은 적 어도 이론적으로는 공식적으로 보고되고 기록된다. 특정 시기 에 인구 구성원의 숫자2는 특정 시기 인구1에서 사망자와 해외 이민 숫자를 뺀 다음, 그동안의 출생자와 유입된 이민 숫자를 더한 숫자와 동일해야 한다.

휴즈는 인구의 이러한 산술적 특성과 독일 인구 통계학자 들이 데이터 집계 시에 이용한 범주의 변화를 토대로, 독일 인 구 통계가 독일의 모든 인구 구성원을 셈하고 파악하지 못했다 는 사실을 밝혀냈다. 간단히 말해 독일 인구 조사는 원래 3대 주 요 종교(개신교도, 가톨릭교도, '이스라엘인')를 믿는 사람들의 숫자 를 집세했지만, 히틀러가 권좌에 오른 지 2년째가 된 1935년 에는 "유대교도Glaubensjuden와 외국인들의 직업 및 사회 분포도 ([1955] 1984, 517)"에 대한 몇 가지 표를 새로 도입했다. 이때 유 대교도와 이스라엘인은 같은 뜻으로 쓰인 게 틀림없었다. 유대 교를 믿는 사람들의 숫자와 이스라엘인 숫자가 정확히 동일했 기 때문이다. 그리고 그때부터 유대인은 일종의 특수 집단으로 취급되었다. 또한 유대인은 다른 종교 집단 신도들과는 달리 처 음에는 '통치 대상'과 '시민'이라는 두 가지 범주로, 나중에는 그 저 통치 대상으로만 분류되었다(뉘른베르크 법에 따라 유대인의 시민권이 박탈되었기 때문이다). 매년 연속적으로 변경이 가해지면서 독일 인구 조사는 새로운 범주를 도입했으며, 유대인을 '유대인, 1급 유대인 혼혈, 2급 유대인 혼혈' 등의 인종 구성원으로 분류했다. 휴즈에 따르면 제국의 통계학자들은 "새 국가의 번영과 영토 확장 프로그램이 진전하는 상황을 한눈에 보여주는 표와 도표를 만들라는 지시(521)"를 받았을 것이라고 한다. 이와 대조적으로 그들은 나라와 민족에서 외국인(유대인) 혈통을 제거하는 데 성공한 것을 표와 도표로 보여주지 않았다. 따라서 각자가 수많은 표에서 그 사실을 직접 찾아내야만 했다.

휴즈는 그 사실을 직접 찾아냈고 몇 년에 걸쳐서 유대인 인구가 공식 통계에서 사라지기 시작했음을 보여주었다. 그들은 통계학적 측면에서 죽지도, 해외로 이민을 떠나지도 않았다. 그는 독일인들이 계속해서 상당히 정확한 기록을 집계했다는 사실을 발견했다. 그는 "독일의 유대인 인구가 매년 사망하는 유대인 숫자와 상관없이 6년 만에 족히 35%에 해당하는 12만 8,099명 감소했는데, 그 당시에 대대적인 말살 활동이 본격적으로 시작되지 않았다는 것을 감안하면 전반적으로 굉장히 정확한 기록"이라고 말했다. 휴즈는 "독일의 국가 통계학자는 독자들에게 그 모든 수고를 끼치지 말았어야 한다. 다른 통계를 조정했듯이 새 국가의 유대인 말살 정책에 대한 통계도 조정했어야 한다. 나는 그가 실제로는 획일화 정책을 따르지 않았다는 인상을 받기 시작했다([1955] 1984, 522)."라고 그답지 않게 무자

비한 조롱을 통해 지적한다.

　휴즈는 독일 인구 통계에서 중대하고 정치적으로 강요된 왜곡을 밝혀냈다. 미국 인구 조사에서 볼 법한 왜곡은 아니지만, 이는 각종 통계와 유사 자료들이 정치 조작의 결과로 실제와 달라질 수 있음을 경고한다. '집 없는' 사람 마지막 한 명까지 세야 한다는 로시의 주장은 인구를 정확하게 집계하기 위해 우리가 얼마만큼 주의를 기울여야 하는지 알려준다.

## 인구 조사 데이터는 언제 그리고 무엇에 대해 정확한가?

연구의 초점(이 경우에는 인구)이 될 사람들을 모으고 나면, 파악하고자 하는 정보들을 조사하는 일에 착수할 수 있다. 이는 연구자가 필요로 하는 정보를 알려줄 사람을 찾는 것만큼 쉽지 않은 일이다. 이때 그 전 단계와 마찬가지로, 부분적으로는 기술적(질문 내용과 방법 등)이고 부분적으로는 개념적(답변을 어떤 이론의 증거로 사용할 것인가와 관련된)인 문제가 발생한다. 인종이라는 간단해 보이는 사례부터 살펴보자.

## 미국의 민족별 인구 조사

1980년 미국 인구 조사에는 사회학 연구의 오랜 주제인 민족에 대한 질문이 포함되었다. 조사는 사람들이 집으로 발송된 조사 양식을 면담자의 감독 없이 채우는 방식으로 이루어졌다. 인구 조사국은 응답자들이 혼란스러워하거나 질문을 다르게 이해하여 엉망인 결과가 나오는 일을 막기 위해, 지시 사항을 정확하고 구체적으로 작성했다. 각각의 응답은 서로 다른 개별적인 데이터일 수밖에 없었다. 양식에 포함됐던 질문 중 하나를 소개한다.

14. 응답자의 조상은 어떤 계통인가? 조상에 대해 확실하게 응답하지 못하는 경우에는 지침을 확인하라.
예: 아프리카계 미국인, 영국인, 프랑스인, 독일인, 온두라스인, 헝가리인, 아일랜드인, 이탈리아인, 자메이카인, 한국인, 레바논인, 멕시코인, 나이지리아인, 폴란드인, 우크라이나인, 베네수엘라인 등.

그리 멀지 않은 과거의 미국에서는 민족이란 말이 한층 더 명확한 의미를 지녔다. 내가 어린아이이던 1940년 시카고에서는 사람들이 민족을 '국적'이나 (흔치는 않지만 좀 더 세련되게) '출신 국가'로 이해했다. 좀 더 일반적으로 설명하자면, 상대방이 "이봐요, 어디 출신이에요?"라고 물으면 사람들은 "이탈리아인", "아일랜드인", "유대인" 등 조상의 출신지를 댔다는 뜻이다.

미국의 사회학은 (해외 출생자와 그 자녀의 미국 사회 동화가 주요 '사회 문제'로 부각된 1890년대부터) '이탈리아계-아일랜드계-유대계' 등과 같은 민족에 초점을 맞추어왔다. 모두가 어떤 단어로 표현되든 그 개념을 이해했다. 사람들은 그러한 단어가 나타내는 방향에 따라 공간적으로 분포했다. 도시의 하위 공동체는 그 안에 사는 사람들의 출신 국가에 따라 나뉘었고 특정 국가 출신의 사람들이 장악했다. 유대인 동네나 아일랜드인 동네나 노르웨이인 동네가 존재했고, 특정 동네에 사는 사람들(이나 그들의 조상들)은 모두 유럽의 같은 지역 출신이었다. 정도는 다르더라도 문화를 공유했기 때문에 도시 거주자들은 상대방이 거주하는 동네로 민족을 파악할 수 있었다. 그들은 같은 음식을 먹고 같은 종류의 교회나 유대교 회당synagogue에서 예배를 봤으며, 부모들은 미국화된 자녀들이 알아들으면 곤란한 말을 할 때 (내 부모님처럼 시카고에서 태어난 사람들조차도) 자기 민족의 언어를 구사할 수 있었다(단 아일랜드계 부모는 예외였으리라 생각된다). 동네의 상점들은 그 동네 거주자들이 살 만한 물건들을 팔았기 때문에 상업 지역은 독특한 민족적 '모습'을 띠었다. 유대인 동네에는 정결한 육류를 파는 푸줏간과 유대교도용 기도용 숄을 파는 가게가, 이탈리아인 동네에는 이탈리아 식재료 상점과 가톨릭교도용 묵주를 파는 상점이 존재했다. 이보다 인종적으로 한층 더 분리된 거주 지역(시카고 22번가를 중심으로 밀집된 차이나타운과 사우스사이드의 대규모 블랙 벨트 같은)도 시카고의 상당 부분을 차지했다.

내가 어린아이였을 때 시카고는 그러한 각양각색의 지역(또는 좀 더 젊고 미국화된 거주자들이 떠나간 이후에 남은 지역)으로 이루어졌다. 이탈리아인들은 테일러 거리와 그 주위에 거주했다. 맥스웰 거리와 그 주변에는 유대인들이 살았다. 스웨덴인들은 노스사이드의 앤더슨빌에, 폴란드인들은 스톡야즈에, 아일랜드인들은 브리지포트에 살았다. 그뿐만이 아니라 그리스인, 헝가리인, 독일인 등의 거주지가 있었다. 일 때문에 이러한 인구 분포를 파악하거나 시카고 시내를 주기적으로 돌아다녀야 했던 사람들(택시 기사 또는 나처럼 동네 선술집이나 민족 전통 혼례에서 연주했던 음악인들)은 시카고의 민족적 구성을 거의 구획별로 알고 있었다.

그 당시에 민족은 모두가 같은 방식으로 이해하고 있었던 확고한 사회적 정보였다. 인구 조사원이 사람들에게 '어느 민족'이냐고 질문하면 그들은 아무런 어려움 없이 간단하게 답했다. 인구 조사 연구자는 기록된 답변을 산출하여 그 숫자를 관련된 표의 알맞은 칸에 기입했으며, 독자들은 민족에 관한 사회적 현실을 대체로 확실히 파악할 수 있었다.

시간이 흐름에 따라 사회학자들이 적응과 동화라고 부르는 사회적 절차가 작동하기 시작했다. 사람들은 다른 민족과 통혼하기 시작했으며 그들의 자녀들은 인구 조사원들에게 자신들이 '아일랜드와 이탈리아계'라는 식으로 대답했다. 메리 워터스 Mary Waters(1990)는 그 때문에 인구 조사 주체와 인구 데이터를 활용하려는 사회학자들에게 발생한 문제를 연구했다. 그녀는 자신이나 인구학자들이 '조상' 데이터에서 어떠한 종류의 타당한 추론을 이끌어낼 수 있을지, 그러한 데이터가 어떤 이론의 증거로서 활용될 수 있을지 파악하고자, 먼저 면접 조사 대상에게 1980년 인구 조사에서 사용된 표준 질문을 던졌다.

응답자의 조상은 어디 출신인가? (예: 아프리카계 미국인, 영국인, 프랑스인, 독일인, 온두라스인, 헝가리인, 아일랜드인, 이탈리아인, 자메이카인, 한국인, 레바논인, 멕시코인, 나이지리아인, 폴란드인, 우크라이나인, 베네수엘라인 등)

그런 다음에 면접 조사 대상의 조부모 넷이 어디 출신인시 물었다. 그 후손들은 "친할머니는 아일랜드인이었고 친할아버지는 이탈리아인이었으며 외할머니는 네덜란드인이었는데 외할아버지는 어디 출신인지 확실하지 않다. 아마도 더 이상 존재하지 않는 나라에서 오신 것 같다"는 식으로 대답했다. 또한 적지 않은 사람들이 자세한 답 대신에 간단하게 "나는 이탈리아계다" 같은 식으로 대답했다.

워터스가 그렇게 단순화시켜서 말하는 이유에 대해 물어보자, 사람들은 이를테면 남들이 "아일랜드 술꾼"을 들먹이는 것이 싫고 자신이 조부모의 나라 사람들처럼 오페라를 좋아하기 때문이라고 대답했다. 그들은 "이탈리아계"가 되기로 결정했다면서 어쨌든 무엇이라 말하든 중요한 것은 아니지 않느냐고 했다. 아니면 반대로 자기들은 "아일랜드식" 기발한 행동이 좋고 많은 사람이 "이탈리아계"라고 하면 연상하는 마피아 이미지가 싫다고 대답했다. 대부분은 무엇이라 대답하고 어떠한 대안을 택하든 중요하지 않다고 생각했다. 그 누구도 무엇이라 말하든 크게 신경 쓰지 않았다. (나는 워터스[1990, 52~89]가 들려준 복잡한 이야기를 다소 간단하게 바꾸었지만 골자는 그대로다.)

다시 말해 민족 정체성을 묻는 질문에 대한 답은 더 이상 대부분의 경우에 으레 당연시되던 의미를 지니지 않게 되었다. 내가 시카고에서 자라날 때만 해도 민족 공동체의 구성원인지, 그 민족의 언어를 구사할 수 있는지, 문화 특정적인 지식을 공유하는지, 심지어 공통의 적이 있는지에 따라 민족 정체성이 구별되었는데 말이다.

그 결과 두 사람이 같은 표현으로 내놓은 답변이라도 같은 뜻을 지니지 않을 가능성이 생겨났다. 인구 조사 보고서에 집계된 답변을 참고하던 연구자들은 그러한 숫자 배후의 사회적 현실을 짐작만 할 뿐이었고, 그러한 답변이 무슨 '의미'인지 임의로 판단할 수밖에 없었다. 그들은 그러한 답변을 온도계에 표시된 온도의 사회학적 등가물로 간주할 수가 없었다. 잘 알려지고 시간에 의해 검증된 규모로 고정된 입장을 설명할 수 없었다는 뜻이다. 연구자들은 보고서의 표를 통해 '아일랜드인 동네'나 '폴란드식 문화'나 '유대교도 집단'을 확인할 수 없었고, 심지어 스파게티와 미트볼이나 무교병 matzoh(누룩을 넣지 않은 유대식 빵 - 역주)이나 수프를 먹는 동네의 민족성에 대해서도 짐작할 수 없었다. 민족을 묻는 질문에 대한 답변을 요약한 통계 수치로는 그 어떤 것도 확실하게 유추할 수 없었다.

그러한 질문의 답변을 담은 표가 어떤 추론을 뒷받침할 수 있는지는 확실하지 않았다(지금도 그렇다). 리버슨과 워터스는 1980년대 인구 조사의 질문으로 생산되는 데이터를 철저하고 통찰력 있게 분석하면서 이렇게 말했다. "일부 '기술적' 문제는 현재 미국에 존재하는 인종적, 민족적 관계의 실질적인 성격을 반영하는 복합성과 어려움을 보여준다(1988, 6)." 즉, "나는 아일랜드계이자 이탈리아계이다. 아, 그리고 내 조부모 중 한 분은 폴란드계 유대인이다"와 같은 모호한 답변을 어떻게 코딩할 것인가와 관련된 기술적 문제가 실제로는 질문의 선택에 좌우됨을 알 수 있다. 그 이외에도 그들은 "민족을 묻는 질문에 대한 응답의 어려움은 우리에게 현재 미국에 존재하는 민족적, 인종적 관계에 대한 정보를 제공한다(25)"라고 덧붙였다.

리버슨과 워터스는 그처럼 속속들이 모호한 데이터에서 사회적으로 흥미로운 정보를 이끌어내는 데 상당 부분 성공했다. 그러나 그들은 정직한 연구자들인 만큼 자신들의 잠정적인 일반화에 다음과 같은 단서를 달았다. "통혼의 정교한 모형을 인구 조사 데이터로 검증하기란 불가능하다. 이 문제는 너무도 복잡하므로 그 어떠한 연구로도 우리가 위에서 간략히 소개한 변수의 전 범위를 조사할 수 없다(167)." 그들은 이 대목에서 내가 나중에 간략히 논의할 전략을 언급한다. 연구자들이 직접적으로는 한계를 인식하더라도 그처럼 결함이 있는 데이터를 효과적으로 활용할 수 있는 방법이 있다는 것이다.

이러한 딜레마를 어떻게 해결할 것인가? 결국 인구 조사는 (과거에 '인종'에 대해 좀 더 정교하고 분명 더 일관된 질문을 선택했듯이) 면접 대상의 답변을 무조건 '정확한' 것으로 받아들이기로 결정했고, 해석은 데이터 사용자들의 몫으로 남겨두었다. 그러한 답변은 여러 가지 용도에 적합하다는 것이다. 정확히 어떤 면에서 적합했을까? 인구 조사가 그 의문에 답하지는 않았다. 당신네 사용자들이 알아서 판단하라는 듯했다. 따라서 그처럼 간략한 통계에 얼마만큼의 가중치를 부여할지, 그러한 데이터가 어떠한 이론을 뒷받침할 수 있을지 판단하는 것은 연구자의 몫이다.


**'인종' 집계**

한때는 분명 물리적, 사회적 사실로 보이던 '인종'이 어느새 모든 가능성을 망라하게 되었다. DNA 검사를 제외하고는 '진짜' 답이 없다(게다가 DNA 검사로 무엇을 입증할 수 있을지도 확실치 않다). 프랑스의 토양학자들이 브라질에서 토양의 색을 구분하기 사용했던 먼셀 색 체계에 상응하는 것이 없는 것이다. DNA 검사가 의학적/유전적 의미를 지니고 있긴 하지만, 아직까지 널리 인정되는 사회적 의미는 획득하지 못하고 있다. 일종의 자기 식별을 하는 데 막연한 단서 이상은 제공하지 못한다. DNA 검사로는 '인종'이란 것이 사회적 소속감, 공동체 선택, 내가 열 살 때만 해도 꽤 자신 있게(그리고 정확하게) 민족적 '소속성'과 연관 지을 수 있었던 모든 요소에 어떠한 영향을 끼치는지 알 도리가 없다.

이러한 사실은 학업 성취도, 경제 상황, 심리 상태, 경찰 기록 등의 차이를 규명하기 위해 '인종' 변수를 사용하고, 인종을 2진 변수binary variable로 측정하며, 응답자를 흑인 아니면 백인이라는 이원적 범주로 분류하는 연구에서 기술적 문제로 나타난다. 몽크(2015)는 대규모 국가 표본의 '인종/민족 범주'와 관련된 방대한 선행 연구와 질병 전개 과정에서 스트레스가 담당하는 역할에 대해 자신이 직접 조사한 결과를 요약했는데, 응답자를 '백인'과 '흑인'으로만 분류하면 모두의 예상과는 달리 큰 차이가 발생하지 않는다는 것을 발견했다. 그는 면밀히 진행된 대규모 국가 조사의 데이터를 분석하면서, '흑인' 인종/민족 집단에 해당하는 응답자가 자신의 피부색을 직접 평가한 경우보다, 흑인 면담자가 흑인 공동체에서 통용되는 범주를 본뜬 7개 표준 범주에 따라 응답자의 피부색을 분류했을 때, 해당 집단 내에서 훨씬 더 큰 차이가 있음을 발견했다. 그는 이렇게 설명한다. "피부색은 흑백 차별을 포함한 여러 가지 유형의 차별 인식에 대한 중대한 예측 변수이며, 결국에는 이러한 차별 인식이 우울증이나 주관적 정신 신체 건강을 비롯한 주요 건강 문제의 중대한 예측 변수가 된다. 전반적으로 피부색 및 차별에서 비롯되는 동일 인종 내의 건강 상태 차이는 흑인과 백인의 전반적인 차이에 필적하거나 심지어 이를 능가하기까지 한다(몽크, 2015, 396)." 그 이외에도 그는 20세기 전반의 사회 과학자들이 피부색을 포함한 신체적 특징에 근거한 흑인 공동체의 내부 서열화를 으레 인식했지만, 그들의 인식은 후대 연구자들의 방향과는 달랐다고 지적한다(몽크, 2014, 1314).

한마디로 어떤 사람이 직접 밝힌 인종적, 민족적 정체성으로 이루어진 데이터(흑인과 백인 중 어느 집단에 속하느냐는 양자택일식 질문에 대해 그들이 내놓은 답변)를 그 이외 것에 대한 증거로 활용할 수 없다는 이야기다. 오늘날 해당 데이터에는 (데이터 수집자들이 작업 과정에서 느끼는 압박감과 부담감 등) 다양한 영향이 반영되어 있으며 그러한 영향을 따로 구분하기란 불가능하다. 따라서 우리는 제시된 증거가 무엇을 입증하는지 알 수 없다. 반면에 피부색 평가는 미국 내 흑인 인구와 백인 인구 사이에 여전히 존재하는 사회적 차별의 타당한 증거가 된다(물론 그러한 차별이 우리가 바라는 것처럼 그리 명확히 드러나지는 않는다).

인종을 정의하고 측정하는 문제는 연구자를 두 가지 방향으로 이끌었다. 인구 조사가 해결해야 했던 문제에 관련 증거를 제시하기 위해, 연구자들은 정치적으로 복잡한 쟁점을 유발하지 않는 단순한 척도를 선택했다. 그러나 그처럼 단순한 척도의 사용으로는 연구자들이 '존재'한다고 믿었던 관계에 대한 증거를 찾을 수 없었다. 그러자 그들은 사회적 현실에 좀 더 민감한 척도를 찾기 시작했고 한때 흔히 이용되었던 '피부색'이라는 구분법을 그러한 척도로 인식했다. 기술적 어려움은 다른 척도들이 한층 더 복잡해진 사회적 현실을 이해하는 데 적합한 증거를 제공할 수 있다는 깨달음으로 이어졌다.

## 용어상의 문제 : '라티노'와 '아메리칸 인디언'

이러한 문제가 과연 아프리카계 미국인과 유럽 출신 이민자들에게만 해당될까? 이제 더 이상 그에 대해 걱정할 필요가 없는 걸까? 아니다. 이는 미국의 흑백 관계 문제에만 국한된 문제가 아니다. 비슷한 문제가 많은 인구 조사 대상 지역에서 자주 발생한다. 이러한 상황을 통해 우리는 기본적 인구 조사 활동과 관련하여 충분히 예상할 수 있는 어려움을 여러 가지로 파악할 수 있다. 일부는 다른 연구자들이 이미 경고한 사회 현상과 관련되어 있다. 그렇다면 사회적 차별과 공동체 형성에 대한 증거를 찾으려면 어떠한 척도를 사용할 수 있을까? 그러한 척도는 어떠한 종류의 사회적 차별과 공동체 형성에 대한 증거를 도출해낼까?

## 라티노

인구 과소 산출은 정치적 파장을 낳는다. 따라서 인구 조사 통계를 바로잡는 데는 정치적 조치가 필요하다. 촐딘Choldin은 스페인어 사용 인구의 과소 산출에 대해 다음과 같이 말한다(그가 인용한 참고 문헌의 정보는 생략한다).

히스패닉 지도자들이 1960년대 후반에 인구 조사국에 자신들의 입장을 표명하기 전에도 인구 조사국은 정치인과 과학자들에게서 차별적인 과소 산출을 최소화하라는 압력을 받아왔다. 과소 산출 인구는 '실제 총인구' 중에서 인구 조사로 집계되지 못한 비율로서, 미국의 경우 1950년에 3.3%에서 1970년에 2.5%로 줄어들었다가 1980년에는 좀 더 줄어든 것으로 보인다. 차별적인 과소 산출은 인구 조사가 인구의 한 부분을 놓칠 때 나타난다. 1940년 이후로 인구 통계학자와 통계학자들은 차별적인 과소 산출을 인식해왔다. 과소 산출은 대개 도시의 저소득층 동네에 사는 젊은 흑인 남성 등 흑인 사이에서 가장 두드러졌다. (중략)

연방정부의 지방 교부금 프로그램은 그 수십 년 동안 가장 성행했으며 주로 인구 통계를 포함한 공식에 따라 재정을 분배하는 식으로 이루어졌다. 대도시 시장들은 인구의 과소 산출 때문에 재정 분배 공식에서 공동체의 비중이 축소될 정도로 자기 도시의 소득에 타격을 입었다고 주장했다.

실제로 연방정부의 지방 교부금에 대한 의존도가 컸던 상당수 도시가 그 시기에 경제적으로 어려운 상황에 빠졌다. [당시 상원의원이던] 모이니한은 그러한 시장들을 대변하여 인구 조사국에 향후 조사에서 과소 산출을 해결하라고 독려했다. 사회 과학자와 통계학자들도 인구 조사국이 집계를 개선해야 한다고 강력히 권고했다. (1986, 404~45)

이것이 그때까지 사용되지 않던 신조어 '라티노Latino'가 등장한 배경이다. 펠릭스 파디야Felix Padilla(1985)는 민족적, 문화적으로 상당히 다른 시카고 내 멕시코, 푸에르토리코, 쿠바 인구 집단을 망라하는 개념이 생겨난 배경을 연구했다. 그의 연구 결과는 그러한 언어학적 창작물에 대한 세부 정보를 전달한다. 복잡한 이야기를 요약하자면, 스페인어를 사용하는 세 집단은 고용 차별 문제와 관련하여 각자민의 고충과 불만이 있었다. 그들은 서로 단합하지 않았고 이렇다 할 친근감조차 느끼지 못했지만, 고용주는 물론 그들의 고용 접근성을 강화하고자 했던 정부 기관, 민간 조직은 그 세 집단을 각각 상대하려 하지 않았고 주로 그중 한 집단만 상대했다. 이는 다른 집단들이 자신들의 '고충'을 들으려 하지 않는다고 느끼는 결과를 초래했다. 파디야는 이렇게 설명한다.

1970년대 이전에는 푸에르토리코인, 멕시코계 미국인, 쿠바인이 자신들의 정체성을 밝힐 때 구체적인 나라 이름을 사용했지만, 미국 인구 조사는 이들을 한결같이 스페인어 사용 인구로 지칭해왔다. 그러다가 1960년대와 1970년대가 도래하고 역차별 정책이 도입된 데다 다양한 인종 집단과 민족 집단이 '아메리칸 드림의 지분'을 차지하기 위해 싸우면서, '스페인어 사용' 인구 집단의 각기 다른 요구에 부응할 최선책은 그들을 '라티노Latino'라는 민족 집단으로 칭하는 것이라는 생각이 누군가의 머릿속에 떠올랐다. 조직들은 '라티노'로 명명된 세 집단 중 하나에 자원을 퍼주었고 나머지 집단들은 간과했다. 라티노의 불만이 이미 해소되었다고 생각했기 때문이다. 푸에르토리코인들이 교육 보조금을 받으면 멕시코인과 쿠바인은 그러한 행운을 누릴 수 없었다. 라티노에 대한 재정 지원이 이미 이루어졌다는 것이다. 이 세 공동체의 지도자들은 '라티노'라는 거대하고 범민족적인 정체성을 창출함으로써 그러한 술책에 대응하기로 결정했다. 이 용어는 세 집단 모두의 공통된 요구와 관심사를 반영할 터였다. (파디야, 개인 서신, 2014)

결과적으로 한때 각기 다른 소수 집단으로 여겨졌던 집단이 하나로 묶이면서 한층 더 커지게 되었다. 한층 더 쉽게 찾아낼 수 있는 데다 한층 더 쉽게 집계할 수 있으므로 한층 더 강력한 정치 집단이 되었다. 라티노라는 인구 범주의 존재는 정치적 행동에서 비롯되었다. 그에 따라 연방정부와 지방정부는 물론 민간 조직 역시 이처럼 새로운 정치적 실체를 공식적으로 인정하고 집계할 수밖에 없었다.


## 아메리칸 인디언

인구 조사가 아메리칸 인디언 인구를 산출할 때도 같은 문제가 발생한다. 스닙Snipp의 설명을 들어보자.

인종적으로 다양하다는 답변을 내놓는 사람들에게는 확인 가능한 경우에 어머니의 인종이 할당되었다. 이는 인종적으로 다양한 자녀의 어머니가 한 가구에 같이 살 때만이 가능하며, 좀 더 젊은 사람들에게 적용될 가능성이 높은 일이 있다. 어머니의 인종을 확인힐 수 없는 경우에는 그 사람이 조사지에 가장 먼저 기입한 인종을 할당했다. 예를 들어 자신의 인종을 '백인-인디언'으로 답한 사람은 백인으로 집계되었다.

이러한 방식은 인디언 인구의 산출에 지대한 영향을 끼쳤다. 특히 다른 인종 간의 결혼으로 탄생한 어린이들이 가장 큰 영향을 받았다. 무엇보다도 혼혈 자녀에게 어머니의 인종을 할당하는 방식은 성별에 따른 배우자 선택 패턴이 인디언 어린이 인구 규모에 영향을 끼치는 결과를 낳는다. 예를 들어 인디언이 아닌 배우자와 결혼하는 인디언 남성이 인디언 여성보다 더 많다고 가정해보자. 그 경우에는 인디언이 아닌 배우자와 결혼하는 인디언 여성이 인디언 남성보다 더 많을 때에 비해, 인디언 어린이의 숫자가 줄어드는 결과가 나타난다. 한 가지가 넘는 인종을 말하면서 인디언 아버지를 둔 어린이는 인디언으로 집계되지 않는다. 그 결과 인디언 어린이의 숫자가 줄어든다. 마찬가지로 한 가지가 넘는 인종을 말하면서 인디언 어머니를 둔 어린이는 인디언으로 집계되므로, 인디언 어린이 인구가 증가하는 결과로 이어진다.

따라서 인구 조사 방식은 인디언과 비인디언 간의 결혼에서 탄생한 어린이가 어느 정도로 다양한 인종을 대는지, 인디언 남성과 인디언 여성이 얼마만큼 비인디언 배우자를 선호하는지에 따라 인디언 어린이의 숫자를 늘리기도, 줄이기도 한다. 인구 조사 방식이 인구에 영향을 끼치는 정도는 조사가 불가능하다. 성별 특정적 인종 간 통혼 패턴에 대한 연구 데이터는 입수 가능하지만 다인종 응답 패턴에 대한 데이터는 구할 수 없다. 정책적 관점에서 인디언 지도층과 연방정부 당국은 이 문제를 염두에 두어야 한다. 인디언으로서 연방정부와 부족의 서비스를 받을 자격이 있지만, 인구 조사 데이터에는 백인으로 분류된 사람들이 과소 산출될 수 있기 때문이다. (스닙, 1986, 238~40: 그가 인용한 문

헌 정보는 생략한다)

이번 장에서 좀 더 일반적으로 사용되는 틀에 맞춰 이 같은 결
론을 해석하자면, 그러한 정의를 활용하여 수집되는 데이터는
인디언으로 합당하게 집계된 사람의 숫자를 산출하는 근거가
될 수 없다. 공식적인 정의는 실제로는 인디언 범주에 속한다고
보는 것이 합당하며, 다른 상황에서 다른 방식으로 인디언이라
고 말하는 사람을 한 가지 인종 집단으로만 산출하기 때문이다.

　1980년 인구 조사에서 인종과 조상을 묻는 질문 덕분에,
사람들은 두 가지 측면에서 스스로를 아메리칸 인디언으로 밝
히는 것이 가능해졌다. 스님은 이들의 응답을 결합하여 여러 가
지 범주를 만드는 과정을 통해 (조상을 묻는 질문에 대해) 인디언
조상이 있다고 대답한 사람(82%)이 인종을 묻는 질문에 스스로
를 인디언이나 인디언/다른 인종으로 밝힌 사람(18%)보다 훨씬
더 많다는 것을 보여준다. 숫자가 적은 집단이 훨씬 더 가난하
고 교육 수준도 낮았다. 스님은 이렇게 설명한다. "인디언 혈통
의 미국인은 그 명칭이 나타내듯이 다른 중산층 미국인들과 다
를 바가 없다. 그들은 대부분 백인이며 영어 이외에는 할 줄 아
는 언어가 없고 물질적 의미에서 비교적 부유하다. 이 집단의
구성원은 스스로를 불우한 소수 인구 집단의 일부로 생각하지
않는다. 대부분의 측면에서 그렇지 않기 때문이다. 이들은 인디
언 조상이 있는 가족사를 기억한다는 점에서만 백인 중산층의

다른 집단과 다르다(1986, 247)." 그 이외에도 스님은 인구 통계 데이터의 사용자들을 위한 기본 법칙을 도출한다.

단적으로 말해, 사용자들이 주의해야 할 점이 있다. 인구 통계 데이터가 그 주장대로 인구 통계를 항상 정확히 나타내지는 않는다는 사실이다. 인종과 민족처럼 변동성이 심한 주제를 다룬 데이터의 사용자들은 두 배로 조심해야 한다. 인종과 민족은 명확한 정의와 통용되는 의미를 지닌 불변의 개념이 아니다. 고작 100년 전만 해도, 영국은 켈트인과 앵글로색슨인을 서로 다른 인종으로 구분했다. 오늘날 여론 조사를 보면 인종과 민족에 대한 인식이 지속적으로 변화하고 있음을 알 수 있다. 인종과 민족에 대한 정보 대다수는 응답자 자신의 답변에서 비롯되기 때문에 이러한 개념에 대한 대중의 인식 변화는 관련 데이터 사용자가 감안해야 할 사안일 수밖에 없다. 인구 통계학자라고 하는 사람이 인종과 민족에 대한 대중의 인식이 변화하고 진보함에 따라 데이터의 의미도 변화하고 있다는 사실을 놀랍게 받아들여야 할까? (248; 스님이 인용한 문헌 정보는 생략한다)

아메리칸 인디언이라는 범주는 그 특수한 헌법적 지위 때문에 중대한 정치적, 경제적 결과를 낳는다. 인디언이라고 주장하는 대다수 사람에게 인디언이라는 정체성은 낭만적으로 묘사된 이

미지에 대한 감상적인 애착에 지나지 않는다. 다른 이들에게는 독특한 사회적, 경제적 인구 범주에 대한 중요한 구성원 자격을 뜻한다. 그러나 통계표의 숫자 몇 가지를 살펴보는 것 이외의 작업을 하지 않는 한, 특정 사례에서 어떤 시각이 작용하고 있는지 확인할 수 없다. 각각의 시각은 사회학적으로 의미가 있지만 그 방향은 다르다.

워터스가 인구 조사의 혼란스러운 출신 국가 데이터를 개념적 발전으로 전환한 것과 마찬가지로, 조앤 네이글Joane Nagel(1995)은 인구 조사에서 자신들에게 아메리칸 인디언 조상이 있다고 응답한 사람들의 숫자가 예기치 않게 증가한 데서 비롯된 기술적 문제를 스스로 '민족적 재생'으로 부르기 시작한 현상에 대한 증거로 전환할 수 있었다.

## 말레이시아

이 모든 사례는 인구 조사가 자국 인구를 파악해야 하는 국가의 이해관계를 반영한다는 데로지에르의 고찰에 대한 예시로 적절하다. 어떤 국가와 국가 행정 조직의 정치적, 행정적 관심사는 그 나라의 지정학적 상황이 변화함에 따라 바뀌며, 그 나라의 인구 조사에 쓰인 범주도 그에 따라 변경된다. 허쉬먼Hirschman(1987)은 말레이시아 인구 조사의 인종 범주가 그러한 정치적 변화의 결과로 10년 단위로 바뀌었다고 설명한다. "인종 범주의 변화를 추적하는 것은 사회학적 지식의 실천이다. 그러한 활동은 우리에게 '관료'의 눈으로 본 인종의 변화를 알려준다. 이 논문에서 나는 인구 조사가 '시작'된 1871년부터 식민지 시대가 끝난 1957년을 지나 독립 이후의 시대(1957~80년)에 이르기까지, 말레이시아 식민지의 인구 조사에서 인종 범주가 발전한 양상을 분석한다. 민족 집계의 변화는 지난 세기의 이념과 정치 경제에 일어난 변화를 반영한다(557)." 100년 동안 그 지역의 '여러' 집단에 대한 표지는 '국적'에서 출발하여 '인종'과 '공동체'로 변화했고, 이 두 가지 표현은 번갈아 쓰였다. 그러다가 '민족 집단', '공동체', '방언 집단dialect group' 등과 같이 서로 바꿔 쓸 수 있는 표현들이 사용되었다. 유럽계 주민들에 대한 초기 분류는 따로 집계하는 정도로 비교적 단순했지만, 나중에는 말레이시아의 모든 민족 집단과 언어 집단 사이에 알파벳 순서대로 삽입되었다(562). 범주의 변화는 정치 상황, 정의, 합의에 따른 것이었다. 말레이시아가 독립 국가가 되자 "유럽인과 유라시안Eurasian(유럽인과 아시아인 사이의 자손 – 역주)은 '기타' 아래의 하위 범주로 분류되었고 이 관행은 1970년과 1980년에도 지속되었다(563)." '원주민'이라는 범주 역시 간간히 나타났으며 중국과 인도계 언어 하위 집단은 오랜 시간에 걸쳐 다양한 방법으로 분류되었다. 허쉬먼에 따르면 인구 조사를 관장한 어느 행정가는 이렇게 털어놓았다고 한다.

'인종'이라는 용어가 인구 조사 목적으로 사용될 때의 의미를 정의하기란 사실상 불가능하다. 현실적으로 인종은 지리적, 민족지학적 기원, 정치적 충성, 인종적 유사성과 사회적 유사성, 공감대 등의 아이디어를 실용적인 목적으로 신중하게 혼합해놓은 개념이다. 과학적이고 합리적 일관성을 갖춘 분류의 어려움은 동양 사람들 대부분이 인종에 대한 명확한 개념이 없으며, 일반적으로 가장 결정적이지는 않더라도 가장 중요한 요소로 종교를 꼽을 수 있다는 사실 때문에 강화된다. 이를테면 이슬람 신앙에 대한 말레이인들의 시각은 인종 구분에 대한 유럽인들의 시각과 같다. 말레이인들은 (혈통적으로 거의 같은 인도인이라 해도) 이슬람을 믿는 인도인과 힌두교를 믿는 인도인의 차이가 본질과 정도 측면에서 프랑스인과 독일인의 차이와 유사하기라도 하듯이 이 두 집단을 구분하여 말한다. (564-65)

행정가들은 결국 집계 대상이 직접 밝히는 주관적 정체성을 기준으로 삼기로 결정했다. 비슷한 문제에 직면한 인구 조사 관계자들은 해당 데이터를 증거로 활용하려는 사람들이 나중에 어떠한 어려움을 겪든 대개 그러한 해결책을 유일무이한 것으로 보고 도입해왔다. 허쉬먼은 다음과 같은 결론을 내린다. "관찰자들은 말레이시아의 인종 관련 인구 조사 데이터를 (정부 정책이나 헌법 기준에 부합한다는 의미에서) 공식 데이터로 간주하겠지만, 현실은 그보다 훨씬 더 모호하다. 인구 조사 데이터는 사람들이 주관적으로 인식하는 민족 정체성을 보여준다. 신뢰성의 문제에도 불구하고 현실적으로 다른 대안이 존재하지 않는다. (중략) 인구 조사 담당 관료들은 정부의 상관과 동료들에게서 조언을 구했겠지만 명확한 지시가 없을 때는 자신들의 본능을 따랐다. 즉, 자기 자신이 속한 사회·경제 계층의 인식을 반영한 것이다(566~67)." 허쉬먼은 애당초 유럽의 지배를 생물학적 기정사실로 정당화하려던 이론에서 출발한 인종관이 나중에는 구시대적이고 부정확한 것으로 간주되기에 이르렀다고 결론짓는다(568). 마지막으로 '말레이인'라는 인구 조사 범주의 도입은 "자의식이 강한 말레이인 공동체를 형성하여 이들을 식민지 독립 이후의 정치 체제에 효율적으로 참여시켜야 한다는 과제와 시기적으로 맞물렸다(570)."

이 모든 사례를 통해 우리는 인구 조사의 분류 범주 데이터에 부여하는 비중에 대해 신중해야 함을 알 수 있다. 특히 그러한 범주의 사회적 의미를 불변의 명확한 개념인 듯 취급해서는 안 된다. 그렇게 취급했다가는 통계표의 같은 칸에 포함된 거주자를 다른 여러 가지 특징을 공유하는 인구로 집계하게 된다. 현실적으로는 그렇지 않을 가능성이 크다.

# 우리가 오랫동안 겪은 문제와
# 앞으로 겪을 문제

## 종교

미국 인구 조사는 여러 가지 정보를 수집하지만 여기에 종교는 포함되지 않는다. 20세기 초반 이후로 연방법은 인구 조사가 사람들에게 종교에 대한 질문을 하지 못하도록 규정했다. 따라서 인구 조사는 10년에 한 번씩 있는 공식 집계에서는 종교에 대한 질문을 하지 않는다. 대신 사람들이 '자발적으로 밝히는 종교 활동 정보를 수집'한다. 그러다 보니 종교 신도의 숫자나 종교 활동에 대해서는 교육 수준이나 연령 항목처럼 확실성이 보장되는 공식 통계가 존재하지 않는다.

그러나 정부가 자국 거주자들의 갖가지 정보를 파악하고 싶어 하듯이, 관료와 종교 단체 구성원들도 얼마나 많은 사람이 특정 종교에 속하거나 정기적으로 종교 활동을 하는지 파악하고 싶어 한다. 특히 종교 지도자들은 신도 수 변화, 예배 참석률, 종교 의식에 일상적으로 참여하는 사람들 수, 결혼 패턴, 자녀들에 대한 종교 교육 등과 같이 측정 가능한 요소로 종교를 '실천'하는 사람들의 숫자를 파악하고자 한다. 또한 사회 과학자들은 종교를 사회생활을 설명하는 데 활용한 측정 가능한 변수로 취급하고 싶어 한다. 예를 들어 그들은 정치관, 출산율, 경제적 행태 등 사회 과학이 다루는 모든 주제에 '종교 요소'가 어떠한 영향을 끼치는지 파악하려고 한다(렌스키, 1963).

그러나 정보를 수집하는 정부 기관이 없으므로 그 일은 종교 단체 대표나 종교에 관심이 있는 연구 조직의 몫이 된다. 두 조직 모두 '거주지' 기준으로 인구를 집계하거나 인종이나 민족 집단 구성원을 집계할 때와 마찬가지로, 몇 가지 해결할 수 없는 문제에 직면한다. (힌두교도, 불교도, 시크교도 등 미국의 소수 종교 신도에 대해서도 그렇지만) 유대교도, 가톨릭교도, 대규모 개신교 집단의 구성원, 이슬람교도에 대해 말할 때 우리는 어떤 종류의 사실적 진술을 할까? 그러한 정체성에서 우리가 합리적으로 유추할 수 있는 것은 무엇일까? 그 같은 정보는 어떤 종류의 증거를 제공할 수 있을까?

가톨릭은 모든 종교 집단 중에서도 신도 수 질문에 대해 가장 확실하고 즉각적인 대답을 내놓을 수 있다. 공식 교리에 따르면 가톨릭교회에서 영세를 받은 이들이라면 누구나 가톨릭교도라고 말할 수 있다(개종자를 제외하면 대부분은 영유아기에 영세를 받는다). 그것으로 끝이다. 더 이상 왈가왈부할 것이 없다. 공식 기구의 최종 발언으로 의문이 해소된다. 영세를 받은 사람이 스스로를 무신론자로 칭할 수는 있지만, 교리의 정의를 좌지우지하는 고위 지도자들은 꿈쩍도 하지 않는다. 물론 교회 밖에 있는 사람들은 교회 관계자들의 견해로 인해 누군가의 종교적 입장이 바뀌지는 않는다고 생각한다. 교회가 특정 지역에서 어떤 공식적 위치를 지니고 있지 않는 한 말이다. 외부인들이 보기에 종교는 개인적 선택일 뿐 법적 지위가 아니다.

어쨌거나 이는 시작에 불과하다. 교회 관계자들을 비롯한 대다수는 영세를 받은 사람들이 현재 어떠한 종류의 가톨릭교회 활동에 참여하고 있는지 알고 싶어 한다. 이들은 '실천적' 가톨릭교도일까, 아니면 '믿음만 있는' 가톨릭교도일까? 사회학자들은 가톨릭 신앙이 이들의 행동이나 문화에 어떤 영향을 끼치는지 파악하고 싶어 한다. 부활절과 성탄절에 성당에 가는가? 아니면 신앙을 잊고 사는가? 미사에 매주 참석하고 정기적으로 고해성사를 받는가? 가톨릭교도와 결혼했는가? 배우자의 상관 없이 자녀를 가톨릭교도로 키우고 있는가? 결의에 찬 연구자라면 조지프 피히터Joseph Fichter(1951)가 이끄는 연구진이 오래전 뉴올리언스 교구를 꼼꼼하게 연구했듯이, 미사가 있을 때마다 모습을 나타낼 뿐 아니라 날마다 신도석에 앉아 고해성사까지 하는 사람들의 숫자를 모조리 셀 수 있다. 피히터가 이끄는 연구진은 교구민들이 사제 네 명 중 누구에게 고해하는지도 기록했다. 게다가 꼬박 1년을 그렇게 했다. 그 결과 유례없이 방대한 데이터가 쏟아져 나왔다. (불행히도 교구 사제는 연구 결과 중 일부를 불쾌하게 생각했고 피히터의 데이터는 위의 의문을 해소할 정도로 온전히 공개되지 못했다.)

사실 그 가운데 어느 것도 사회 과학자들이 알고 싶어 하는 질문에 영향을 끼치지 못한다. 예를 들어 가톨릭교도들은 특수한 경제관을 결정짓는 요소로 자주 언급되는 막스 베버 Max Weber 의 개신교 윤리 Protestant Ethic에 반발했을까? (렌스키가 입증하고자 했 듯이) 연구자들이 면접 조사를 통해 듣거나 조사 대상이 설문지 에 직접 써넣은 '가톨릭교'라는 항목이 지방 선거나 전국 선거 투표를 할 때 과연 영향을 끼칠까?

우리는 그러한 '데이터 지점 data point' 가운데 무엇이 사회학 자들이 제기한 질문과 관련되어 있는지 확신할 수 없다. 다만 '개신교도'라 답한(또는 그렇게 쓰인 칸에 표시한) 사람들에 대해서 보다 가톨릭교도의 종교적 행동에 대해 훨씬 더 많은 것을 알 고 있다. 개신교는 광범위한 종파, 신조, 종교 활동을 망라하기 때문에, 종교를 묻는 질문만으로는 신도들의 행동이나 신념에 대한 정보를 얻기 어렵다. 게다가 특정 종파의 이름을 알아내 는 것도 그리 도움이 되지 않는다. 잘 알려져 있다시피 일부 개 신교도는 새로운 동네나 도시로 이사한 직후에 친목을 다질 사 람들을 만나기 위해서, 일요일 아침에 자녀들을 보내기 위해서, 자신의 종교적인 욕구를 채우기 위해서, 특정 종파의 교회를 찾 기보다는 가장 편리한 위치에 있는 교회에 다닌다.

유대교는 한층 더 어려운 질문을 제기한다. 신앙이 없는 유 대인이라 해도 유대인으로서의 정체성에 상당한 애착을 느끼며 자신의 정체성에서 빼놓을 수 없는 요소로 간주하기 때문이다. 내 아버지는 자타가 공인하는 유대인 무신론자였지만 거의 유 대인하고만 어울렸다. 내가 어릴 때 우리 가족은 시카고에서 흔히 찾아볼 수 있듯이 유대인과 아일랜드계 가톨릭교도가 절반씩 섞인 동네에 살았다. 두 집단은 무서운 이탈리아인들이 자기 동네로 옮겨오기 시작하면서 자기들을 '몰아내' 버리지 않기를 바란다는 점에서 뜻이 통했다. 내 아버지는 광고업에 종사했기 때문에 비유대인과 자주 접촉할 필요가 없었다. 1930~40년대 광고업계에는 유대인으로만 이루어진 회사가 대부분이었기 때문이다. 유대인 광고대행사의 고객은 유대인 광고주로 이루어졌다. 내 아버지는 인쇄용이나 라디오 방송용 광고물을 제작하기 위해 이따금 화가나 기술자를 고용할 때만 비유대인을 상대했다.

그러나 아버지는 특이한 사례였다. 대다수 유대인은 (지금도 여전히 그렇지만) 그 당시에 정통파, 보수파, 개혁파 등의 관례적인 범주로 편리하게 분류되었다. 오늘날에는 스스로를 '문화적 측면의 유대인'이나 '세속 유대인'이라 밝히는 사람이 많은 듯하다. 유대식 요리와 유대식 농담을 좋아하지만 전통적인 의미의 종교적 신념이 없으며 전통적인 의례를 전혀 행하지 않는다는 뜻이다. 그들은 시너고그의 예배에 참석하지 않으며 음식과 관련된 율법을 따르지 않는다. 휴일과 관련된 전통적인 의식을 전혀 지키지 않으며 유대인과 결혼하기도 하지만 반드시 그러려고 하지도 않는다. 그들이 이스라엘을 어떻게 생각하는지에 대해서는 짐작만 가능할 뿐이다. (유대인 중에는 내가 그렇듯이 한 가지 유형이 더 있다. 바로 레니 브루스가 정의한 유대인이다. 자세한 내용은 그의 웹사이트 링크를 참조하라. https://lennybruceofficialcom.word-press.com, for details.)

마지막으로 우리는 인구 조사 질문에 '여신의 계약'이라든 가 하는 현대화되고 악의 없는 종교 단체에 속한다고 대답하는 사람들을 감안해야 한다(그 예로 마법을 숭배하는 위칸교에 대한 웹사이트를 참고하라['켈트족 연대', 2014]). 그와 같은 무명 종교를 믿는 일에 반대하는 사람은 적어도 몇 군데 주에서, 종파의 표준 관행에 따라 서품을 받은 사람이라면 누구나 결혼을 유효하게 하는 예식을 진행할 수 있도록 허용하며, 해당 주가 서품을 내리는 종교의 '진짜 종교' 여부를 나서서 판단하지 않는다는 사실을 기억해야 한다(캘리포니아가 그러한 주에 해당한다[에벨 영거 및 제임스 D. 클레이턴. 개인 서신, 1974]).

이처럼 골치 아픈 차이를 보면 민족의 경우와 마찬가지로 주요 용어에 고정된 정의가 없다는 것을 알 수 있다. 누구 또는 무엇이 특정 범주에 속하는지 '명백'하게 나타내는 정의는 존재하지 않는다. '가톨릭교도', '개신교도', '유대인'이라는 용어는 (다른 것도 마찬가지이지만) 앞으로 오랫동안 존재할지 몰라도, 과학자들은 그에 대해 고정된 의미를 정립하지 못할 것이다. 그러한 의미는 특정한 사회적 맥락에서 특정한 사람들이 어떻게 부여하느냐에 달려있기 때문이다. 사회 과학자들은 (화학자와 물리학자가 주기율표에 명시된 원소 이름을 사용하는 것과는 달리) 자신의 연구와 이론에서 그러한 용어를 고정적이고 변치 않는 의미로 쓸 수 없을 것이다. 종교를 변수로 활용하고 싶어 하는 사회 과학자의 마음은 이해하지만 종교를 다중 회귀 분석에 포함시키는 일은 불가능하다.

이처럼 불확실한 의미에도 불구하고 일부 연구자들은 내가 방금 제기한 문제를 해결할 생각이 없다. 관찰 가능한 행동이나 개인의 신념 측면에서 표준화되고 소통 가능한 의미를 제시하지도 않은 채, '종교 변수'를 설문 조사와 그에 이은 분석에서 사용하며, 정당한 근거도 없이 종교와 다른 변수의 관계를 유의미한 것으로 해석한다.


## 결혼 여부

상당히 오랫동안, 같은 주택이나 아파트에 사는 남성과 여성 사이의 관계 체계에 대한 경우의 수는 '결혼'이라는 보편적으로 인정되는 관례를 위주로 했다. 연구자는 사람들의 결혼 여부를 묻고 대답을 요구하며 (언쟁이나 불평 없이) 미혼, 기혼, 사별, 이혼 중 한 가지 답을 들을 수 있었다. 이런 유형 분류 체계는 성별이 다른 사람과 결혼했는지, 한 번도 결혼한 적이 없는지, 결혼한 적이 있지만 지금은 아니라면 그 이유가 이혼인지 아니면 배우자의 사망인지 등의 가능성을 감안했다.

그러나 이런 유형 분류 체계가 합리적인 필요성에 의해 실제로 존재했던 가정 관계를 총망라한 것은 아니었다. 합법적인 이성 간 결혼 제도를 중심으로 구축된 기존 법 체계를 반영했기 때문에, 어느 정도 영구적인 가족 관계를 맺으며 살아가는 다양한 사람들을 포함할 수가 없었다. 예를 들어 결혼한 것처럼 사는 커플들이 그렇다. 법적으로 정해진 기간(대체로 7년) 동안에 그러한 관계를 유지하면, 법원은 일반적인 결혼과 다를 것이 없는 '사실혼' 관계를 형성했다고 판단할 수 있다. 그래서 최근 인구 조사는 사실혼이라는 경우의 수를 인식하고 결혼 여부 질문에 대한 허용 가능한 답으로서 "결혼하지 않고 함께 산다"는 것을 추가했다. 그에 따라 이제는 성별이 다른 사람과 결혼했다거나 함께 산다거나 혼자 산다고 대답할 수 있게 되었다. (물론 그러한 분류에는 결혼해서 살다가 헤어진 사람의 이혼에 상응하는 범주는 포함되지 않는다.)

좀 더 최근에는 성별이 같은 사람들이 결혼과 유사하며 법적으로 인정되는 결합을 형성하는 가능성이 정치적, 조직적 현실로 떠올랐다. 미국의 대다수 주는 동성 간 결혼을 합법화했고 이성 간 결혼과 동등한 당사자의 권리와 의무를 명시하도록 결혼 관련 법규를 확대했다. 다만 동성인 사람끼리는 자녀를 낳을 수 없기 때문에, 부모와 자녀라는 관계에 대해 새로운 법적 승인을 내릴 필요가 발생하고 있다. 결국 인구 조사는 사회적, 가정적 상황에 대한 '사실'을 응답할 수 있도록 새로운 항목을 준비해야 할 것이다. 그러려면 가족 구조와 출산을 비롯한 관련 사안을 다시 고찰하여 인구 조사국과 주정부가 목적에 적합한 신규 통계 보고서를 작성해야 한다. 예를 들어 인구 성장률을 추정하고 다양한 종류의 동반자 관계를 맺고 있는 인구의 비중을 인구 조사별로 비교하는 일은, 민족 정체성이 말레이시아 인구 조사에 초래한 것과 같이 골치 아픈 인구 통계학적 문제를 유발하기 쉽다.


# 인구 조사 모형

인구 조사는 일반적으로 국가나 지리적/정치적 독립체의 전체 인구를 망라하는 것을 목적으로 한다. 그러나 인구 조사라는 개념을 좀 더 추상적으로 생각하고 '총수total count'라는 개념을 지리적 독립체 전체를 망라하지 않는 것으로 확장하면, 다른 문제를 연구할 때 활용할 수 있는 도구를 얻을 수 있다.

'총수'의 반대말 중 하나는 '표본sample'이다. 소수의 사례로 이루어진 표본은, 관심 주제의 정의에 부합하는 모든 대상에 대한 정보를 수집할 때 얻을 법한 결과를 미루어 짐작케 한다. 전체 인구보다 더 적은 개체에 대한 연구는 전통적으로 표본을 통해 전체 인구에서 찾을 수 있는 값을 추론하는 식으로 이루어지며, 총인구에 대한 연구 결과에 상응하는 추정치를 얻기 위해 확률 논리에 근거한 표본 추출 기법을 활용한다.

그러나 특정한 소수의 인구를 우리가 관심을 가지고 있는 전체 우주로 취급한다고 가정해보자. 그처럼 규모가 작은 인구에서 얻는 숫자와 분포가 다른 연구에서 재현되리라는 법은 없다. 대신 그러한 소규모 인구 조사의 결과를 통해, 정확히 같은 형태로는 나타나지 않는 현상의 전개와 역학에 대한 정보를 얻을 수 있다. 우리는 그러한 발견을 통해 다른 상황에서 다르게 분포되거나 다른 형태를 취할 수 있는 현상을 찾아낼 수 있기를 기대한다(이는 내가 2014년에 발표한 저작에서 상세히 논의한 추론의 하나다).

## 마법사에 관한 연구

헨리 셀비Henry Selby(1974)는 마법이라는 전통적인 인류학 문제를 연구하기 위해 멕시코 남부의 와하카에 있는 어느 마을로 갔다. 그는 마법사나 마법이 실제로 존재한다고 믿지 않았다. 그러나 그 마을의 주민들이 마법사가 정말로 있다고 믿는다는 사실은 알고 있었다. 실제로 그들은 마법사의 존재를 믿었다. 질병, 실연, 경제적 좌절 등 달리 설명되지 않는 사건의 원인으로 마법사와 주술을 받아들였기 때문이다. 그들은 그처럼 나쁜 일이 평소에는 일어나지 않는다고 생각했다. 와하카 농민의 세상에서는 해악을 초래하는 주술을 외우는 사람이 마법을 부려 그러한 일을 일으켰다.

셀비는 그 모든 고통을 초래한 마법사들을 찾아 나섰다. 그는 그들이 무엇을, 어떻게 했는지 알아내기 위해 그들과 대화하고 싶었다. 그가 현장 연구 동안 머물던 마을 끝자락의 동네 이웃에게 자신이 대화를 나눌 만한 마법사를 알고 있느냐고 물었을 때, 이웃은 미안하지만 주변에는 마법사가 살지 않으며 마을의 다른 쪽에 가면 모든 사실을 이야기해줄 마법사들을 잔뜩 찾을 수 있으리라 대답했다. 그는 마을의 다른 동네를 방문했지만 실망하고 말았다. 그곳 사람들은 자기네 동네에 마법사가 없다면서 마법사를 알려달라는 그의 질문을 이상하게 생각했다. 그러면서 그가 머물고 있는 동네에 마법사가 많다고 대답했다. 그는 마법사란 마을의 다른 동네에 사는 사람들이라는 잠정적 결론을 내렸다. 그러한 결론은 그에게 출발점이 되는 가설이자 조사할 아이디어를 제공했다.

셸비는 상황을 정확하게 파악하기 위해 마법사 인구를 체계적으로 조사하기로 결심했다. 즉 모든 마법사를 찾아낼 작정이었다. 스스로를 마법사라 인정하는 사람이 없으리라 예상했기 때문에, 면접 조사 대상들에게 그들이 아는 마법사 이름을 모두 알려달라고 질문하기로 했다. 따라서 그의 인구 조사는 스스로 인정하는 마법사의 숫자는 집계하지 않았다. 그보다는 남들이 마법사라고 하는 주민들의 숫자를 산출했다. 이 일은 마법사를 찾는 일만큼이나 어려웠다. 마법사라는 화제는 면접 조사 대상들의 마음을 불편하게 만들었다. 그들은 다른 사람의 이름을 댔다가 화를 당할까 봐 걱정했다. 그래서 상당수가 핑계를 대며 면접 조사에 응하지 않았다. 결국 여섯 명만이 자신들이 아는 마법사의 이름을 댔다. 그가 전수 조사로 계획한 인구 조사의 표본으로는 그리 많지 않은 숫자였다. 그래서 셸비는 '진정한' 인구 조사의 중요한 의무를 달성하지 못했다.

그럼에도 그 과정에서 그와 그의 독자에게 증거로서 상당한 비중을 지니는 결과가 도출되었다. 면접 조사 응답자 6명 모두 자기들이 '아는' 마법사의 이름을 술술 댔다. 게다가 그들이 이름을 제공한 마법사들은 모두 두 가지 특성을 지녔다. 그들은 이름을 댄 사람의 바로 주변에 살고 있지 않았으며 가까운 친척이 아니었다. 다시 말해 마법사들은 응답자들의 인근에 살지 않았다. 그리고 응답자들은 그들에 대해 자세한 내막을 알지 못했다. 이웃으로 가깝게 지내다 보면 날마다 관찰을 통해 그 사람들이 정말로 마법을 부리지 않으므로 마법사가 아니라는 것을 확실히 알 수 있었을 것이다. 마찬가지로 작은 마을에서 틀에 박힌 일상생활을 영위하다 보면 가까운 친척이 마법사가 아니라는 사실을 확신할 수 있을 정도로 충분한 정보를 얻을 수 있다. 이웃과 친척 관계였다면 그 사람들을 마법사로 칭하는 일은 사실상 불가능했을 것이다.

그가 마을 주민을 전수 조사하는 식으로 좀 더 포괄적인 집계를 거쳤다면 같은 답을 얻을 수 있었을까? 우리와 마찬가지로 그도 그럴 가능성이 어느 정도인지 확신할 수 없었다. 그러나 거기서 얻은 증거는 제법 유용했다. 그의 결론은 몇 년 동안의 현장 연구를 통해 마을에 대해 얻은 다른 지식과 맞아떨어졌기 때문에 그는 그 증거가 결론을 뒷받침할 정도로 탄탄하다고 생각했다. 완고하지 않은 독자 대다수도 그의 의견에 동의하리라 생각한다. 입증 책임은 셸비의 견해에 이의를 제기하고 싶은 사람들에게로 이동했다고 볼 수도 있다.

셸비의 증거가 불충분해 보일지는 몰라도 (정보 제공자가 6명에 불과하다니!) 그의 절차는 국가 인구 조사의 시행에 일반적으로 따르는 문제에 대한 해결책을 정확히 보여준다. 인구 조사를 설계하는 과정에서 다양한 문제가 심각한 걸림돌이 되는 일은 불가피하기 때문에, 궁극적인 해결책은 계속해서 기존 문제를 해결할 방안을 찾으며 아쉬운 대로 손에 넣은 데이터를 활용하는 것이다. 이번 장의 끝부분에서 그 같은 결론에 대한 논점을 추가로 제시한다.

## 음악인에 대한 연구

특정 지역에는 얼마나 많은 음악인이 살고 있을까? 민속 음악학자인 루스 피네건Ruth Finnegan(1989)은 저서 《숨겨진 음악인들 Hidden Musicians》에서 영국의 신도시이며 인접한 소규모 지역 사회로 이루어진 밀턴 케인스에 음악인이 몇 명이나 있을지 의문을 느꼈다고 말한다. 피네건은 장르와 상관없이 무조건 음악을 만드는 사람들로 이루어진 크고 작은 집단들을 조사하여 그곳에 사는 음악인들을 모두 찾아내고자 했다. 다시 말해 자신이 정한 지역 경계 내에서 모든 음악인들을 전수 조사하고자 했다.

그녀는 마법사를 찾아 나섰던 셸비에 비하면 큰 어려움을 겪지 않았다. 음악을 만드는 일은 조심스레 언급하거나 질문해야만 하는 화제가 아니기 때문이다. 반면에 광고나 홍보를 한다고 해서 주목을 끌 만한 화제도 아니다. 피네건은 모든 단서를 추적하고 지역 신문의 소식을 샅샅이 훑으며 (교회나 술집 등) 음악 연주가 이루어질 만한 곳을 하나하나 찾아다니고 질문함으로써, 수십 개의 음악 집단을 찾아냈다. 거기에는 교회 성가대에서 민속 음악 협회 가입자, 영국을 대표하는 차세대 록밴드가 되기 위해 차고에서 연습하는 어린이 무리에 이르기까지 다양한 집단이 포함되었다. (나는 그 숫자를 이 책에서 밝힐까도 생각했지만, 피네건 자신도 범주의 경계가 모호하다는 이유로 정확한 숫자에 대해 확신하지 못했다. 그러나 그녀는 분명 많은 사람을 찾아냈고 그녀의 주요 논점을 뒷받침하기 위해서는 정확한 숫자가 필요하지 않다.)

피네건은 현대 사회의 예술에 대한 전통적인 연구의 관습적인 편향성이 심각하다고 지적한다. '음악'을 이사회, 예산, 연례 프로그램, 연례 모금 활동으로 이루어진 기성 단체와 동일시한다는 것이다. 그녀는 정부 지원금을 받기 위해 제안서를 제출하고 이사회와 청중으로부터 지원을 이끌어내며 현지 신문의 음악 평론가로부터 공연을 평가받고 입장권 판매와 회원들에게 우편을 보내는 데 필요한 소프트웨어 값을 치르는 등 갖가지 역량을 갖춘 현대 '예술 단체'만이 음악인으로 인정받는다고 말한다. 간단히 말해 일반 대중에게 다가가고자 하는 단체는 일정한 유지 비용이 필요하며 그런 만큼 기금 모금은 그들이 일상적으로 벌이는 활동의 일부가 된다.

('음악 생산' 집단에 대해 명시적이고 포괄적이며 한층 더 엄밀한 정의를 이용하여 도출된) 피네건의 연구 결과를 통해, 우리는 '알려진' 예술 단체의 전통적인 조사를 통해서보다 공동체 내에서 다양한 범위에 걸쳐 생산된 음악을 좀 더 명확히 이해할 수 있다. 게다가 그녀의 연구 결과는 인구 조사에 한층 더 가까운 정의를 이용하여 도출되었다. 공동체 내에서 '알려진' 것뿐만이 아니라 '모든' 장르의 음악에 종사하는 사람들 숫자를 집계한 것이다. (실제로 민속 음악학은 광범위한 음악을 연구 대상으로 간주하며 이는 연구자들이 '음악'이 아니라 '음악들'을 연구한다고 강조하는 데서 구체적으로 드러난다.)

인구 조사와 흡사한 위의 두 가지 연구 활동은 우리에게 표본이라는 부적합하고 전수 조사에 미치지 못하는 개념 대신에 사용할 수 있는 모형을 제시한다. 고찰해볼 가치가 있는 결과들이다.

# 실수에서 얻는 교훈 몇 가지

내가 고찰한 사례 중 몇 가지(여기에 우리 생각보다 훨씬 더 복잡한 세상에서 찾을 수 있는 다른 사례들까지 포함해서)에는 사회학 데이터를 어떻게 수집할지, 얻은 결과를 어떻게 활용할지, 연구 과정에서 발생한 문제에서 어떻게 하면 교훈을 얻을지에 대한 중요한 핵심이 담겨있다. 특히 연구에서 얻은 교훈은 우리가 맞닥뜨린 문제를 해결할 뿐 아니라 문제를 재정의하여 새로 얻은 정보를 감안하는 수단이 될 가능성이 크다.

우리가 의문을 품은 채 측정하려고 하는 현상은 화학자들이 시험관에 넣는 물질들과는 달리 고정적인 실체가 아닐 가능성이 크다. 화학자들은 '황산'이나 '수은'을 시험관에 넣을 때 그 물질이 무엇인지 잘 안다. 그러한 물질의 화학적 성분은 항상 변함이 없으며 공급업자는 그 물질이 어떤 분량으로 판매되든 모두 동일한 성질을 지닌다고 장담할 수 있다(물론 때로 공급업자들이 사실대로 말하지 않기도 하지만 그것은 별개의 문제다). 실험 심리학자들이 실험 동물 공급업체에서 쥐를 살 때는 정해진 특성을 지니도록 사육된 쥐를 요청하고 얻을 수 있다. 예를 들어 알코올 의존증의 원인을 조사하는 실험 심리학자는 알코올에 특정한 방식으로 반응하는 쥐를 구매할 수 있다. 그러나 민족이나 인종을 연구하는 학자들에게 특수하게 양육된 인간 집단과 특수하게 구축된 상황을 공급하는 일은 불가능하다. 두 번의 연속적인 10년 주기 인구 조사에서 똑같은 내용과 단어로 이루어진 질문을 하더라도 그 답이 같은 것을 가리키지 않을 때가 많다.

그 때문에 연속적인 시간 간격(보통 미국의 경우에 10년)을 두고 같은 장소에서 같은 현상을 비교하는 인구 통계 작업은 인기가 많지만 어려움도 따른다. 예를 들어 우리가 교육 수준이 다양한 사람들의 1930년, 1940년, 1950년 소득 분포를 안다면, 그 기간 동안에 사회 이동성 패턴이 어떻게 변화하는지, 다양한 '계층' 범주에 속하는 사람들의 자녀들이 성년기에 이르러 어느 계층에 분포하는지를 어느 정도 유추해낼 수 있다. 우리는 사람들이 고등학교를 졸업했다거나 일 년에 4만 달러를 번다고 말할 때 무슨 뜻인지 궁금해할 필요가 없다(단, 물가상승률에 맞춰 달러 금액은 '보정'해야 한다). 그러나 계속해서 변화하고 있는 다양한 교육 수준의 의미와 영향에는 어떠한 보정이 필요할까?

사람들이 스스로 민족 정체성을 밝히는 방식처럼 자신의 인종을 스스로 분류한다고 하면, 인종에 따른 소득 분포의 정확성은 크게 떨어질 수밖에 없다. 우리는 소득 분포의 패턴이 바뀐 것인지, 아니면 사람들이 스스로의 인종을 밝히는 방식을 택해서 결과에 영향을 끼친 것인지 판단할 수 없다. 지난 수십 년 동안의 집계에서 발견된 차이가 같은 대상을 집계한 결과물인지 확신할 수도 없다. 지난 인구 조사에서 자신을 '흑인'이나 '아프리카계 미국인'으로 밝힌 사람이 그 다음에는 "알게 뭐야. 그냥 백인이라고 답하자"라고 결심할 수도 있는 노릇이기 때문이다. 물론 반대의 경우도 가능하다.

이는 얼마나 심각한 문제일까? 때로 연구자들은 이를 두고 '상쇄'할 수 있는 '무작위 편차random variation'라며 그러한 우려를 대수롭지 않게 취급한다. 그럴지도 모른다. 그러나 자연 과학자들은 오래전에 그러한 편차가 무작위일 수도 있지만 그때까지 밝혀지지 않은 실제 편차일 수도 있다는 사실을 깨달았다. 세바스티앙 발리바르는 연구실 창문으로 새어 들어오는 라디오 전파가 연구하고 싶은 대상은 아니지만 그럼에도 자기 실험의 일부임을 인식했다. 그는 라디오 전파라는 요소를 자신의 등식에 넣거나 제거해야 했다(그는 제거하고 싶어 했고 결국 그 방법을 알아냈다). 반면에 사회 과학자들은 측정할 변수의 값에 원치 않는 영향을 미치는 요소를 제거할 수 없을 때가 대부분이다.

내가 인종 범주별 소득 분포에서 발리바르가 초저온 연구에서 발견했던 변칙성과 유사한 '혹'을 발견한다고 해서 발리바르의 선례를 따를 수 있는 것은 아니다. 나에게는 인종 질문에 대한 사람들의 답을 '개선'할 방도가 없기 때문이다. 인구 조사가 설문지를 채우는 사람들에게 따르라고 제시하는 규칙 때문에 인구 조사 데이터의 최종 사용자인 나는 사람들의 답을 무조건 받아들여야 한다. 1980년에 자신을 흑인으로 밝힌 사람들이 1990년에는 백인으로 답하기로 결심했으며 이들이 스스로를 계속해서 흑인으로 밝히는 이들에 비해 소득이 높다고 가정해보자. 또한 이러한 일부가 스스로의 인종을 밝히는 방식을 바꾸지 않았다면 평균 소득이 하락하는 일은 없었을 것이라고도 가정해보자. 그 경우에는 어떻든 간에 흑인 인구의 평균 소득이 하락했음을 '보여주는' 결과가 도출된다. 그러한 차이는 상쇄 가능한 무작위 오차가 아니라 체계적인 '오차'에서 비롯된다(단, 우리는 어떤 '체계'가 그러한 영향력을 끼치는지는 확신할 수 없다).

이와 같이 우리는 1980년 인구 조사의 민족 질문에서 경계할 만한 교훈을 얻을 수 있다. 그처럼 명백하고 확실한 문제가 포함된 데이터에서 무언가를 추론할 때는 굉장히 신중해야 한다. 그러한 데이터에는 무리하게 큰 무게를 두지 말아야 한다. 문제를 인식하고 존중하라. 무엇보다도 무작위적이므로 '상쇄'할 수 있다는 입증되지 않은 주장을 하면서, 문제를 대수로이 여기는 일이 없도록 하라. 정말 무작위적 오차일 수도 있다. 그러나 오차가 무작위로 발생하지 않을 때가 엄청나게 많은 만큼 증거 없이 수용하지 말고 그것이 무작위임을 입증해야 한다.

그 이외에도 우리의 지식을 확장해줄 교훈이 한 가지 더 있다. 위와 같은 어려움은 일부 사회학적 과정에서 비롯되며 이에 대해서는 연구가 필요하다. 따라서 우리는 기존 데이터 수집 전략에 대한 기술적 비판을 그 자체로 연구할 만한 대상으로 간주할 수 있다. 그렇게 하면 사회학 기법의 약점을 알아낼 수 있을 뿐 아니라 이전에 머릿속에 떠올려본 적 없는 사회의 어떤 특성에 대해 배울 수 있을 것이다. 우리는 본래의 아이디어와 기술적 문제로 촉발된 아이디어를 모두 평가할 수 있는데,

그 방법은 두 아이디어가 우리의 임무인 사회 연구를 지속하는데 도움을 주는지, 그렇다면 어떠한 도움을 주는지 알아보는 것이다. 엘리스 몽크 등의 연구자들은 피부색과 인종과 관련된 그 이외 가시적인 징후 등의 범주를 사회적 불평등 분석 연구에 재도입하는 과정에서 그러한 일을 했다. 조앤 네이글과 매슈 스님이 아메리칸 인디언 인구를 조사하는 과정에서 한 일도 마찬가지다.

# 5장

## 공무원들이 증거로 수집하는 데이터

# 정부 통계와 정부 통계 수집자

정부 조직은 자체적인 활동을 위해 통계 데이터를 주기적으로 수집하며 자기 조직이 하는 일을 날마다 체계적으로 기록한다. 이들은 일상적인 업무에 활용할 수 있으면서 동시에 본연의 임무를 다하고 있다는 주장을 하기 위해서, 입증에 필요한 데이터를 표나 쉽게 찾아볼 수 있는 형태로 만들어 보관한다. 특히 업무와 대외 홍보 목적으로 그러한 정보를 계속 생산해야 하는 조직들은 필요한 데이터를 수집하고 이를 활용 가능한 형태로 전환하는 작업을 확실히 하기 위해 정해진 작업 패턴을 마련한다. 이러한 데이터 수집 패턴은 데이터 수집자들의 수집 방식을 결정짓는다. 데이터를 수집하는 사람들의 업무 환경이 어떠한지 그리고 그로 말미암아 그들이 어떠한 압박을 받는지 알아보면, 그렇게 해서 생산되는 데이터의 정확성에 대해 단서를 찾을 수 있다.

데이터 생산자들은 수입을 극대화하거나 그 수입을 얻는 데 들어가는 시간과 노력을 최소화하는 것을 업무의 일부로 삼기도 한다. 그들의 행위가 조직의 목표를 앞당길 때도 있지만 어떤 경우에는 자신들의 사리사욕을 추구하는 데 이용되기도 한다. 내가 소개할 사례는 데이터 수집 정부 기관에서 발견되는 다양한 업무 환경과 직업적인 이해관계가 어떤 식으로 데이터의 정확성을 해치는지 보여준다. 우리는 이러한 사례를 통해 데이터를 생산한 사람들이 극대화하는 것이 무엇인지 고려하지 않은 채로 무작정 증거로 받아들여서는 안 된다는 교훈을 얻을 수 있다. 공식 기록이나 보고서라 하더라도 본격적인 확인과 비판적인 감시가 필요하다. 특히 증거로 사용될 만한 신뢰성 있는 데이터를 찾는 과학자라면 각별히 주의해야 한다.

## 역사적 배경

민족 국가가 발돋움하던 시기의 정부 통계 기관은 국가가 일반인들의 삶에 개입하는 일이 늘어나면서 발생하는 문제에 대처하도록 도움을 주었다. 데로지에르(2002)는 공식 데이터 생산 시스템의 역사적 배경을 다음과 같이 소개한다.

가장 오래된 18세기적 의미의 통계는 국가 자체에 대한 서술이었다. 19세기 초반을 지나는 동안 프랑스, 영국, 옛 독일에서는 통계라는 어휘와 관련된 행정 실무는 물론, 숫자를 중심으로 한 형식화 기법이 형태를 갖추었다. 국가와 사회의 상호작용 양상에 맞게 이에 대한 설명을 제공할 목적으로 특화된 부서가 인구 조사를 조직하고 행정 기록을 취합하는 임무를 맡았다. 형식화 기법으로는 요약, 부호화, 계산, 도표와 표의 작성이 있었다. 이 모든 기법 덕분에 국가 활동에 의해 새로이 창출된 객체를 파악하고 한눈에 비교할 수 있었다. 그러나 국가를 사회에서 논리적으로 분리하는 것은 불가능하며 통계 기관이 제공한 국가와 사회의 정의에서도 분리할 수 없다. 국가는 개인 간의 특정한 관계 유형으로 구성되었다. 이러한 관계 유형은 다양한 수준으로 체계화되고 성문화되었으며 따라서 주로 통계에 의해서만 객관화될 수 있었다. 이러한 관점에서 국가는 특정 사회와 무관하며 어느 나라나 동일한 추상적 실체가 아니었다. 국가는 개인들이 사회적 '상태'로 인식하며 확고해진 사회적 행위의 특별한 총체였다. 적어도 국가가 결속되어 있는 시대에는 그러한 사회적 사실이 어느 정도까지는 진실이었다. (147)

그는 계속해서 이러한 통계 자료의 생산자들이 자신들의 업무를 정부 부처, 대학 연구소, 공식적인 데이터 수집 기관 간의 정교한 네트워크에 맞게 바꾼 과정을 역사적으로 정부가 직면했던 "문제"의 맥락에서 소개한다. 미국의 독자들은 노예제, 이민, 경제 공황 등 여러 가지 문제의 맥락에서 4장에서 다룬 공식 인구 통계와 국회의원 숫자 사이의 관계에 각별한 흥미를 느낄 것이다. 그러한 개념과 단서는 우리가 경찰과 부검의를 비롯하여 비슷한 활동에 종사하는 공무원들이 작성하고 보관한, 평범하지만 사회학 데이터를 제공하곤 하는 현장 기록을 이해하는 데 도움을 준다.

공무원이 수집하는 통계는 오랫동안 사회학에서 신성한 위치를 차지했다. 자살은 (에밀 뒤르켐의 명저《자살론Le suicide》의 뒤를 이어 공식적인 국가 사망 원인 통계로부터 수집된 자료에 의해 뒷받침된 사회학적 사고방식이 공격받은 문제로서) 사회학의 고전적인 (그리고 초기) 문제가 되었다. 자살 문제에 대한 해결책은 사회학적 사고방식과 연구의 힘을 회의주의자들에게 입증했으며 언뜻 고립된 것처럼 보이는 행동에 뿌리 깊은 사회적 근원이 있다는 것을 보여주었다. 20세기 초에 시카고와 미국 다른 지역에서 발달한 사회학은 주로 범죄에 대해 다루었는데, 이들은 사회학이 범죄라는 바람직하지 못한 행위의 원인을 제대로 파악하고 범죄를 근절하는 방안을 제시할 수 있다는 것을 입증하려 애썼다. 연구자들은 자신들의 해석과 제안을 검증하기 위해 경찰과 법원이 제출한 숫자를 활용했다.

그 이외에 조사 목적으로 수집된 다른 유형의 자료도 기대치 않게 연구에 도움을 줄 때가 있다. 특히 사회학적으로 흥미로운 주제를 습관적으로 조사하다 보면 자세한 정보를 대량으로 생산할 수 있다. 이러한 정보는 어떤 면에서 일종의 민족지학적, 통계학적 데이터와 유사하며 사회학 전공생들에게 도움이 된다.

그러나 이러한 자료를 이론을 뒷받침할 증거 데이터로 사용하는 사회학자들은 항상 생산되는 증거의 종류에 주의를 기울여야 한다. 데이터의 유용성이 그 데이터의 생산을 위한 사회적 합의에 좌우되고 결정된다는 사실을 고려해야 한다. 데이터의 정확성에 악영향을 끼칠 수 있는 요소에 주의를 기울인다는 전제 하에 데이터를 그대로 쓸 수 있긴 하지만, 이때 사회학자는 반드시 데이터가 어떠한 이론이나 아이디어의 증거로서 타당한지를 거듭 생각해야 한다.

## 사망 원인: 법의관의 보고서

(공식 사망 확인서에 해당 공무원이 표시하도록 되어있는) 사망 원인의 일반적이고 법적인 분류에 따르면, 사망에는 사고, 자연적인 원인, 타살, 자살 등 네 가지 원인만 존재한다. 이처럼 상호배타적인 범주는 원인을 입증할 수 없을 때 적용되는 '미확인'을 제외하면 모든 가능성을 망라한다. 사망 조사관들(팀메르만스[2006]가 비슷한 작업을 하지만 작업 방식이 다르며 상당히 다른 교육을 거치는 검시관과 법의관에게 붙인 명칭)이 사망 원인을 결정하는 방식은 사회학자들이 개별 사례뿐만 아니라 구체적인 인구 집단에서 그러한 원인이 차지하는 비율을 이해하는 데 영향을 준다. 사회학자들은 학문이 탄생한 이후로 자살과 타살을 연구했으며 그 원인에 대해 논쟁을 벌여왔다. 학자들은 자살과 타살을 연구하는 최선의 방법이 무엇인지 아직도 의견을 모으지 못하고 있다.

# 자살

일부 사회학자들은 네 가지 원인 중에서도 특히 자살을 중요한 화제로 삼아왔다. 선구자적인 프랑스 사회학자 에밀 뒤르켐에 대한 존경심에서 이러한 경향이 비롯된 것임은 의심할 여지가 없다. 그의 1897년 저작《자살론》은 사회 현상에 대해 (당시로서는) 정교한 통계적 분석을 접목시키기 위해서 추상적이고 이론적인 질문을 다루었으며, 흥미롭고 중요한 문제와 그러한 문제에 대한 연구 방법을 제안함으로써 그 이후 연구자들에게 과제를 안겼다. 이 책은 내가 1946년에 대학원에 입학했을 때도 여전히 영향력이 있었다.

뒤르켐은 자살을 이기적, 이타적, 아노미적 자살이라는 세 가지 유형으로 구분했지만 나는 이기적 자살만 다룰 것이다. 내가 제기하고자 하는 문제가 그 세 가지 유형에 모두 똑같이 적용되기 때문이다. 리처드 세넷Richard Sennett은 2006년 번역본 서문에서 뒤르켐이 이기적 자살을 설명하는 데 사용한 두 가지 증거를 요약했는데 나는 그 내용을 빌려오고자 한다.

한 가지는 가족과 관련이 있다. 뒤르켐은 결혼하지 않은 사람들이 기혼자들에 비해, 그리고 소가족 구성원들이 대가족 구성원들에 비해 자살할 가능성이 크다고 본다. 그는 가족 관계망이 촘촘해질수록 사람들이 이기적인 절망에 빠지지 않을 가능성이 커진다고 추론한다. (중략) 다른 종류의 증거는 특이하다. 뒤르켐은 개신교도가 가톨릭교도나 유대인들보다 자살할 가능성이 훨씬 더 크다는 사실을 포착하고, 이러한 통계적 사실을 '이기적' 절망의 틀에 끼워 맞추려 시도한다. 가톨릭교회의 제도적 견고함 덕분에 그 신도들은 세상에서의 자기 위치에 대해 지나친 고민에 빠지지 않는 것으로 보인다. 반면에 개신교는 신도들에게 자기 인식에 대한 외로운 탐색을 강요한다. 유대교 역시 인식을 중시하지만 유대인은 주변부 지위 때문에 서로 연대하므로 이기적 절망의 위협을 받는 일이 덜하다. (세넷, 2006, xvii)

뒤르켐이 그 같은 주장을 뒷받침할 증거로 활용한 통계에는 많은 오류가 있었다. 하지만 그 사실에 아무도 놀라지 않았으며 일반적으로 그의 이론은 확정된 듯 보였다. 연구자들은 세부 사항에 대해 갑론을박을 벌였지만, 사망 원인을 포함하여 정부 기관이 수집하고 보고하는 '동태 통계vital statistics'의 활용 전략에 대해서는 이의를 제기하지 않았다.

그러다가 1967년에 잭 더글러스Jack Douglas가 민속 방법론ethnomethodology과 (아마도) 낙인 이론labeling theory의 영향을 받아, 모든 사람이 증거로 사용하는 통계가 경쟁 이론을 충분히 검증할 수 없을 정도로 부정확하다고 주장했다. 그는 (정말로 방대한) 관련 선행 문헌을 세세하게 검토한 다음에, 그 어떠한 통계도 명료함과 비교 가능성이라는 가장 기본적이고 연구 목적에 필요한 기준조차 충족하지 못한다고 주장했다(더글러스, 1967, 163~232). 결론을 뒷받침할 증거를 전혀 제공하지 않는 통계임에도 불구하고, 자살 연구 분야의 학자 대다수가 단지 입수 가능하다는 이유로 그 데이터를 연구 목적에 타당하다고 암묵적으로 받아들인다는 것이다. 그가 보기에 그러한 데이터로는 그 어떠한 결론의 증거도 될 수 없었다.

스테판 팀메르만스Stefan Timmermans(2006)가 사람들이 '의심스러운 상황'에서 사망할 때 사망 원인을 밝혀내는 일을 하는 법의관에 대한 결정적인 연구를 발표할 때까지, 그 문제는 여전히 남아있었다. 자살은 법의관들이 날마다 업무의 일부로 해결해야 하는 몇 가지 골칫거리 중 하나였다. 팀메르만스의 저작 중 자살을 다룬 부분(74~112)을 보면 그에 따르는 복잡한 문제들을 하나하나 지목하고 있다.

누군가 일반화된 병원 이외의 장소에서 세상을 떠나면 "죽음의 사회적 질서에 차질이 빚어진다." 죽음이 관례적이고 용인 가능한 각본에서 벗어난 장소와 상황에서 발생하면, 검시관이나 법의관은 시체 안치소로 가서 일한다. "이러한 전문가들은 보이지 않는 공중 보건·형사 사법 인프라의 일부로서, 의심스러운 죽음을 조사하는 것이 이들의 유일한 임무다(팀메르만스, 2006, 3)."

팀메르만스는 다양하고도 모호한 몇 가지 사례에서, 법의관 사무실 사람들이 사망 원인을 판정하는 광경을 지켜보았다.

그는 공무원인 법의관이 그러한 사례를 "사회학과 공중 보건의 기준에 의해 구축된 통계적" 자살이나 "가족과 친구에 대한 장기적인 기억과 개인적 경험에 근거한 생물학적" 자살과는 다른 것으로 규정한다고 강조한다. 이 두 가지 기준은 죽은 사람과 다른 유형의 관계에 있는 사람들에게 독자적인 용도로서의 특수한 의미를 지닌다. 법의관들은 법의학적 자살이라는 기준을 만든다. "조사 기준에 따라 만들어진 전문적 분류는 몇 가지 증거로부터 귀납적으로 구축되며 실증 과학과 사법 당국의 휘하에서 기능한다. (중략) 전문적인 자살 분류는 부분적으로는 의학적 소견이며 입수 가능한 증거에 근거한 판단이다. (중략) 법의관은 일차적으로 전통적인 환자 평가 절차와 병력 수집에 의해 생산되는 증거에 의존한다(2006, 107~8)." 여기에 법의관은 고인을 치료했을 (정신과 전문의 등의) 의사와 부검 및 생화학 검사에서 얻은 정보를 추가한다. 팀메르만스의 결론은 내가 그의 연구를 통해 얻고자 하는 목적에 부합한다.

자살의 세 가지 개념이 공존한다는 것은 판정하는 사람들과 동떨어진 독립적 실체로서의 자살이 존재하지 않는다는 뜻이다. *우리가 '자살'로 분류하는 현상에는 분류 당사자의 기준과 업무 관행이 반영된다.* (중략) '은폐된' 자살이 있음을 지적하는 통계 보고서 상당수는 사망 조사관들의 기록 관행을 바꾸는 것이 아니라 잠정적인 오류를 바로잡을 통계 척도를 찾아내는 것이 최선의 해결책이라고 추정하는 듯하다. 고의와 자해라는 해결할 수 없는 문제 때문에 *다른 방법으로는 자살 통계의 타당성을 입증할 수 없다(반대로 임상의가 작성한 암 사망 확인서는 부검 데이터에 비교된다). 그 때문에 내재된 통계적 상관관계의 크기를 확정하는 것은 불가능하다.* 그에 따라 사회학자와 역학자는 계속해서 사망 조사관[검시관과 법의관]의 분류에 의존하고 있다. (중략) *요컨대 법의관이 사망 확인서에 '자살'이라고 쓰면 가족과 공중 보건 관료들이 동의하지 않는다 해도 전문가적 관점에서의 사망 원인은 정말로 자살이 된다.* (2006, 109~111, 이탤릭체는 내가 강조하는 부분이다)

다른 사무실의 법의관들은 물론 같은 사무실 내의 법의관끼리도 수집 절차, 증거 해석, 그 이외 이해 당사자가 가하는 압력에 대한 반응이 제각각이며, 이러한 것들은 사망 원인 분류에 반영된다. (이러한 상황은 야구 심판이 특정 투구를 '볼'이나 '스트라이크'로 판정할 때 이해 당사자 간의 이견이 해소되는 것과 비슷하다.)

사망 원인을 자살로 결정할 때의 문제 중 하나는 가족들이 이해할 수는 있지만 법적으로 부적절한 이유에서 그러한 판단을 받아들이지 않을 때 일어난다. 이 같은 경우에는 사망 조사관들의 의견이 중시된다. "우리가 '자살'로 분류하는 현상에는 분류 당사자의 기준과 업무 관행이 반영된다. 가족이나 역학자가 공식적인 법의학 분류에 동의하지 않을 때는 분쟁이 일어날 수 있지만, 이들은 사망 조사의 결과에 직접적으로 영향을 끼치지 못한다는 점에서 불리한 입장에 처한다. (중략) 가족은 대체로 사망 조사에 대한 준비가 되어있지 않으며 중요한 내용에 대한 지식이 거의 없다. 자신의 해석을 직접적으로 제공할 기회도 얻기 어려우며 그들이 하는 말은 무엇이든 편견에 찬 것으로 치부되고 경찰관들에 의해 걸러진다(팀메르만스, 2006, 109, 이탤릭체는 내가 강조하는 부분이다)." 법의관의 직업 생활에서 지속적인 역할을 담당할 수 없는 가족은 법의관이 도달하는 결론에 영향을 끼칠 수 없다.

팀메르만스는 최종 의견을 덧붙인다. "타당성은 [법의관으로서 증언하는 법의학 병리학자에 의해] 제시된 의견이 지배적인 신뢰성 문화와 어느 정도로 일치하느냐에 좌우된다(2006, 113)."

이 같은 주장과 그에 대해 팀메르만스가 제시한 방대한 증거는 뒤르켐과 그를 뒤이어 연구하는 학자들이 이론을 검증할 목적으로 자살의 사회학적 해석을 내릴 때, 관할 기관이 발표하는 사망 원인 표에 의존해서는 안 된다는 점을 보여준다.

과거에는 연구자들이 일관성이 없고 불분명한 데이터를 접하면 심각한 문제가 있다는 사실을 인정한 다음에 데이터를 그대로 사용하는 방향으로 나아갔다. 그 데이터가 법의관들이 합당하다고 본 결론을 뒷받침할 만큼 '충분히 훌륭하다'는 식이었다.

　그러나 팀메르만스의 연구는 우리가 확보한 데이터를 다른 방식으로 이해하고 사용할 수 있다는 점을 알려준다. 데이터를 과학적 수수께끼를 푸는 자원이 아니라 (과학 연구를 수수께끼 해결로 설명한 쿤의 글을 참조하라[(1962) 2012, 35~42]) 협력과 갈등의 환경에서 일하는 전문가들의 행위에 의한 결과물로 간주한 것이다. 그 같은 환경은 이들의 업무 판단력에 영향을 끼칠 수밖에 없다. 이 경우에 업무는 의심스러운 사망을 네 가지 허용된 범주 중 하나로 판정하는 것에 해당한다. 다시 말해 팀메르만스는 법의관들의 업무 방식을 그 자체로 연구가 필요한 수수께끼로 간주한다.

## 타살

같은 종류의 개념적 문제 때문에 타살 데이터를 연구 목적으로 활용하기가 어려워진다. 타살 여부를 정하는 당사자는 연구자가 아니라 공무원이다. 다른 범죄율과 마찬가지로 살인율은 정치가나 관련된 시민 등은 말할 것도 없고 연구자들의 기대에 부합하지 않을 때가 많다.

　경찰과 정치인뿐만 아니라 연구자는 자신들이 제안하여 시행 중인 정책의 타당한 평가 근거로서 살인율의 변화를 간주하곤 한다. 팀메르만스는 현재 정치적으로 논란이 되는 사망 통계의 사용에 대해 다음과 같이 말한다.

[범죄 이론인] 깨진 유리창 이론broken-windows theory의 지지자
들은 해당 이론을 뒷받침하는 근거로 범죄율 하락을 이용
해왔다. 이 이론은 타살 통계가 타인에 의한 사망 건수를
실제대로 집계한다는 것을 전제로 한다. 연구자들은 자신
들이 법의학적 타살 분류에 대해 아는 바가 많지 않다는 점
을 인정하지만, 살인율이 (오랫동안 정확성에 의문이 제기되어
온 자살 통계와 달리) 예나 지금이나 논의의 대상이 되는 일은
드물다. 따라서 살인율 하락은 깨진 유리창 이론과 그 결과
로 탄생한 무관용 및 삶의 질 치안 정책의 정당성을 입증하
는 근거가 되어왔다. (중략) 그처럼 공격적인 경찰 감시와
살인율 하락의 상관관계는 여전히 논란거리이지만, 두 가
지 타살 추세 가운데 한 가지만 조명을 받는다는 사실을 깨
닫게 되면, 깨진 유리창 이론을 토대로 한 치안 정책에 대
해 더 큰 의심이 들기 마련이다. 사망 통계는 법 집행 종사
자와 의학 종사자가 저지르는 타살 축소의 '세계관'을 고착
시킨다. (2006, 193)

팀메르만스는 '완벽한 범죄'로 이름 붙인 장에서 축소되기 쉬우
며 의학 종사자나 경찰이 저질렀을 가능성이 있는 살인을 다룬
다. 이 특수한 하위 분류를 통해 연구 목적 측면에서 법의관들

의 공식적인 결론을 무용지물로 만드는 원인이 드러난다.

경찰과 의사들은 자기 직업의 내부 절차가 법률 위반의 소지를 막기에 충분하다는 가정에 입각하여 일한다. 물론 의사와 경찰이 명백하게 살인을 저지르는 일도 가끔씩 일어나며 그보다 횟수는 덜하지만 이들 직종의 종사자들이 실제로 고의에 의한 타살로 유죄를 받기도 한다. 팀메르만스는 다음과 같이 설명한다.

임상의와 경찰은 직업적으로 남들에게 치명적인 수단을 사용할 수 있는 특권을 지니며, 위반이 일어나면 해당 직종의 내부 관계자들이 검토한다. 법의학 전문가인 법의관들은 일상적인 사망 조사에 있어서 임상의와 경찰의 협력에 크게 의존한다. 법의관이 법의학적 타살이라는 범주를 경찰과 의료진에 의한 사망에까지 적극적으로 적용하면, 그토록 필요한 협력을 얻지 못할 위험이 발생하는 데다가, 법의학적 증거에 대한 혹독한 논쟁을 유발하여 스스로의 신뢰성이 추락하는 상황에 직면할 수 있다. 경찰이나 의료진에 의한 사망의 법의학적 조사에서는 일반적인 사망 조사를 하는 법의관에게 요구되는 독립성이 충분히 확보되지 못한다. 일반적인 타살을 조사할 때는 법의관들이 경찰과 임상의에게서 액면 그대로의 정보를 받아야 한다. 법의관 사무실이 연락을 받는 순간부터 사망 확인서에 서명을 할 때까지, 모든 법의학 조사에서 정보보다 한층 더 중요한 것은 임상의며 경찰 동지들과의 협력이다. 협력자들이 초래했을 가능성이 있는 사망 사건에 직면할 때 법의관의 본능적인 반응은 경찰과 임상의의 과실을 입증할 책임이 사법부에 있다고 주장하는 것이다. 그러나 일반적인 타살 사건에서 법의관이 사망 확인서에 '법의학적 타살'로 쓰는 데는 아무런 문제가 따르지 않는다. 사망 조사관들의 본능적인 반응에는 뿌리 깊은 공생 관계 때문에 독자적인 판정을 내릴 수 없다는 진의가 담겨있다. (2006, 190-91)

다시 말해 사망 원인이 살인인지 판별해야 하는 사람들이 (경찰이나 의사와 같이) 자신들의 일상 업무를 효율적이고 원만하게 진행하기 위해, 관계자가 용의자일 때 살인이라는 결론을 쉽사리 내리시 않는나는 것이다.

이 같은 현실이 관련 직종 간에 빚어지는 드라마와 무관하며, 범죄 통계(이 경우에는 타살 통계)를 범죄 원인에 대한 이론의 근거로 활용하고자 하는 연구자들에게 영향을 끼치는 것은 분명하다. "법의학적 타살로 보이는 사망이 타살로 집계되지 않으면 범죄율 하락이 실제로 나타난 현상인지 의문이 들 수 있다 (팀메르만스, 2006, 192)." 우리가 범죄율의 변동 원인(이 경우에는 법의학적 타살의 실제 건수)을 모조리 파악하지 못하면 오류의 가능성을 무릅쓰지 않고서는 이미 파악된 몇 가지 변수를 변동의 원인으로 볼 수 없다. 팀메르만스가 연구한 해당 범주는 범죄율 전반의 급격한 변동 원인이 무엇인지 알려주지는 않는다 해도, 범죄율 전반에 영향을 끼치는 근본 변수들을 제시한다. 특정 직종 종사자들이 사건을 어떤 범주에 넣을지 결정하는 데 실제로 사용하는 방식, 그들과 다른 전문가들의 상호작용이 업무 상황에 미치는 영향, 그 결과로 그 모든 것이 우리가 이론을 평가하기 위해 사용하는 데이터에 미치는 영향 등이 그러한 근본 변수들이다.

팀메르만스는 우리에게 정부에 소속된 법의관이 자신의 업무 흐름을 최적화하고 자기 조직의 자산을 고스란히 유지할 수 있는 방식으로 사망 원인을 결정한다는 것을 알려준다. 그 결과, 본질적인 특징 때문이 아니라 작업자가 자신의 업무를 원활하게 처리하려는 이유로 분류시킨 데이터가 축적되곤 한다. 이러한 유형의 영향을 인식한다면 작업자들이 스스로나 같은 직종 종사자들의 활동을 일반화하기 위해 만들어내는 범주를 활용해도 좋다. 이들이 생산하는 통계는 무엇인가의 증거 구실을 할 수 있지만, 그러한 통계가 무엇을 뒷받침하는지는 추정에 그쳐서는 안 되며 명백히 제시되어야 한다.

# 실제 범죄율과 검찰이 정의하는 범죄율

지금까지 법의관들이 의심스러운 사망의 원인을 자신들의 편의에 부합하는 방식으로 분류함에 따라, 그 결과물을 연구 데이터로 활용하려고 하는 사회 과학자들에게 골칫거리를 안기는 현상을 살펴보았는데, 이는 경찰, 검사, 판사도 마찬가지이다. 이들 역시 범죄와 범죄자를 다루는 관련 종사자들과의 갈등을 피하면서 자신의 업무를 수월히 진행할 수 있는 방식으로 자기 '고객들'의 행위를 규정한다. 그러다 보면 그 어떠한 공통점도 없는 범죄자들이 같은 범주로 분류되는 일이 나타나기도 한다. 이 경우에는 연구자들이 유익한 과학적 일반화를 도출하지 못할 수도 있다. 일반적으로 이들의 분류는 자체적인 목적으로는 쓸 만하지만 사회 과학자들에게는 그다지 적합하지 않다. 치안 활동과 사법 활동이 사회 과학 연구에 사용되는 데이터와 통계를 생산해내는 한, 사회 과학자들은 그들의 행동을 유도하는 동기에 주목해야 한다.

사회 과학자들은 명확히 정의된 종류의 행동을 설명하는 이론을 창출하고 싶어 한다. 이를 위해서는 우리의 진술이 모두 '같은 일'에 대한 진술이어야 한다. 그러나 범죄의 경우에는 사람들과 당국(경찰, 검사, 판사)이 범죄를 규정하고 정의하는 방식 사이에 상당한 차이가 존재한다. 경찰은 체포하고 검사는 기소하며 판사는 선고하며 판결을 내린다. 이때 이들은 (법의관과 마찬가지로) 자신들의 업무를 원활히 처리할 수 있는 방법을 동원한다. 이들에게는 자신들의 정의를 특정한 법률 범주 내의 모든 사건에 동일하게 적용할 이유가 없다. 설상가상으로 이들은 몇 가지 범죄 유형을 범죄로 취급하지 않는다.

## 화이트칼라 범죄

미국 범죄학의 선구자인 에드윈 서덜랜드Edwin Sutherland는 다른 범죄학자들이 완전히 간과했지만 상당히 만연해있던 법률 위반 행위를 규정하기 위해 '화이트칼라 범죄white collar crime'란 표현을 만들어냈다. 범죄학자들은 사람들이 현행법을 위반하는 원인을 규명하기 위한 이론을 고안할 때, 체포, 재판, 유죄 선고 등으로 이어지는 경찰 활동 기록을 토대로 했다. 그러나 서덜랜드는 해당 범죄학자들이 기업인들이 업무 활동 중에 저지른 중대 범죄를 염두에 두지 않는다고 주장했다. 그러한 범죄가 경찰 활동 기록에 포함되지 않은 까닭은 법적인 처리 방식이 달랐기 때문이다. 서덜랜드는 그 결과 크나큰 오류가 발생했다고 지적했다. 다음에 이어지는 인용은 그가 미국사회학협회의 회장으로 취임할 때 한 연설(서덜랜드, 1940)을 위주로 한다. 이 연설에서 그는 그러한 문제를 밝히고 동료 범죄학자들에게 잔소리를 늘어놓았다(나도 그 자리에 있었으면 좋았을 텐데!).

"[경찰 기록을 토대로 한] 범죄자 통계를 보면, 흔히 인식되고 공식적으로 집계되는 범죄가 하위 계층에서 많이 발생하고 상위 계층에서 적게 발생한다는 것이 분명히 드러난다. 교도소에 들어가는 사람 가운데 상위 계층에 속하는 이는 2%도 되지 않는다. 이 같은 통계는 경찰, 형사법원, 소년법원, 교도소가 다루는 범죄자들과 살인, 폭행, 주거 침입, 강도, 절도, 성범죄, 주취 등의 범죄를 포함하지만, 교통 위반은 배제한다." 그러나 그는 범죄학자들의 주장에 사용된 범죄 표본이 "기업인과 전문직 종사자의 범죄 행위를 포함하고 있지 않으므로" 편향되어 있다고 지적하면서 이렇게 덧붙였다. "이는 국유지 관리국, 철도 산업, 보험업, 군수산업, 금융업, 공익사업, 증권거래소, 석유산업, 부동산, 재건 위원회, 법정관리, 파산관재, 정치계 등에 대한 조사에서 거듭 나타나는 현상이다(1)." 그러한 행위의 범죄성에 대해서는 의문의 여지가 없었다. 하지만 이는 민사 재판에 제출된 증거들을 통해서 드러났다. 범죄를 계획하고 지시한 기업인들은 그 자신이나 기업이 기소되지 않았던 덕분에, 범죄학자들이 이론의 근거로 사용한 통계에서 빠졌다. 그 결과인 부적절한 표본 추출(실로 적절한 표현) 때문에 빈곤층의 범죄와 관련된 이론을 뒷받침하는 증거로 제시된 통계적 연관성이 설득력을 잃었다. 서덜랜드는 그 같은 범죄 이론을 다음과 같이 표현했다. "범죄가 하위 계층에 집중되어 있으므로, 빈곤이나 정신 박약, 사이코패스적 일탈, 빈민가, '악화된' 가정 등 통계학적으로 빈곤과 연관되는 것으로 추정되는 개인적, 사회적 특성이 범죄를 유발한다는 식이다(1)." 범죄 통계에 경찰과 법원 기록에 포함되어 있지 않은 기업 범죄가 추가되자 통계적 연관성과 이를 토대로 한 주장이 붕괴되었다. "기업인의 범죄 행위가 일반적인 의미의 빈곤이나 열악한 주거, 여가 시설의 부족, 정신 박약, 정서적 불안감으로 설명되지 못한다는 점은 명명백백하다. 기업 지도자들은 유능하며 정서적으로 안정되어 있고 결코 병적이지 않다. 제너럴 모터스가 열등감에, 알루미늄 컴퍼니 오브 아메리카가 좌절-공격 장애에, 유에스 스틸이 오이디푸스 콤플렉스에 시달린다거나 아머 컴퍼니가 죽음을 동경한다거나 듀폰이 자궁으로 돌아가기를 열망한다고 생각할 이유는 전혀 없다(서딜랜드, 코엔, 린드스미스, 쉬슬러의 인용, 1956, 96)." 서딜랜드는 다음과 같이 확고한 결론에 도달했다. "사실 범죄는 빈곤이나 빈곤이 유발하는 사이코패스적, 소시오패스적 질환과는 밀접한 관련이 없다. (중략) 그러므로 범죄 행위에 대한 상당히 다른 방향의 해석이 진행되어야 한다. 전통적인 해석은 편향된 표본에서 도출된 탓에 유효하지 않다. 하위 계층에 속하지 않은 사람들이 저지른 광범위한 분야의 범죄 행위를 포함하고 있지 않은 표본은 편향되어 있다고 할 수 있다. 그처럼 배제된 분야 중 하나가 기업인과 전문직 종사자의 범죄 행위다(서딜랜드, 1940, 1~2)."

연설문의 나머지 부분과 몇 년 후 나온 대규모 저작(서딜랜드, 1983)은 자세한 설명과 분석을 통해 좀 더 구체적인 비난을 가했으며, 불법 행위가 미국 직업 생활의 일반적인 특성으로 간주되어야 할 정도로 기업인, 의사, 변호사가 법을 위반하는 일이 잦다는 점을 보여주었다. 그러나 여전히 그들이 자신들이 저지른 행위 때문에 감옥에 가는 일은 거의 없다(1940년뿐만 아니라 이 책을 쓰는 2016년에도 들어맞는 이야기다).

국가의 법률 기관은 거의 항상 민사적인 고소, 절차, 처벌을 통해 그러한 범죄자들을 처리한다. 서덜랜드의 동료 범죄학자들은 그러한 범죄자들의 행위가 '진짜' 범죄는 아니며, 범죄의 일종으로 볼 수 없는 민사 절차의 위반에 불과하므로, 이들을 배제한다 하더라도 부정확한 데이터가 산출되는 것은 아니라고 불평했다. 그러자 서덜랜드는 그들이 주장하는 '사실'은 검사들의 선택에서 비롯되었다고 반박했다. 그들은 형사 처벌을 내리기보다 금전 손실을 복구하는 일에 관심이 있고, 같은 클럽 회원이거나 같은 학교를 나왔을지도 모르는 사람들을 교도소로 보내는 것을 꺼림칙하게 생각한다는 것이다. 그뿐만 아니라 기업 지도자들은 법 집행이 이미 법적으로 중범죄로 규정된 자신들의 행위에 지장을 주는 일이 없도록 적극적으로 로비 활동을 벌이며 대부분 목적을 달성한다.

서덜랜드는 동시대 범죄학 연구자들에게 영향을 끼쳤으며 그들이 법과 법 집행의 계층 편향성을 인식하는 데 기여했다. 그뿐만 아니라 서덜랜드 덕분에 연구자들은 검사들이 자신들에게 허용된 재량을 남용하여 행동한 결과로, 범죄의 공식적 정의와 그 정의에서 비롯된 통계가 쓸모없다는 사실을 깨달았다. 범죄 통계는 불충분한 만큼 증거로 사용되기에는 부적합했다. 그럼에도 불구하고 이처럼 결함 있는 통계가 사회 과학과 '범죄 원인'에 대한 정치적 논의에서 계속해서 사용되고 있다.


## 횡령

서덜랜드의 제자(이자 훗날 협력자가 된) 도널드 크레시Donald Cressey 는 어떻게 해서 횡령이 일어나는지 일반화를 도출하기 위해, 졸리엣에 있는 일리노이 주립 교도소의 횡령 범죄자들에 대한 면접 조사를 통해 횡령죄를 연구하고자 했다. 그러기 위해 그는 그들이 모두 '같은 일을 한' 사람들인지 확인했고 화학 실험실의 화학물질처럼 개별 사례에서 동일한 행동 현상을 분리하는 데 만전을 기했다.

크레시는 모든 사례에서 동일한 실제 행동이 나타나기를 바랐다. 그가 원인을 규명하려고 한 현상은 남의 돈을 훔칠 의도 없이 선의로 금융 수탁 업무(일례로 은행 창구 직원)를 맡은 사람이 결국 자신의 것이 아닌 큰돈을 취한 행동이었고, 훗날 그러한 현상을 '금융 수탁 의무의 형사 위반criminal violation of financial trust(1953, 22)'으로 규정했다.

크레시는 자신이 찾아내야 하는 행동이 무엇인지 잘 알았다. 그러나 그러한 행동을 한 사람을 찾기란 쉽지 않았다. 횡령 범죄자들은 단독으로 범죄를 저지른다. 그들은 같은 범죄를 저지르는 사람들로 이루어진 지하세계의 소속이 아니다. 크레시가 범죄 조직에 침투한들 도둑을 찾는다면 모를까 횡령 범죄자를 찾기란 불가능했다. 그는 교도소에서 면접 조사 대상들을 찾아야 했다. 적발되어 구속되기 전에는 누가 횡령을 저지르는지 알 도리가 없기 때문이다.

그는 모든 사례에서 공통된 현상을 찾아내기를 바랐지만, 검찰들의 기소 방식으로 볼 때 그러한 일은 불가능했다. 검찰에게는 자신들이 확보한 증거로 어떤 혐의에 대해서든 유죄 선고를 받아내는 것이 중요했다. 그래서 그들은 횡령으로 기소할 수 없다면 신용 사기나 수탁자에 의한 절도 같이, 내용은 조금 다르지만 관련된 범죄 유형 중 하나로 횡령 범죄자들을 기소했다. 구체적인 혐의 각각에 대해 검찰이 입증해야 할 내용은 관련법에 정확히 명시되어 있다. 그러므로 현실의 사건에서는 횡령 혐의를 뒷받침하는 데 필요한 세부 증거를 전부 찾아내기가 불가능할 수도 있다. 그러나 관련 혐의 중 하나에 대해 유죄 선고를 뒷받침할 증거를 찾는 일은 가능할 수 있다. 이런 일이 검찰에게는 문제가 되지 않았다. 검찰은 그토록 바라마지 않는 유죄 선고만 받아내면 만족한다. 그러나 사회학자인 크레시에게는 이러한 상황이 문제였다. 고용주에게서 돈을 훔치는 사람들은 온갖 다양한 짓들을 하며 그들 모두가 횡령의 법적 개념에 부합하는 일들만 하는 것은 아니다. 그러므로 크레시가 찾았던 범죄자들 가운데 일부는 정확히 그가 연구하고자 했던 행위에 관여했더라도 표본에서 배제되어야 할지도 몰랐다. 반면에 횡령으로 기소된 자들이라 해도 그가 해명하고자 했던 행위를 하지 않았을 가능성이 있었지만, 그가 횡령의 법적 개념을 철저하게 준수하려면 그들을 표본에 넣어야 옳았다. 크레시는 검찰의 기이한 재량 때문에 초래된 방법론적 문제를 어떻게 해결했는지 설명했다.

[횡령의] 법적 개념은 엄밀한 의미에서 폐기되었으며 그 대신에 횡령에 해당하는지 여부를 규정하는 기준 두 가지가 수립되었다. 첫째, 해당 인물이 애당초 선의로 수탁 업무를 수락했어야 한다. 이는 횡령의 '범죄 의도'가 업무를 맡은 이후에 형성되어야 한다는 법적 요건과 거의 같은 내용이다. 이 점에 있어서는 모든 법적 개념이 일치한다. 둘째, 해당 인물이 범죄를 저지름으로써 수탁 의무를 위반한 경우여야 한다. 이 두 가지 기준을 적용하면 횡령과 수탁자에 의한 절도로 유죄 선고를 받은 사람들뿐 아니라 신용 사기와 위조로 유죄 선고를 받는 사람들까지 모두 횡령에 포함된다. 이 네 가지 범죄 각각의 요건은 금융 수탁 의무의 위반이며, 범주별 범죄 중 일부는 선의로 수락된 수탁 업무의 위반이다. 따라서 조사 대상인 현상은 '금융 수탁 의무의 형사 위반'으로 정의되었다. 이 새로운 개념이 사용됨에 따라 조사 대상인 행위가 엄격하게 정의되는 결과로 이어

졌다. 그 덕분에 '횡령'이나 기타 세 가지 범죄의 법적 개념에 어긋나는 일 없이 해당 행위와 관련된 모든 사건에 대한 일반화가 가능해졌다. (크레시, 1951, 549~50)

이러한 사건을 맡은 검사들의 기소는 크레시가 흥미로운 사회학 이론을 고안하는 데 필요한 동종 범죄자 집단을 형성되는 식으로 이루어지지 않았다. 검사들은 유죄 선고가 내려질 만한 혐의로 범죄자들을 기소했다. 그러다 보니 검사의 원활한 업무를 위해, 교도소 수감 외에 전혀 공통점이 없는 사람들이 특정 범죄자 집단에 분포하게 되었다. 크레시가 유용한 일반화를 도출하기 위해서는 각각의 사례를 조사하여 비슷한 행동 패턴을 보이며 공통된 인과관계 패턴에 들어맞는 범죄자들끼리 재분류해야 했다. 그 과정에서 그는 범죄자 연구와 관련하여 발생하는 비슷한 문제를 해결하는 데 사용할 수 있는 방법을 고안할 수 있었다.

## 체포와 범죄: 경찰 통계

경찰서는 종합적인 체포 기록을 취합하고 보관한다. 전통적으로 그러한 기록은 행정적 목적과 정치 공작을 위한 데이터뿐만 아니라, 가끔은 큰 수고를 들이는 일 없이 범죄나 관련 사안에 대한 대량 정보를 구하고자 하는 연구자들에게도 데이터를 제공했다. 그러나 원하는 정보를 얻으려면 수고를 들여야 한다.

경찰 통계에는 불안정한 연구 대상으로 인한 어려움이 반영되어 있다. 사회 과학자를 비롯한 여러 분야의 학자들은 경찰 통계가 불안정하며 데이터 출처로서 신뢰성이 떨어진다는 사실을 오래전부터 인식하고 있었다. 알려진 문제로는 부정확한 보고와 수치 조작이 있는데, 둘 다 정치적인 목적(어떤 경찰서가 부정부패나 무능 때문에 실제로는 임무를 다하지 못하면서 그런 척하려고 하는 것)과 경제적 목적(대량의 절도 건수 보고에 따라 보험요율이 급증하여 현지 상점이나 회사에 타격이 가지 않도록 하는 것) 때문이다. 조작의 수단으로는 허위 보고와 선택적인 단속이 있다.

그 이외에도 연구자들은 인종적 편견이 체포 통계와 기록에 영향을 끼친다고 의심하곤 한다. 그러한 영향을 받은 데이터는 여러 측면에서 부정확하기 때문에, 인종과 범죄를 독립 변수로 사용하는 사회학적 분석에는 사용될 수 없다. (서덜랜드가 체포와 유죄 선고 통계를 근거로 하는 이론을 모조리 비판했던 것을 기억하라. 그러한 통계는 화이트칼라 범죄를 배제함으로써 과학적 목적으로는 쓸모를 잃었다.)

일부 연구자는 피해자 조사 데이터를 대신 사용함으로써 경찰 허위 보고의 문제를 극복하려고 한다. 피해자 조사는 개인이 면담자에게 지난해에 경험한 범죄를 보고하면, 면담자가 이를 기록하고 분석하며 제시하는 식으로 이루어진다. 그 결과로 나오는 범죄 건수와 종류는 한결같이 경찰 통계보다 더 많고 더 다양하다. 물론 그러한 데이터도 연구 대상인 범죄 행위의 실제 건수와는 어느 정도 차이가 난다. (피해자 조사의 변형으로 응답자에게 스스로의 범죄 행위를 무기명 설문지에 밝히도록 하거나 약물 사용자와 알코올 사용자에게 약물과 알코올의 사용량과 횟수를 보고하도록 하는 기법도 있다.)

## 경찰의 전담 부서가 수집하는 마약 통계

마약 체포와 유죄 선고 건수는 '범죄율'과 교도소 수감자 중 상당한 비중을 차지한다. 헤로인, 코카인, 대마초, 메스암페타민의 판매와 유통에 관여한 사람들의 삶과 관행을 묘사하면서, 사이사이에 경찰과 상대한 일화를 끼워 넣은 논문도 많다(부르구아의 1995년 논문과 고프먼의 2014년 논문이 그 예다). 그러나 사회학자들은 마약 범죄자들을 체포한 경찰에 대한 연구는 소홀히 했다. 결과적으로 경찰의 마약 관련 활동에 대한 데이터는 계속해서 체포 건수에 국한되고 있다. 그 때문에 마약 사용량과 마약 사용자 숫자 등 좀 더 직접적인 척도는 체포 건수로 짐작해내는 수밖에 없다.

마약 사용과 마약 사용자 및 판매상에 대한 경찰의 대응을 보고한 논문 두 편(드플뢰르 1975 & 모스코스 2008)은 우리에게 경찰 보고서의 문제(그에 대한 분석 내용)를 자세히 알려주며, 그러한 문제를 방지하면서도 공식적으로 수집된 통계를 증거로 사용할 수 있는 방안을 제시한다.

로이스 드플뢰르Lois DeFleur는 1940년대, 1950년대, 1960년대 30년 동안 마약 범죄 단속에 전념한 시카고 경찰서 마약 특공대의 공식 체포 기록이라는 대규모 표본을 분석했다. 그녀는 시간이 흐름에 따라 체포의 지리적 분포와 (시카고처럼 인종적으로 분리된 도시에서는 불가피한 일이겠지만) 체포된 인구의 인종 구성에 급격한 차이가 발생했음을 발견했다. 그러한 차이는 다양하게 나타났다.

1940년에는 (중략) 마약 혐의로 체포된 백인이 소수였다. 체포의 대부분은 (시카고의 빈민가이던) 니어웨스트사이드와 '블랙 벨트Black Belt(흑인 밀집 지역-역주)'인 사우스사이드 구역에서 이루어졌다. 두 곳 모두 마약 사용과 판매의 전통이 있는 지역들이다. (중략) [1950년대의 백인 체포 건수는] 1940년대에 비해 상당한 증가를 기록했다. 이때도 주로 시카고의 니어웨스트사이드와 니어사우스사이드에서 체포가 이루어졌다. 그러나 니어노스사이드 역시 집중적인 체포 지역으로 떠올랐다. 시카고의 이 지역에는 자유분방한 사람들이 사는 동네가 있으며 이 지역 인구 구성은 지속적으로 변화하고 있다. (중략)

1960년대에서 1970년대까지의 수치를 보면 마약 범죄로 체포된 백인들이 증가한 것을 알 수 있다. 그보다 더 중요한 점은 시카고의 노스사이드에서 체포된 백인이 늘어났다는 사실이다. 노스사이드는 인구 밀도가 높은 지역으로 (푸에르토리코인, 쿠바인, 남부 백인 등) 새로 유입된 몇몇 집단으로 이루어졌으며 청년층이 집중되어 있다. 이 지역에는 호숫가를 따라 값비싼 아파트 건물들이 늘어서 있기도 하다.

드플뢰르는 이러한 추세를 다음과 같이 요약한다.

1) 1960년에 이르면, 시카고의 흑인 지역에서는 더 이상 백인 체포가 자주 발생하지 않았다.
2) 경찰에 의해 마약 혐의로 체포되는 백인의 숫자가 늘어났다.
3) 1960년대의 백인 체포는 주로 인구 구성이 변화하는 몇 군데 지역에서 이루어졌다.
4) 30년 동안 수많은 백인 체포가 두 지역(니어웨스트사이드와 니어노스사이드)에서 발생했다. (1975, 91)

반면에 기록에 따르면 흑인 체포 건수는 그보다 훨씬 더 많이 증가했으며, 1950년대의 흑인 체포 지역은 웨스트사이드와 사우스사이드에 걸쳐 좀 더 폭넓게 확산되었다가 1960년대에 급격하게 감소했다고 한다.

이 모든 일이 급속도로 일어났기 때문에 경찰의 체포 기록에 실제 마약 범죄 건수가 고스란히 반영됐을 리는 만무하며, 그보다는 다음과 같은 현상이 관찰되었다는 게 중요하다.

정책과 단속 활동의 변화가 나타났다. (중략) 굉장히 많은 숫자의 비백인이 이 시기 동안에 체포되었고 대개 배회나 그 이외 경범죄로 기소되었다. 상당수는 같은 지역에서 반복적으로 체포되었다. 나는 마약과의 고참 형사들에게 그 시기에 대한 질문을 던지기 시작했다. 질문에 답한 사람들은 내게 다른 현직 형사들도 소개해주었다. 나는 단속 활동이 어떻게 이루어지는지에 주목하고 그러한 활동과 마약 통계의 관련성을 알아보기 시작했다. 경찰 기록을 조사하고, 은퇴한 마약 담당 형사들에게 면접 조사를 시행했으며, 현직 고참 형사들과 대화하는 한편, 현재의 마약 단속 정책과 절차 다수를 직접 관찰했다. (드플뢰르, 1975, 93)

이러한 변화가 어떻게, 어째서 이루어졌는지 알아내기 위해 그녀는 데이터를 다른 방법으로 수집하기 시작했다. 그처럼 알쏭달쏭한 기록을 직접 생산하는 경찰 업무 과정을 관찰한 것이다. "몇 달 동안 나는 관찰했고 다양한 경찰 활동에 집중적으로 참여했다. 교대 시간마다 가능한 한 많은 경찰관과 일했다는 뜻이다. 나는 마약과 형사들과 정보원을 만나러 갔다. 감시 임무에도 참여했다. 마약 단속과 길거리 체포 현장에도 있었다. 또한 경찰과 법원에 가서 교육적인 이야기를 들었으며 그들의 회의에 참석하기도 했다. 정보를 가장 쉽게 얻을 수 있는 기회 중 하나는 근무 후 술자리였다. 이때는 남성 경찰관들이 긴장을 풀고 느긋한 상태로 자기네 정책, 가치관, 신념에 대해 자유로이 이야기했다(93)." 드플뢰르가 알아낸 것은 이러하다. 마약과 형사들은 마약 사용자를 의지가 박약하고 처벌 받아 마땅하며 자기들의 법적 권리를 조직적으로 내팽개치는 사람들로 규정했다. 그렇기 때문에 형사들은 언론의 '마약 단속' 촉구를 비롯한 대중의 압력에 철저히 부응해야 한다고 생각했다.

마약 범죄의 경우, 경찰은 자신들의 정치적, 예산상의 목적을 위해 단속을 직접 조장하기도 한다. 이와 같이 다양한 노덕 집난moral entrepreneur이 압력을 창출하여 법 집행 정책과 관행에 변화를 일으키기도 한다. 1950년대 시카고에서는 분명 그러한 압력이 (특히 흑인 지역의) 높은 체포율로 이어졌다(95).

나이 지긋한 경찰관들과 은퇴한 경찰관들에 따르면 1950년대에는 경찰이 활약한다는 것을 보여주기 위해 무작정 거리에서 사람들을 체포했다고 한다. "이 도시의 시장과 그 이외 '선량한' 시민들 모두가 마약에 대해 조치를 취하라고 우리를 압박했다. (중략) 매디슨가나 맥스웰가로 나가서 사람들을 붙잡아 우리 마음대로 처분하는 일은 정말 쉬웠다. 누구도 우리가 흑인들에게 하는 짓들에 개의치 않았다." (98)

수많은 압력의 결과로 경찰은 체포가 정당화되는 마약의 종류를 다시 규정했다. 그 이외에도 마약 단속 경찰관들에게 보상을 가져다줄 업무 유형에도 역사적 변화가 일어났다. "그러한 변화에 따라 체포 대상, 체포 장소, 체포 사유, 체포 방식이 변화했다(드플뢰르, 1975, 98)."

　데이터 정확성에 관심이 있는 사람에게 가장 큰 도움이 될 이야기는 다음과 같다. 드플뢰르는 "시카고의 공식 마약 체포 통계를 이해하려면, 통계를 취합하는 주요 기관의 특징을 확인해야 한다(1975, 99)"라고 말한다. 그리고 자신의 연구 결과, 공식 마약 통계의 분산variability이 연구 대상 현상에서 도출된 '진짜 값'의 무작위 오차일 뿐이라는 통념이 타당하지 않다는 사실이 드러났다고 결론짓는다. 뿐만 아니라 자신의 데이터를 통해 연구자들이 그러한 통계를 시계열time series 자료로 활용해서는 안 된다는 사실이 입증된다고 덧붙인다. 그러한 통계가 탄생하는 데 영향을 끼친 압력과 상황을 직접 조사하지 않고서 숫자만 보고 행동의 변화를 평가해서는 안 되며, 체포 경찰관들에 대한 대중, 언론, 상관의 압력뿐만 아니라 해당 기간에 상황이 어떻게 달라졌는지부터 파악해야 한다는 것이다.

그녀의 결론을 좀 더 일반화해보면 그 당시의 공식 마약 통계에는 분명 그 통계의 측정 대상인 현실보다 그것을 생산한 사람들의 업무 상황이 반영되었다는 점이 부각된다. 드플뢰르는 마약법 위반자들을 체포하는 데 전념한 특수 부서를 연구했다. 그 부서가 책임진 범죄의 심각성을 보여준 주요 척도는 체포 건수뿐이었는데, 체포 건수에는 실제 마약 사용 건수보다는 담당 경찰관들의 직업적 압력을 반영했다. 경찰관들의 체포와 이를 토대로 한 통계는 그것이 입증해야 할 현실과 무관했던 것이다.

## 지방 차원의 마약 통계 : 비전문적인 동네 경찰이 수집한 데이터

약 30년 후에 피터 모스코스Peter Moskos(하버드 대학 사회학과 대학원생)가 볼티모어 경찰학교에 들어가 교육을 수료하고 볼티모어 경찰서의 정식 경찰관이 되었다. 그는 대량의 마약 유통지로 잘 알려진 지역에서 1년 넘게 일했으며, 자신의 활동뿐 아니라 같은 지역에서 같은 활동을 하는 동료 경찰관들의 체포 건수를 토대로 통계를 취합했다. 체포한 경찰관들이 모두 비슷한 방식으로 활약하는 경우, 어떤 경찰관에게 체포된 사람이 다른 경찰관에게도 체포될 가능성이 있었다. 따라서 원칙적으로는 모든 경찰관이 마약 범죄에 대해 대략 비슷한 체포 건수를 올려야 했다. 물론 실제로는 그렇지 않았다. 모스코스의 연구(2008)는 드플뢰르의 연구와는 다른 상황을 토대로 경찰 통계 이면의 현실을 보여주며, 마약 통계로 입증될 수 있는 것에 대한 이해의 폭과 깊이를 더해준다.

모스코스는 (드플뢰르가 연구한 마약 특공대와 달리 마약 전문이 아닌) 지역 담당 부서에서 일상적인 치안 활동에 몰두했고, 그 덕분에 동료들의 활동에 따른 체포 데이터를 직접 입수할 수 있었다. 마약 체포 실적은 경찰관에 따라 천양지차였다. 마약 범죄 혐의로 수많은 사람을 체포한 경찰관이 있는 반면에 마약 체포 건수가 적거나 전혀 없는 경찰관도 있었다. 무엇보다도 모스코스는 그러한 분산의 원인을 우연의 일치나 요행 등의 요소에서 비롯되는 무작위 오차로 볼 수 없었다. 각각의 체포는 복합적인 상황에서 비롯되었다. 즉, 체포가 이루어지려면 많은 요소가 들어맞아야 했다.

모스코스는 요컨대 경찰관이 판단하기에 체포될 만한 짓을 저지르는 민간인을 볼 때 체포가 이루어진다고 설명한다. 그러나 모든 체포는 경찰관의 재량에 따라 이루어진다. 경찰관은 체포할 구실을 여러 가지 찾을 수 있으며 체포된 사람이 모두 마약 범죄에 연루된 것은 아니다. 또한 경찰관 개개인은 다양한 이유로 체포 대상자 중 몇몇을 추적하고 나머지를 그대로 놓아둔다. 통계에 반영되는 체포는 민간인의 경로가 경찰의 경로와 맞물릴 때, 즉 민간인의 행동이 체포될 만하다고 해석되며 경찰관이 업무 상황에 따라 체포할 명분을 얻는 순간에 이루어진다. 그러한 명분 없이는 체포가 불가능하다. 위의 체포 요건을 보면 개별 체포의 임의적인 특성이 부각된다. 상황은 항상 다른 식으로 끝날 가능성이 있었다.

경찰서 입장에서 체포는 (상관, 정치인, 신문사, 방송국에) 경찰이 범죄에 대해 모종의 행동을 취하고 있다는 사실을 입증하는 수단이다. 물론 경찰관은 마약 범죄가 아니더라도 주거 침입, 가정 폭력, 절도, 폭행, 풍기 문란 행위 등의 무수한 혐의로 사람들을 체포할 수 있다. 마약 체포는 경찰에 의한 다른 종류의 체포와 이목을 끌기 위해 경쟁해야 한다. 경찰관들은 달성하려고 하는 여러 가지 과제 중에 가장 중점을 두는 우선순위에 따라 표적들과 그들을 체포할 혐의를 선택한다. 모스코스는 1년여 동안 경찰 활동에 날마다 참여함으로써, 경찰이 어떤 식으로 가능성 있는 활동을 인지하고 활동할지 말지 결정하는지 알게 되었다(모스코스, 2008, 111~57).

경찰관 개개인은 치안 유지와 골칫거리 방지라는 즉각적인 문제를 해결하기 위해, 체포의 법적 근거를 마련해주는 여러 가지 책략을 활용하여 아주 사소한 혐의로도 사람들을 체포할 수 있다. 예를 들어 경찰관은 가정 폭력의 소지를 없애기 위해 어떤 가정의 남편을 풍기 문란 혐의로 체포할 수 있다. 아니면 길거리 검문에서 누군가가 신원을 밝히지 않으려고 하면, 자기 권위에 대한 도전으로 보고 처벌이 불가피하다고 판단하여 그 사람을 체포할 수도 있다. 그뿐만 아니라 경찰관이 보기에 마약 거래 같은 짓을 했을 것처럼 보이는 사람이라면 체포가 가능하다. 경찰관이 질문했을 때 성중하고 유순하게 대응하면, "아무 일도 아니군"이나 "신경 쓸 일이 아니네" 같은 결정에 따라 흐지부지될 수도 있다.

일부 경찰관에게는 이와 별도로 체포를 하거나 하지 않을 이유가 있다. 모든 체포에는 서류 작업이 수반되는데 경찰관에 따라서는 동네를 몇 시간 더 순찰하는 일을 선호하는 사람도 있다. 어떤 사건의 경우에는 경찰관이 재판에 참석하여 심리를 청취한 다음에 증언을 해야 하므로, 몇 시간에 대한 초과 근무 수당을 받을 수 있다. 가욋돈이 필요한 경찰관이라면 초과 근무 수당을 챙기기 위해 체포에 열심일 것이다. 반면에 개인적으로 따로 신경을 써야 하는 일이 많거나 추가 소득을 얻을 수 있는 경찰관이라면, 체포가 가능해도 간과하기 쉽다. 어떤 경찰관은 그냥 신경 쓰는 것 자체를 싫어한다. 체포에 필요한 시간은 사람에 따라 천차만별이므로 교대 근무 시간이 끝나갈 무렵에는 아무도 체포하지 않는 경찰관이 많다(모스코스, 2008, 121~28).

검사들은 여러 가지 이유로 특정 사건을 기소하려 하지 않는다(주어진 시간과 인력에 비해 처리해야 할 마약 사건이 많은 것이 그러한 이유 중 하나다). 그러한 사실을 잘 아는 경찰관들은 체포가 시간 '낭비'라고 판단하여 체포 대신에 할 수 있는 일들을 물색한다. (검사들이 기소를 거부하는 일이 많아) 마약 범죄율이 높은 관할 구역의 경찰관들은 마약 범죄율이 낮은 관할 구역과 비교할 때, 덜 중대하고도 입증하기 한층 더 용이한 혐의로 마약 사용자나 판매상을 체포하는 경향이 있다. 이러한 선호도는 실제로 저질러지는 범죄 건수와는 거의 무관하며 볼티모어의 지역별 마약 체포율에서 나타나는 인종 간 차이를 설명해주는 요소다 (모스코스, 2008, 128~36).

모스코스는 6개월 동안 자기 부서의 경찰관 각각이 달성한 체포 건수를 표로 작성했다. "같은 팀의 경찰관이라 해도 체포 건수는 사람에 따라 극명히 갈렸다[그의 부서 소속인 경찰관 13명의 체포 건수는 최대 77건에서 최소 4건으로 천차만별이었다]. 용의자에 근거한 변수가 (인종과 품행뿐만 아니라 미미한 범죄 전력까지도) 체포를 결정짓는 주요 요소라면, 같은 팀에 속하고 같은 경사를 상관으로 두며 같은 지역에서 같은 사람들을 단속하는 순경들에게서도 비슷한 체포 통계가 나오리라 예측할 수 있다. [그러나] 경찰 가운데 소수가 대부분의 체포를 담당한다(모스코스, 2008, 137)." 체포 건수가 직은 경찰관 일부는 적극적으로 활동해보았자 민원과 골칫거리만 발생한다고 말했다(142~45). 어떤 경찰관은 '카우보이 방식의' 치안 활동에 진력을 냈다. 그러나 간부들이 체포 할당량을 채우지 못한 경찰관에게 징계를 내리는 식으로 '생산성'을 강조할 때는 체포 건수가 많은 경찰관들조차 체포를 중단하며 그 결과 해당 부서의 체포율은 한층 더 하락했다. 모스코스는 자신이 관찰한 내용을 이렇게 요약한다. "통계 산출에서 마약 집중 지역의 마약 범죄는 교통 법규 위반과 비슷하다. 경찰관들은 교통 위반 딱지를 뗄 수 있을지 고민하지 않는다. 그들은 그저 교통 법규를 위반하는 사람만 찾아내면 된다. 교통 위반 딱지 건수에는 교통 위반의 분포보다는 경찰관의 존재가 훨씬 더 많이 반영된다. 마찬가지로 마약 집중 지역의 마약 체포는 경찰관의 존재가 증가할 때 크게 증가한다(156)."

이는 캠벨의 법칙Campbell's Law을 보여주는 사례다. 캠벨의 법칙은 통계 생산자에 대한 상벌을 결정하는 요소로, 통계를 활용할 때 나타날 수 있는 영향을 일반화한 것이다. "사회적 의사결정을 내릴 때 정량적 사회 지표(뿐만 아니라 일부 정성적 지표)를 많이 사용할수록, 사회가 부패 압력에 굴복할 가능성이 커지며 감시해야 할 사회 절차가 왜곡되고 부패하기 쉽다(캠벨, 1976, 49)."

드플뢰르와 모스코스의 결과를 종합하면, 우리는 체포 통계로 무엇이 측정되며 무엇을 입증할 수 있는지 좀 더 명확하게 이해할 수 있다. 마약 체포를 '경찰서의 다양한 행위자가 자신이 일하는 지역 사회에서 벌이는 몇 가지 계열의 행위가 수렴된 산물'이라고 생각해보자. 이와 같이 다양한 행위가 시간, 장소, 인력 측면에서 수렴될 때 체포가 일어나고 체포 당사자에 의해 공식 서류가 작성되어 어딘가에 보관될 가능성이 있다. 이 경우에는 나중에 다른 사람이 그 서류를 꺼내어 다른 서류와 함께 살펴보고, 해당 경찰관이나 팀의 공식적으로 확인된 체포 건수를 합산한다. 그다음 비슷한 종류의 보고서를 살핀 뒤, 해당 지역에서 경찰이 마약 관련하여 벌인 활동에 대해 공식적으로 확인된 요약본을 작성한다.

체포로 수렴되는 활동의 개별 단계가 마약 사용량으로 제공되는 최종 수치에 어떠한 영향을 끼치는지 확인하지 않은 채로, (즉 드플뢰르와 모스코스의 선례를 따라 관련 데이터를 확인하지 않은 채로) 이 같은 숫자를 마약 사용이나 마약 거래의 '실제 발생 건수', 즉 특정 기간에 마약을 사용한 사람의 숫자, 판매 건수, 연루된 사람들에 대한 정확한 요약으로서 무비판적으로 받아들이는 것은 과학적으로 중대한 실책이다.

우리는 과학적인 목적에서 그 같은 최종 수치가 실제 수치인지 확인해야 한다. 구체적으로 말하자면, 용의자를 체포한 경찰이 자기 실적을 보고하기 위해 채워 넣은 서류상의 숫자를 마약 사용 행위의 완벽한 지표로 보기보다는, (이 역시 확실하지는 않지만) 경찰 보고 사항의 완벽한 기록으로 간주해야 한다.

다시 말해 드플뢰르와 모스코스가 우리에게 제시한 데이터는 체포 건수의 보고에 한해서 경찰 활동의 지표로서 사용될 수 있음을 보여준다. 그러한 데이터에도 가치가 없는 것은 아니다. 그러나 거듭 말하건대 경찰 활동의 결과물을 그 지역 거주자들의 행위를 입증하는 증거로 보아서는 안 된다. 데이터를 그런 식으로 간주하기 전에 우리는 체포 기록이 어떻게 작성되고 '경찰 통계'의 일부로 전환되는지를 검증해야 한다. 우리는 이를 일련의 증거 항목을 수반한 법적 문제의 일종으로 볼 수도 있다. 이때 분석가는 증거의 출처를 확인할 수 없는 지점을 염두에 둔다. 그러한 지점이 있으면 해당 항목의 증거 능력이 흔들리기 때문이다. 그 같은 차이가 발생하면 그 온전함이 훼손되었을지도 모른다는 추정에 따라 입증 책임은 어떤 객체나 기록을 증거로 제시하는 사람에게로 넘어간다.

드플뢰르와 모스코스의 연구 결과를 종합한다고 해서 마약 사용의 원인을 규명할 수는 없지만, 그렇게 하면 분명 경찰서 통계 기록에 경찰 활동이 그런 식으로 반영된 '원인'을 일부나마 찾아내는 데 도움이 된다. 그러한 원인은 마약 중독의 원인은 물론 마약 밀거래의 개입 원인과도 일치하지 않으며 연관성은 있지만 별개의 것이다(마약 중독의 원인이나 마약 밀거래의 개입 원인에 대한 정확한 실상을 알고 싶으면 레드링거의 1969년 저작을 참고하라). 드플뢰르와 모스코스의 연구 결과는 우리에게 체포로 수렴되는 다양한 활동이 공식 체포 기록에서 '마약 체포' 표로 나타나는 통계 작성에 어떠한 영향을 미치는지 평가하는 수단을 제시한다. 그 같은 수치가 실제 마약 사용의 지표로 사용될 수 있을지 여부는 경찰관과 시민의 상호작용에서 최종적인 공식 기록에 이르기까지, 모든 단계에서 해당 수치가 어떻게 취급되는지에 달려있다.

# 사회학적 용도로 사용되는 조사 데이터

정부 기관이 범죄 활동과 관련된 지역에서 사회학적 관심사가 될 법한 사안들을 조사할 때가 있다. 국민은 상황에 따라 연구 목적으로 그러한 조사 기록을 조회하고 관심사를 연구하는 데 활용할 수 있다. 베이커와 포크너(1993)는 기업의 불법 공모 연구에 도움이 되는 기록을 찾아냈고, 이를 통해 대규모 전자 장비 기업들이 셔먼 반독점법에 따라 형사상 위법 행위인 제품 가격 담합을 할 수 있었던 메커니즘을 밝혀냈다. 그 이전에는 그러한 범죄를 연구하는 경제학자와 사회학자들이 시장 환경과 결과적인 공모 사이에 존재하는 메커니즘을 결코 해독할 수 없는 블랙박스로 간주하고 신경 쓰지 않고 있었다.

나는 베이커와 포크너가 공모자들의 행위를 규명하기 위해 고안한 복잡하고 멋진 이론을 장황하게 설명할 생각은 없다. 그보다는 그들의 한 가지 연구 활동에만 초점을 맞추고자 한다. 두 사람은 행위자의 '중심성 정도degree of centrality'라는 개념을 활용하여 행위자들의 범죄 활동과 향후에 진행된 반독점 재판에서 그들이 맞이한 결말을 성공적으로 규명했다. (관심 있는 독자들은 논문 전문을 읽어보면 궁금증을 해소할 수 있을 것이다. '중심성 정도'는 네트워크 이론에서 사용되는 기본 척도로서, 사람들이 집단 행위에서 담당하는 역할에 대해 증거를 제시할 수 있다. 이 경우에 중심성 정도는 '어떤 사람이 가격 담합 행위에 참여하는 것을 직접 목격한' 정도로 측정된다.

어떤 기업의 가격 담합을 목격한 사람이 많을수록 그 기업의 중심성 정도
가 커진다.) 베이커와 포크너에 따르면 그 같은 사안의 조사에는
다음과 같은 이유에서 크나큰 어려움이 따랐다고 한다. "이러한
불법 네트워크에는 중대한 이해관계, 대기업, 정부 구매자가 관
여했고 대부분 지역 사회의 기둥이자 엘리트 계층의 구성원인
기업 간부와 중역 수십 명의 경력과 명성이 걸려있었다(1993,
844)." 그러나 상원의 키포버 위원회Kefauver Committee가 전자 중장
비 산업의 가격 담합을 조사한 기록에는 그들이 필요로 하는 내
용이 담겨있었다.

키포버 위원회 보고서는 해당 위원회가 3개월 동안 전자
중장비 산업의 가격 담합에 대해 시행한 청문회 내용이 그
대로 기록되어 있다. 개별 증인은 자신과 타인의 가격 담합
행위 참여에 대해 증언했고 그 가운데는 개인 간 접촉, 직
접적인 교신, 공모 회의의 참석 날짜 등이 포함되었다. (중
략) 키포버 위원회는 대배심 의사록, 혐의 명세서, 미국 법
무부의 사실 각서, 그 이외 공모에 관한 기밀 정보의 주요
출처를 있는 그대로 조회할 수 있었다. 키포버 상원의원의
목표 중 하나는 공식 기록에서 가격 담합 행위의 구체적 정
보를 찾아내는 것이었다. (846)

그 덕분에 베이커와 포크너는 네트워크 이론의 내용에 대한 뛰

어난 증거를 찾을 수 있었다. 뛰어난 증거라는 까닭은 기록이 공모에 개입한 38명의 선서 증언으로 이루어졌기 때문이다. 그들의 증언에는 다른 사람의 행위까지 담겨있었기 때문에 연루된 사람은 총 78명이 되었고 운 나쁜 그들은 모두 선서 후에 증언했다. 그 같은 상황에서 거짓말을 하면 위증이 되며 향후에 받게 될 형량이 가중될 뿐이다. 따라서 개입된 사람들의 말을 사실 데이터로 받아들이고, 공모가 계획되고 실행된 회의에 누가 참여했는지에 대한 뚜렷한 증거로 볼 이유는 충분했다. 심문의 내용에는 회의 참석자들이 어떤 대기업의 다음번 입찰에서 장비 구매 계약을 어느 회사가 '따낼지' 논의한 날짜, 입찰을 '따낼 회사'가 얼마를 부르기로 결정했는지, 선택된 회사가 확실하게 계약을 따내기 위해 다른 회사가 입찰할 금액보다 얼마나 더 부르기로 했는지, 뿐만 아니라 개별 회의에 참석한 사람들의 이름, 소속 회사, 직위까지 모조리 포함되있다. 이러한 기록은 그 어떤 신중한 사람이라도 만족할 만큼 자세하고 (조사 대상이 거짓말을 할 경우에 받게 될 법적 처벌을 감안할 때) 정확한 데이터를 제공했다.

회의 참석자들의 구체적인 행위와 참여에 대한 데이터를 활용한 덕분에, 베이커와 포크너는 공모자들의 조직 결성과 범죄 행위 수행 방법에 관한 비밀 사회 이론, 소집단 이론, 조직 이론 등의 상충된 해석을 평가하고, 데이터를 정규 그래프 이론 graph theory(네트워크 연구에 활용되는 수학 이론)에서 비롯된 공식으로 처리하여 결과를 도출할 수 있었다.

이처럼 관습적이지 않지만 매우 정확한 대량 데이터를 통해 베이커와 포크너는 그 이전에는 학자들이 짐작만 할 수 있었던 이론의 가치를 평가할 방법을 얻었다.

근본적으로 기업 간 비밀 사회 조직은 합법적 기업들의 기저가 되는 효율 논리를 따르지 않는다. 효율은 합법적 네트워크 조직을 움직이는 반면에 비밀은 불법 네트워크 조직을 움직인다. 정보 처리 필요성이 낮은 불법 네트워크에서는 중앙 집권화 구조가 훨씬 더 효율적임에도 불구하고, 비밀 때문에 분권화 구조가 나타난다. 분권화는 고위 중역을 법적인 처벌 가능성으로부터 보호한다. 그러나 정보 처리 필요성이 높은 불법 네트워크에서는 고위 중역이 활동에 좀 더 적극적으로 참여해야 하므로, 분권화 구조가 훨씬 더 효율적임에도 불구하고 중장 집권화 구조가 나타난다. 중앙 집권화는 많은 정보가 필요한 공모를 추진할 수 있는 유일한 방법이다. 복잡한 결정을 비밀리에 내리려면 면대면 상호작용이 필요하기 때문이다. 그러나 이러한 구조에는 대가가 따른다. 중앙 집권화는 고위 중역의 법적 처벌 가능성을 높인다. (1993, 856)

베이커와 포크너가 활용한 데이터는 네트워크 이론 신봉자뿐만 아니라 대규모 조직을 연구하는 사람 누구에게나 짜릿한 흥분을 선사할 것이다. 두 학자의 사례는 연구자들이 그들의 데이터에 필적하는 품질을 지닌 데이터를 어디에서 찾을 수 있는지 알려준다.


## 학교 기록의 활용

제인 머서Jane Mercer는 1960년대 캘리포니아 리버사이드 학생들에 대한 심리적 낙인 효과가 생겨난 과정에 대해 기념비적인 연구를 남겼다(머서, 1973). 그녀는 아이들이 어떻게 해서 '정신 지체'로 낙인찍혔는지 조사하기 위해 (교사의 권고에서 심리학자가 시행한 지능 검사 결과와 특수 학급 배정에 이르는) 지역 학교의 기록을 활용했다. 무엇보다도 머서는 심각한 신체적, 지적 결함과 그렇게 낙인찍힌 학생들에게 따라다니는 문제를 위주로 한 심리적 의미가 아니라, 조직적 의미에서 정신 지체를 연구했다. 따라서 학교에서 그러한 문제가 있는 것으로 진단되고 그 후에 차별적 취급을 받은 학생들이 연구 대상이었다. 머서는 정신 지체 진단과 그렇게 낙인찍힌 학생들이 지닌 다른 특징 사이의 상관관계를 입증하기보다는, 정신 지체로 낙인찍힌 과정을 밝혀내기 위해 표와 수치를 사용한다. (이 책은 해당 문제 이외에도 많은 것을 다루고 있지만 나는 머서가 낙인 효과가 생겨난 과정의 결정적인 단계를 밝혀내기 위해 학교 기록과 그 이외에 연구 과정에서 수집한 자료를 활용한 방식에 초점을 맞춘다.)

머서는 학교 관계자에 의해 공식적으로 '지체아'로 규정된 어린이가 최종 진단에 이르기까지 거치는 여덟 가지 단계를 설명한다. 이러한 단계를 거치지 않는 어린이는 지체아로 규정되지 않는다. 여덟 가지 단계는 다음과 같다(머서, 1973, 96~123).

1. 해당 과정은 공립학교에 입학한 학생에 국한된다. 공립학교는 확고하게 '정신 지체' 판정을 내리는 인력과 관례가 존재하는 유일한 조직이다. 가톨릭 학교나 그 이외 사립학교에 다니는 어린이는 어떠한 징후를 보이든 간에 '정신 지체'가 되지 않는다.

2. 입학하는 순간 해당 어린이는 '평범한 학생'이 되어 학업 성적과 대인 관계에 대해 '끊임없이 점수가 매겨진다.' 예를 들어 드러나는 역량에 따라 여러 개의 독서반 중 하나에 배정된다. 일부 어린이가 '우수한' 학생으로 교사들에게 좋은 인상을 주어 특별한 관심을 받는 반면에, 나머지 학생들은 보충 독서반이나 그 이외 낙인찍힌 활동을 하는 집단에 배정된다(그러나 이러한 활동은 일시적이며 아직까지는 '평범한 학생'이라는 지위에 영향을 주지 않는다).

3. 교사들은 유급의 필요성과 '사회적 진급social promotion'을 선호하는 일반 방침 사이에서 균형을 맞추지만, 학생의 일시적인 성취도가 '유급'의 근거가 된다.

4. 어느 시점에 교사는 해당 학생에게 '특수 교육' 학급을 권고할 가능성이 있다(마찬가지로 눈에 띄게 영특한 학생은 '우등생'을 위한 속성 학급으로 이동하기도 한다). 이 시점까지 교사는 학생의 지위 변화를 주도하고 관찰 보고서를 작성하며 학생의 평판과 조직 배정에 변화를 유발하는 권고를 내리는 등 모든 결정적인 조치를 취한다. 그러나 그때 학교 교장이 넘겨받아 해당 어린이를 어느 학급으로 보낼지, 아니면 한 술 더 떠서 그 어린이를 '학생 인사과의 공인 심리학자'에게 보내어 평가와 진단을 받게 할지 결정한다.

이 시점까지 어린이들은 '우수', '평범', '지체' 등의 비공식적인 세 가지 범주에 분포되었다. 머서의 가장 중요한 연구 결과 중 하나는 주류 민족/인종 집단 출신 어린이 중 특별한 종류의 권고를 받은 어린이의 비중이 일반 학생 인구 중 권고를 받은 어린이의 비중과 다르지 않았다는 점이다. 비교적 유복한 가정과 백인, 라티노, 흑인 가정 출신 중에서 권고를 받은 어린이의 비중은 모두 전체 학생 인구 중 각자의 비중에 거의 비례했다. 여기까지는 민족적 격차가 진단 과정에 영향을 주지 않았다.

5. 민족적, 인종적 격차가 처음으로 드러난 시점은 심리학자들이 표준화된 어린이들에게 표준화된 진단 검사를 시행했을 때다. 검사 결과가 나오면 교내 심리학자들은 다른 어린이에 비해 유복한 백인 가정의 어린이(평균 지능지수보다 높지 않은 지능지수를 지닌 어린이)를 '평범'한 학생으로 규정하고 일반 학급으로 돌려보내는 경향이 있었다. 반면에 소수인종이나 소수민족(라티노와 흑인)에 속하는 어린이는 비슷한 지능지수라도 다른 어린이에 비해 특수한 취급을 요하는 경우로 진단되는 일이 많았다.

6. 그다음은 결정적으로 지체라는 낙인이 찍히는 단계다. 부모들에 의해 사립학교로 전학한 일부 학생은 그러한 낙인을 피할 수 있었으며, 백인 여자 어린이가 그처럼 모욕적인 낙인에서 벗어날 가능성이 가장 컸다. 사립학교는 교내 심리학자를 두지 않았기 때문에 검사를 시행하거나 진단을 내리지 않았다.

7. 다른 어린이들은 낙인에서 벗어나지 못했다. 그들은 'MR-mentally retarded(정신 지체의 약자)'이 된다. 이 시점에서 민족 집단 간의 큰 차이가 나타난다. 백인 어린이 중에서도 유복한 가정의 남학생은 원래 학급으로 돌아간 반면에, 나머지는 MR로 낙인찍혀 특수하고 차별적인 취급을 받았다. 머서는

다른 연도에 대해서도 학생 인구 대비 특수한 취급을 받은 학생의 비율을 확인했는데, 매년 검사받은 학생 집단에서 그러한 격차를 밝혀냈다.

8. 낙인찍기 과정의 마지막 단계는 졸업, 중퇴, 퇴학, 일반 학급 복귀 등을 통해 정신 지체라는 지위를 탈출하는 것이다. 흥미롭게도 그러한 식의 낙인 탈출은 사회적 특성의 작용이 아니라 임상적, 행동적 특성의 작용이었다. 비교적 신경학적 문제가 적으며 지능지수가 높은 학생들은 좀 더 용이하게 낙인에서 벗어났다.

머서는 "공동체의 공식 조직이 사용하는 진단 절차에 의해 제도화되고 정당화된 백인 중심주의가 공동체 내 정신 지체 낙인찍기에서 가장 흔히 관찰되는 패턴으로 보인다"는 결론을 내렸다 (1973, 120).

머서가 제시한 모든 단계는 학교가 직접 작성하고 보관한 기록에 근거했다. 그녀는 학교와의 관계 덕분에 모든 자료를 자유로이 열람할 수 있었다. 연구자에게 자신이 연구하는 조직의 관련 자료를 어디에서 찾을 수 있는지 일깨워주는 사례다.

그 이외에도 교훈이 있다. 머서는 그러한 기록이 존재한다는 사실을 알았을 뿐 아니라 기록을 작성한 사람들에게도 접근했다. 그 일에 대해 상세하게 설명하지는 않았지만, 그녀는 교사, 심리학자, 교장이 압력을 받고 있으며, 그러한 압력이 어떤 식으로든 학교의 일을 더 어렵게 만드는 이 일반적이지 않은 아이들을 다루기 위한 다양한 전략으로 이어진다는 사실을 알고 있었다.

한 가지 더 알아두어야 할 것이 있다. 낙인을 찍은 학교를 떠난 '지체아'들에게는 무슨 일이 일어났을까? 학교 활동에 대한 머서의 집중적인 연구는 리버사이드의 좀 더 큰 공동체를 대상으로 한 대규모 연구에서 구체화되었다. 그 덕분에 그녀는 학교에서 그런 식으로 낙인찍힌 후에 학교 생활을 마치고 성인이 되어 해당 공동체에서 살고 있는 사람들을 찾아낼 수 있었다. 낮은 지능지수에 흔히 수반되는 유형의 신경학적, 신체적 문제를 겪은 이들은 성인이 되어서도 고충을 겪었다. 그러나 심리검사만을 토대로 MR이 된 나머지 사람들은 "부모, 가정주부, 가장으로서 성인의 역할을 다하고 있었다. 그들의 사회적 세계는 가정, 이웃, 친구뿐만 아니라 일부의 경우에 교회를 중심으로 한다. 부족한 교육과 미국 사회에 대한 제한적인 경험에 갇힌 이들에게 활자는 존재하지 않는 것이나 마찬가지다. 그들은 표준적인 임상 척도의 질문에 대한 답은 알지 못하지만, 공동체의 사회 제도 안에서 낙인과 장애 없이 자신의 삶을 영위한다 (1973, 217)."

조직의 적절한 기록을 현명하고 합리적으로 활용할 때 어떠한 결과를 얻을 수 있는지 보여주는 사례다.

# 최소한의 데이터를 최대한도로 활용하는 법

정부의 정보 중 일부는 비교적 손쉽게 전체 인구를 대상으로 수집되지만, 기록되는 현상의 성격 때문에 연구자에게 연구할 거리를 제공하지 못한다. 이를테면 많은 연구자가 출생증명서에 담긴 정보가 적다는 사실을 깨닫고 연구를 포기해 버리곤 했다. 그러나 스탠리 리버슨은 달랐다. 그는 노련한 통계학자였던 터라 빈약한 데이터를 유익하게 사용하는 방법을 알았다. 그는 허버트 블루머(1951) 등의 학자가 정의한 기초 집단행동이론의 고전적 주제 중 하나였던 유행에 대해 연구하고 싶어 했다. 리버슨은 (훗날 나온) 이론적 분석 때문이 아니라 개인적 경험 때문에 해당 주제에 이끌렸다.

> 아내와 나는 관습을 따르는 부부다. 첫 아이가 태어났을 때 우리는 이름을 지어주었다. 그 당시에는 몰랐지만 다른 부모들도 우리가 딸들에게 지어준 이름을 선택했다. 곧 그 사실을 깨달았다. 우리 딸 레베카는 유치원 시절부터 거의 예외 없이 자기와 이름이 같은 또래 친구들과 마주쳤다. 내 흥미를 끈 것은 내 아내도 나도 우리가 그처럼 인기 있는 이름을 선택한다고는 전혀 생각하지 못했다는 사실이다. 우리와 다른 부모들은 서로 대화를 나누지 않고도 '독자적으로' 동시에 같은 선택을 내렸다. 하지만 그러한 선택은

독자석이지 않았으며 사회의 영향을 반영한 것임이 분명했다. '공기 중'의 무엇인가가 같은 선택을 하도록 다양한 부모들을 유도하는 것처럼 보였다. 사회학자인 만큼 나는 그 현상에 이끌렸다. 여느 사회적 취향과는 달리 레베카라는 이름의 인기에는 상업적, 조직적 관심사가 반영되어 있지 않았다. 전국 레베카 연합의 후원으로 다른 이름을 선호하는 이들을 비하하는 활동이 있었던 것도 아니고, 광고 활동이 이루어진 것도 아니었다. 레베카라는 이름의 인기 상승과 다른 이름의 인기 하락은 펩시와 코카콜라의 치열한 경쟁과는 성격이 달랐다. 월마트도, 니먼 마커스도 여아용 신생아복에 레베카라는 이름을 붙여서 홍보하지 않았다. 딸에게 레베카라는 이름을 붙인다고 해서 정해진 보조금을 받는 것도 아니었다. (리버슨, 2000, xi)

리버슨은 자신의 특이한 경험에 대한 설명을 제공할 법한 주요 이론 가운데 다수를 폐기했고, 더 나아가 자녀 이름의 선택에 대중 매체의 영향이나 계층 기반 관심사의 발달 등 외적, 사회적 힘이 작용함을 밝히려고 시도했던 나머지 이론도 폐기했다. 그는 다른 방향을 선택하기로 했고 그러한 외부 효과와 무관한 내적 메커니즘을 찾아 나섰다.

이름의 유행이 연구 주제로서 더할 나위 없이 적절한 이유가 있다. 유행하는 이름은 매우 짧은 기간에 바뀐다(1년마다 바꿔는 일이 상당히 일반적이다). 따라서 취향과 유행의 변화를 설명하는 데 일반적으로 제공되는 사회적 원인의 작용이 반영될 수 없다. 리버슨은 흔히 배우 마릴린 먼로의 인기 때문이라고들 하는 '마릴린'이라는 이름의 인기를 조사했고 이해하기 어려운 사실 몇 가지를 발견했다. 예를 들어 그 이름은 노마 진 베이커Norma Jean Baker(마릴린 먼로의 본명 – 역주)가 가명으로 사용하기 전에 인기를 끌었고 그녀가 스타가 되기 전에 이미 인기가 하락하고 있었다.

그뿐만 아니라 "우리의 이름 선택에 영향을 주는 상업적 활동은 전혀 이루어지지 않는다(리버슨, 2000, xiii)." 그렇기 때문에 이름은 순수한 형태의 유행 메커니즘을 연구하기에 이상적인 주제다. 리버슨은 그처럼 순수한 사례를 연구하기로 결정했다. 그가 설명하고자 하는 것에 영향을 끼치는 중요하고 사실상 유일한 요소는 유행 현상에 내재된 메커니즘의 작용이었다.

그러나 출생증명서에는 일반적으로 사회학자가 흥미를 느낄 만한 데이터가 많지 않다. 전혀 없지는 않지만 사회 계층, 계층 문화, 사회 이동성 등에 근거한 설명에 필요한 '관련 변수'로 간주할 만한 지표가 다양하게 포함되어 있지 않다. 출생증명서에 무엇이 기록되느냐는 그것을 발급하는 관할 구역의 요구 사항에 좌우된다. 신생아 이름, 출생 장소와 연월일, 부모의 이름(어머니의 이름만 기록될 때도 있지만) 등 일부 항목은 거의 보편적으로 나타난다. 모든 출생증명서가 그런 것은 아니지만 "인종,

민족, 어머니의 결혼 여부, 부모의 교육 수준(일반적으로 다른 특성을 통해 유추되는 특성), 연령(리버슨, 2000, 25)" 등 사회적 지위의 지표가 될 법한 항목들이 포함될 때도 있다. 천성적으로 모험을 즐겼던 리버슨은 유행과 취향의 역사적 변화에 대한 사례가 연구 주제로서 흥미롭다는 점뿐만 아니라, 활용 가능한 데이터의 부족으로 분석에 큰 어려움이 따른다는 점 때문에 그 주제를 선택했다. 물론 (출생증명서를 통해) 특정 연도에 미국에서 태어나는 모든 어린이의 이름 목록이 공개되며, (주에 따라) 그러한 목록에 대해 때로 1880년까지 거슬러 올라갈 정도로 철저한 시계열이 존재한다는 측면에서는 데이터가 풍부한 셈이다. 그 이외 몇 가지 특징 때문에 이름 데이터의 가치는 올라간다. 한 예로 이름은 일반적으로 (이따금씩 있는 특이한 경우를 제외하면) 영원히 변치 않는다.

게다가 이름이라는 사례가 특히 흥미로운 까닭은 자녀의 이름을 지은 이들이 제공한 정보를 기록하는 것 이외에는 데이터를 수집하는 사람이 다른 행동을 할 이유가 없기 때문이다. 이들에게 용지에 기록되는 정보에 영향을 끼칠 만한 업무상의 특전이나 다른 직업적 혜택이란 존재하지 않는다. (간호사나 그 이외 병원 직원이나 도시 기관의 필수 기록 담당자 같은) 기록 담당자는 부모가 자녀에게 무슨 이름을 붙이든 신경 쓰지 않는다. 그래서 출생증명서 항목 중에서도 리버슨의 주요 연구 주제인 이름은 어떠한 상황에서도 정확한 진실을 전달한다. 다시 말해 출생증명서의 해당 칸에 기재되는 순간에 그 항목은 아기의 이름이 된다. 그러므로 리버슨이나 다른 연구자가 무엇을 입증하려 하든 이름을 증거로 활용하는 것이 가능하다. 이름의 타당성이나 신뢰성은 결코 의혹의 대상이 되지 않는다. 출생증명서에 내 이름이 하워드라고 써있다면? 그것으로 끝이다! 내 이름은 하워드가 된다. (물론 항상 그런 것은 아니다. 내가 사람들에게 항상 하는 말이지만 어머니만 나를 '하워드'로 부르셨다. 나는 다른 사람들에게는 '하위'라고 불러달라고 요구한다.)

간단히 말해 출생증명서는 우리에게 특정한 사회적 정보(어떤 사람이나 사람들이 자녀에게 붙인 이름)의 전반을 이의를 제기할 수 없는 방식으로 전달한다. 사회학자들에게는 상당히 드문 상황이다. 그러나 다시 말하지만 그러한 절대적 신뢰성에는 큰 희생이 따른다. 출생증명서가 이름이라는 유용한 증거가 담긴 문서이긴 하지만, 그 이외에는 별다른 정보가 없기 때문이다. 출생증명서에는 사회학자들이 이론적인 이야기를 구성하기 위해 흔히 의존하는 정보 중에서 아주 극소수만 담겨있다. 리버슨의 실험은 사회학자가 그토록 적은 데이터로 얼마나 멀리 도달할 수 있는지, 빈약한 사실 정보로 무엇을 입증할 수 있는지, 그러한 정보가 어떤 종류의 이론에 증거 역할을 하는지 알려준다.

리버슨은 (내적인 유행 메커니즘이 이름의 분포에 변화를 초래하는 원인이라는) 주요 결론을 도출하는 과정에서 몇 가지 변화에 대해 외부 원인들을 고찰했지만 그 중요성을 낮게 보았다. 구체적으로는 '존 스미스 부인'에서 '제인 스미스 여사'에 이르는 여성의 호칭 변화는 분명 20세기에 일어난 여성의 사회적 지위 변화와 관련이 있다거나, 미국 흑인 어린이 사이에서 아프리카식이며 이슬람식의 독특한 이름 또는 새롭게 창조된 이름이 증가한 현상이 1960년대에 시작된 인종 관계 변화와 동시에 일어났다거나, (빌 게이츠와 빌 클린턴에서 알 수 있듯이) 정치인뿐만 아니라 기업 지도자들까지도 정식 이름보다 애칭을 사용하는 일이 늘어난 현상에 대해 고찰한 것이다(리버슨, 2000, 73~81).

그 같은 변화는 외부의 역사적 사건을 '원인'으로 하는 듯 보이지만 실제로는 원인이라고 하는 사건이 일어나기 전에 시작되는 일이 많다. 그 증거는 매년 이루어지는 전국적 이름 집계에 존재한다. 이는 (되도록 시계열 데이터를 통해) 제기된 인과관계의 타당성을 신중하게 평가하지 않은 채 임시변통식의 해석을 받아들여서는 안 된다는 리버슨의 조언을 확고하게 뒷받침하는 사례다. (그는 제2차 세계대전 이후에 모자를 착용하는 남자의 숫자가 급감한 현상에 대해 열한 가지 상충되는 '해석'을 인용한 다음에 그 모든 해석이 '입증되지 않았으며' 대부분 명백한 엉터리라는 것을 밝혀낸다 [리버슨, 2000, 82~83].) 일반적으로 출생기록이라는 증거에는 "(한 해에 신생아에게 가장 많이 붙여지는 20개 이름을 지닌 신생아의 비율로 측정되는) 이름의 집중도와 특정 연도의 신생아 이름과 그 5년 전 이름의 연속성에 대한 외부적, 사회적 발달상의 영향은 전무하다(84)." 예를 들어 백인 아기들보다 흑인 아기들에게 (특정 연도의 전국적인 출생 기록에 한 번만 등장할 정도로) 더 독특한 이름이 붙여지지만, 흑인 아기 대다수의 이름은 흑인이 아닌 아기의 이름과 마찬가지로 매년 변화를 보인다. 극소수만이 독특한 특징으로 구별된다.

마찬가지로 (리버슨의 도표 3.9에서 나타나듯이) 남아의 이름도 해마다 뚜렷한 변화를 보이지만 여아의 이름은 그보다도 더 큰 변화를 보인다(2008, 89). 다른 경우와 달리 이처럼 중요한 차이의 원인에 대해서는 그 어떠한 임시변통적, 역사적인 해석도 이루어지지 않고 있다.

리버슨은 시계열 출생 기록이라는 한층 더 방대한 증거로 뒷받침되며 그 자신의 표현에 따르면 '내적 메커니즘internal mechanism'에 근거한 해석을 제안한다. 내적 메커니즘은 특정한 역사적 사건과는 무관한 과정을 통해 변화를 일으키는 기제다. "내적인 취향 메커니즘은 사실상 모든 취향 변화에 내재된 구성 요소다(2000, 91)."

내적 메커니즘은 (나를 비롯한) 다른 학자들이 '과정process'으로 부를 법한 것으로서 순서대로 이루어지는 사건을 뜻한다. 과정의 각 단계에서는 다양한 투입이 이루어지며 이는 일종의 산출을 만들어낸다. 산출의 성격은 투입이 무엇이냐에 좌우되며 과정은 그와 관련해서는 중립성을 유지한다. 우리가 (또는 역사가) 무엇을 투입하든 돌아간다는 뜻이다. 결과적으로 산출의 구체적인 특성을 제대로 예측하기란 불가능하다. 산출은 투입이 무엇이냐에 좌우되는데 투입은 어떤 과정이 다른 과정으로 되풀이될 때마다 달라질 수 있다. (나는 이러한 견해에 대한 내 해석을 2014년 글에서 소상하게 설명한 바 있다.)

리버슨은 여러 가지 내적 메커니즘을 밝혀낸다. 그 모든 메커니즘에 관심 있는 사람은 그의 저서를 읽어보도록 하라(관심이 없다고 해도 읽어야 한다. 사회학적인 사고에 반드시 필요한 내용이다). 나는 그러한 종류의 해석에 대한 맛보기도 제공하고, 출생증명서의 내용처럼 미흡하고 간단한 데이터도 창의력만 발휘하면 유익하게 활용할 수 있다는 통찰을 전달하기 위해 그중 한 가지 메커니즘에 초점을 맞추겠다.

리버슨은 가장 중요한 내적 메커니즘이 '유행'이라고 보았다. 유행이라는 과정의 원동력으로서 이름의 변화에서 드러난 특징적인 패턴을 만들어내는 것은 '톱니 효과ratchet effect'이다. 유행 과정은 어떻게 시작하든 나중에는 톱니 효과에 따라 돌아간다. 인구 중 일부 집단은 "그저 새롭다는 이유 또는 낡은 것이 지겨워지거나 흔해졌다는 이유만으로 새로운 것을 원한다(2000, 92)." 그러다가 새로운 것이 지겨워지거나 흔해지면 사람들은 대체할 것을 찾으며 이런 과정은 반복된다. 변화는 다른 변화의 자극제 역할을 하므로 계속해서 일어난다. 변화를 추진하는 데는 역사적이고 외적인 사건이 필요하지 않다. 변화 자체가 새로운 변화의 필요성을 만들어낸다. 유행은 "다른 외적 변화 없이 추가적인 변화를 일으키는 메커니즘(93)"이다.

그 과정은 다음과 같은 식으로 돌아간다. 해마다 특정 분야의 일부 품목은 '한물간 것'이 된다. 사람들은 그러한 것을 보거나 듣는 일에 진력을 내며 새로운 것을 보고 싶어 한다. 일부 시계열(리버슨은 여성용 의복의 허리 치수가 장기적으로 어떻게 변화했는지 조사한 크뢰버[1919]의 데이터를 사용했다)에서는 특정한 특성이 오랫동안 한 방향으로만 움직이다가 반대 방향으로 움직이고 나서 다시 역행한다는 식의 반복이 이루어진다는 사실이 명백히 드러난다. 그는 이를 '톱니 효과'로 불렀고 그 원인을 두 가지로 설명한다. "일반적으로 새로운 취향은 기존 취향을 바탕으로 한다. 가장 큰 인기를 끄는 취향은 적당히 변형된 기존 취향이다. (중략) [따라서 그 당시에는 두드러진 변화처럼 보일지 몰라도] 1년 동안 이루어지는 변화는 적당한 편이다." 그러나 그런 다음에는 오래된 유행이 점점 더 시대에 뒤처진 것처럼 보이므로 변화는 현재의 유행과 거리를 두기 위해 계속해서 같은 방향으로 일어난다. 결국 그러한 움직임은 방향을 바꾸게 되어있다. 여성의 허리를 무한정 압축할 수는 없다. 그러나 방향의 전환이 과거와의 유사성으로 말미암아 소비자들에게 혼란을 초래하지 않도록 변화는 (이를테면 치마 길이 같이) 다른 특성의 현저한 변화를 수반하며 낡은 유행은 새로운 유행으로 다시 도입되기도 한다(리버슨, 2000, 93~93). 해당 장의 나머지 부분에서 리버슨은 출생증명서의 데이터를 이름의 첫 글자와 끝 글자 발음 변화(예를 들어 1950년 이후에는 H로 시작되는 남아 이름이 유행하지 않았다)나 (라

틴어, 그리스어, 히브리어 등) 이름의 유래 언어 변화 등 몇 가지 특성 변화에 관한 해석의 근거로 활용한다.

리버슨은 역사적 외부 변수가 성경에 나온 이름을 붙이는 빈도에 상대적으로 큰 영향을 끼치지 못했음을 입증하는 유력한 증거를 찾아냈다(2000, 107~11). 1918년부터 1987년까지 (그가 자주 출처로 삼았던) 일리노이에서 성경 이름을 지닌 사람의 비율이 상승한 까닭이 신앙심 때문이라면, 그러한 비율 상승과 교회 출석률을 비롯한 그 이외 신앙심 척도 사이에도 상관관계가 성립해야 한다. 그러나 그 두 가지 수치의 도표에는 상관관계가 나타나지 않는다. 잉글랜드와 웨일스에서도 그보다 훨씬 더 오랜 기간(1800~1985년) 이름 데이터와 교회 출석률 사이에 상관관계가 없었다. 종합 사회 조사General Social Survey의 데이터에서도 아기에게 성경 이름을 붙여주는 것과 부모의 교회 출석률이나 신앙심 강도 사이에는 그 어떠한 연관성도 없음이 드러난다.

리버슨의 저서는 계속해서 다른 여러 가지 내적 메커니즘과 그 결과를 규명하는데 그 부분의 재미와 유익함을 추구하는 것은 독자의 몫으로 남겨두겠다.

리버슨은 우리에게 빈약한 데이터를 중요한 사회학적 아이디어의 근거로 활용하는 본보기를 제시한다. 그리고 해당 데이터가 빈약했을지라도 리버슨에게 큰 도움을 준 까닭은 데이터를 수집한 사람들에게 부모가 말한 이름을 그대로 적어 넣는 것 이외에는 다른 행위를 할 이유가 전혀 없기 때문이다.

정부 직원이 수집하는 데이터는 우리 주변에 널려있는 만큼, 우리는 비교적 적은 비용(대부분 복사와 분석 준비를 하기 위한 비용)으로 구하기 쉬운 정부 데이터를 활용하려는 유혹을 느끼기 쉽다. 그러나 해당 데이터를 수집하는 사람들은 각자의 이유에서 그 일을 수행하는데 그러한 이유가 모두 공식적인 취지, 즉 쓸모 있는 사회 과학 데이터를 만든다는 취지와 일치하지만은 않는다. 다른 이유로는 상사나 국민에게 자기들이 '할 일을 하고 있다'는 증거를 제공하는 것, 여론에 영향을 주는 것, 자신의 업무를 원활하게 하기 위해 다른 직원들과 순탄한 관계를 유지하는 것 등이 포함된다(그러나 이에 국한되지는 않는다). 이 같은 이유 모두가 정보의 유용성에 영향을 줄 수 있다. 따라서 신중한 연구자라면 어떤 출처에서 얻은 데이터라도 꼼꼼하게 확인한 다음에 연구에 활용해야 할 것이다.

동시에 데이터가 형성되는 상황의 요소가 사회학적으로 흥미로운 일들을 규명할 기회를 제공한다는 사실을 명심하라. 경찰 통계는 범죄에 대해서는 경찰의 주장과는 달리 신뢰도가 상당히 떨어지는 정보일지 몰라도 경찰 활동의 몇 가지 측면을 알려준다는 점에서 유용하다. 다른 종류의 업무 상황에서 이루어지는 정보 수집 행위와 비교해볼 수 있는 부분이다. 그것이 어떠한 결론에 이를지는 당신도 짐작할 수 있으리라 본다.

# 6장

# '고용인'과 비과학자가 수집하는 데이터

# 사회적 고립 소동

미국이 2010년대로 이동하던 때에 사회학자들은 미국에서 사회적 고립이 심화된다고 보고, 이를 우려하며 논의하기 시작했다. 로버트 퍼트넘Robert Putnam의 잘 알려진 저서 《나 홀로 볼링 Bowling Alone》은 이러한 현상을 국가적인 담론의 주제로 부각시켰다. 맥퍼슨, 스미스-러빈, 브래시어스(2006)는 종합사회조사(원래 매년 이루어지다가 나중에는 2년에 한 번씩 이루어지고 있으며 국립과학재단이 비용을 대는 조사. 명성과 평판을 자랑하며, 시카고 대학 교정에 자리 잡은 국립여론조사센터가 시행한다)의 데이터를 이용하여 그 문제를 다루었다. 이들의 보고에 따르면 면담 대상이 중대사를 상의한다고 언급한 사람들의 숫자가 크게 감소했다고 한다. 다음은 그처럼 놀라운 데이터를 생산해낸 '이름 대기name generator' 질문으로서 (표현 방식을 눈여겨볼 필요가 있으므로) 355페이지부터 전체를 인용하겠다.

- 대부분의 사람들은 가끔씩 남들과 중요한 일들을 상의합니다. 지난 6개월을 돌이켜볼 때 당신이 중요한 일을 상의한 사람들은 누구인가요? 이름이나 이름 첫 글자만 알려주세요.
  (언급된 이름이 5개 미만이면 이렇게 질문하라. 다른 사람은 없습니까?)

- 당신이 방금 언급한 사람들 간의 관계에 대해 생각해보세요. 그중 몇 명은 길에서 마주치더라도 상대방을 알아보지 못할 정도로 전혀 모르는 사이일 겁니다. 아니면 서로 가까운 사이일 수도 있고, 어쩌면 당신과의 관계보다 더 각별한 사이일 수도 있습니다. 그들은 서로 얼마나 가까운 사이입니까?
  (보충 질문: 그들은 당신과의 사이보다 더 가깝습니까?)

그런 다음에 해당 조사의 면담자들은 응답자가 중요한 일을 상의한다고 이름을 댄 사람들의 인구 통계학적 특성에 대해 질문했다. 성별, 인종, 교육 수준, 연령, 응답자와의 관계에 대해 물은 것이다. 그리고 나서 면담자는 관계의 성격에 대해 파고들었다.

- 사람들은 몇 가지 방식으로 남들과 연결되며, 어떤 한 사람이 당신과 여러 가지로 연결되어 있을 수 있습니다. 예를 들어 어떤 남자는 당신의 남자 형제이면서, 같은 교회에 다니고, 당신의 변호사일 수 있습니다. 제가 이름을 대는 사람과 당신이 어떤 식으로 연결되어 있는지 알려주세요. (이름)은 당신과 어떤 관련이 있는 사람입니까?
  (보충 질문: 다른 식으로는 어떤 관련이 있습니까? 선택지 카드에는 다음과 같이 제시되었다: 배우자, 부모, 형제자매, 자녀, 기타 가족 구성원, 동료, 모임 구성원, 이웃, 친구, 조언자, 기타.)

종합사회조사는 1985년과 2004년 두 차례에 걸쳐 이 같은 질문
을 던졌고, 그 기간에 응답 내용은 대폭 바뀌었다. 이번에도 나
는 결과를 매우 극명하게 보여주는 논문 초록을 상당 부분 인용
하겠다.

미국인의 핵심 상의 네트워크core discussion network는 지난 20
년 동안에 변화했을까? 1985년 종합사회조사는 미국인들
이 중요한 문제를 상의하는 측근 인물에 대해 전국적으로
대표성 있는 데이터를 수집했다. 2004년 조사에서는 핵심
상의 네트워크 구조의 사회적 변화를 측정하기 위해 그러
한 질문을 되풀이했다. 그 결과 2004년의 상의 네트워크
는 1985년에 비해 줄어들었다. 중요한 문제를 상의할 사람
이 전혀 없다고 응답한 이들의 숫자가 세 배 가까이 증가했
다. 평균 네트워크 크기는 1985년에서 2004년까지 2.94에
서 2.08로 3분의 1 정도 줄어들었다. 2004년 최다 빈도 응
답은 측근 인물이 전혀 없다는 응답이다. 1985년의 최다 빈
도 응답은 세 명이었다. 지난 20년 동안 친족인 측근 인물
과 친족이 아닌 측근 인물 모두 감소했지만, 친족이 아닌
관계가 더 크게 감소했다. 이는 배우자와 부모를 위주로 한
상의 네트워크가 늘어났으며 자발적인 교제와 동네를 통
한 접촉이 줄어들었음을 보여준다. 대다수는 자신과 비슷
한 사람들과 밀접하게 교류하고 있다. 일부 변화는 미국의

인구 통계학적 변화를 반영한다. 사회적 관계의 교육적 이질성heterogeneity이 감소했고 인종적 이질성은 증가했다. 해당 데이터는 사회적으로 고립된 사람의 숫자를 과대평가하고 있을지도 모르지만, 그와 같은 네트워크 축소는 미국의 중요한 사회적 변화를 반영한다. (맥퍼슨, 스미스-러빈, 브래쉬어스, 2006, 353)

이러한 결과는 휴대전화와 인터넷이 미국의 사회 구조에 일으킨 변화에 대한 상당한 논의와 우려 표출로 이어졌다. 회의주의자 상당수는 너무 놀라워 사실로 믿을 수 없다며 결과를 다른 식으로 해석하려고 했다. 그들은 이런 결과가 역사적으로 중요한 변화의 불가피한 특징이 아니라 결과를 도출하는 과정에서 인위적인 요소가 있기 때문이라고 믿었다. 예를 들어 특정 응답자가 특이한 성격 때문에 중요한 일을 상의할 만한 사람의 숫자를 그처럼 놀랄 만큼 적게 말해서, 해당 결과가 나왔는지 규명하려 했다.

나중에 알고 보니 이들은 대상을 잘못 짚은 것이었다. 그들보다도 훨씬 더 회의주의적인 연구자 앤서니 백Anthony Paik과 케네스 샌처그린Kenneth Sanchagrin(2013)은 그 이례적인 결과의 원인을 파악하기 위해 종합사회조사 데이터를 꼼꼼하게 재분석했다. 두 사람은 (응답자가 아니라) 면담자의 특성을 조사했는데, 그처럼 놀라운 결과가 종합사회조사 면담자 중 소수 때문일 수도 있다는 결과를 얻었다. 면담자들은 응답자들이 평소에 중요한 문제를 상의한다고 한 사람들의 이름을 많이 댔을 때는 추가 질문에 시간을 들이지 않으려 한 것으로 보였다. 아니면 그들은 많은 사람에 대해 같은 질문을 되풀이하는 일이 지루하거나 민망하다고 생각했을지도 모른다. 그들이 왜 그랬는지는 알 도리가 없다. 아무도 그 이유를 묻지 않았기 때문이다. 그래서 백과 샌처그린은 그 대신에 (해당 사례의 성격상 추측을 뒷받침할 데이터가 없었으나) 응답자들이 '여과 질문filter question(불필요한 조사 대상자를 제외하기 위해 하는 질문 – 역주)'에 대해 '너무 많은' 이름을 대기 시작하면, 일부 면담자들이 (급한 마음에) 응답자들의 말을 재빨리 중단시켰으리라 추측했다. 실제로 응답자들이 사회적으로 고립된 사람들이었을 수도 있다. 그러나 그것은 국립과학재단이 돈을 댄 본격적인 연구가 아니라 짐작에 불과했다.

어떻든 면담자 상당수는 응답자들에게서 여러 사람의 이름을 문제없이 얻어냈지만, 면담자 중 일부는 통계적으로 특이할 정도로 적은 이름만 받아냈다. 그들 응답자의 공통점이라고는 소수의 하위 집단으로 구성된 면담자들을 상대했다는 것밖에는 없었다. 이 응답자들은 가까운 사람들의 이름을 매우 적게 대거나 많은 경우에 전혀 대지 않았다. (통계적으로) 추가 질문을 묻는 사람들이 그처럼 적으면 분명 면담을 마치는 데 드는 시간이 줄어든다. 연구자들을 깜짝 놀라게 한 수치가 산출될 정도로, 적지 않은 면담자가 꽤나 자주 보충 질문을 던지지 않았던 것이다.

이와 같이 사회적 고립의 심화는 가공물이었고 일부 면담자가 어떤 이유에서든 해야 할 질문을 전부 하지 않았던 결과였다. 면담자들은 면담 대상에게 중요한 일을 상의할 수 있는 사람들의 이름을 요청할 때, 그 사람들 각각이 누구이며 면담 대상과 어떠한 관계인지에 대한 추가 질문을 해야만 했다. 하지만 이런 과정을 여러 차례 거듭하다 보면 많은 시간이 든다. 내가 입수한 문서로는 면담자들이 면담 건당 돈을 받았는지 알 수 없지만, 정황상 그랬을 가능성이 커 보인다.

사회 과학이 증거로 활용하는 데이터를 수집하는 사람들(과 조금 후에 나오는 이야기에 등장하는 사물들)의 일부는 데이터의 정확성을 추구해야 할 개인적 이해관계가 없다. 그들은 개인적인 이유에서 데이터 수집 활동에 참여하지만, 그들이 수집하는 데이터의 정확성은 그 이유에 들지 않는다. 우리가 아는 바로는 데이터의 정확성은 그들이 중시하는 것에 영향을 끼치지 못하기 때문이다. 그 결과 남들을 설득하기 위해 데이터를 이용해야 하는 사회 과학자들은 그 데이터를 어떤 아이디어에 대한 증거로 제시할 때 문제를 겪는다. 사리사욕 때문에 혹은 면담자들의 집중력과 에너지가 분산되는 바람에, 정보의 과학적 가치가 보장되지 않기 때문이다. 그들은 우리만큼 면접 조사 응답에서 비롯되는 정보의 정확성이나 타당성에 신경을 쓰지 않는다. 이런 사람들(과 사물들: 우리는 곧 인간이 아닌 협력자들에 대해 알아볼 것이다)은 다양한 형태로 나타난다.

## 자발적인 데이터 수집자: 자기 자신에 대한 데이터를 제공하는 사람들

우리는 (연구의 종류와 상관없이) 어떤 사람(정보원, 응답자, 면접 조사 대상, '관찰'되는 사람 등)이 자신이 한 행위나 특정 상황에 대해 생각하는 바를 전달하는 내용으로 이루어진 데이터가 얼마만큼 많은지 깨닫지 못하거나 별 의미를 두지 않을 때가 많다. 여기에는 몇 가지 예외가 있다. 연구자들이 관심 있는 사건이 일어나는 현장에 있어서 직접 그 일을 관찰할 때는, 다른 사람에게서 무엇을 보고 들었는지 이야기를 들어보아야 함에도 그러지 않는 성향이 있다. (이는 다음 장의 수제이기도 하다.) 또한 5장에서 다룬 출생증명서와 같이, 해당 사건이 흔적을 남길 때는 지질학적 사건이 남기는 흔적과 비슷한 사회 데이터가 생산된다(단, 지질학적 사건의 흔적은 직접 정보를 전달하지 않으므로 이 경우에도 우리는 제3자의 처분에 의존해야 한다).

연구에 참여하기로 동의한 사람들이 스스로 면담자 역할을 하는 일은 많다. 오히려 다른 사람이 면접 조사 일정표를 소지한 채로 그들에게 접근하여 정보를 요청하는 일은 드물다. 그들은 용지에 적힌 질문을 읽고 답을 표시하거나 써넣을 뿐이다.

"지난번 생일에 당신은 몇 살이었습니까?" "당신은 몇 학년에 학업을 마쳤습니까?" "결혼한 상태인지, 사별했는지, 이혼했는지 알려주십시오." 거의 모든 조사 도구에 그처럼 일반적인 '배경 변수background variable'에 대한 질문이 포함된다. 그뿐만 아니라 질문을 용지에 기입한 사람들은 답을 채워 넣을 이들이 답을 알고 있으며 정확한 답을 제공하리라 예상한다. 그 이외에도 흔히 나오는 질문으로는 사회 계층의 지표(아버지의 직업이 지표로 자주 이용된다)나 정치적 현안에 대한 관점(예를 들어 "대마초 사용의 합법화에 찬성하십니까?")이나 앞으로의 활동("다음 대선에서는 누구에게 투표할 계획입니까? 아래 목록에서 답을 선택해주십시오.")을 묻는 질문이 있다. 어떤 질문은 응답자가 이미 한 일에 대해 묻는다. "지난해에 미술관을 몇 번 방문했습니까?"나 오페라나 교향악단 공연 관람 횟수, 동네 도서관에서 책을 대여한 횟수 등을 묻는 질문이 그에 해당한다(교육 수준이나 사회 계층과 관련된 기타 척도에 따른 예술 후원 정도를 측정하는 질문이 대개 이런 형식이다). 연구자의 관심사에 따라 거의 모든 것이 설문 항목이 될 수 있고, 질문은 누구나 답할 수 있으면서 대다수가 답을 내놓을 수밖에 없는 형태를 취한다(단, '맞지 않는' 답을 내놓는 사람들이 들어갈 잔여 범주residual category는 항상 존재한다).

실제 면담자가 질문을 하는 형태일 때도 면접 조사 대상이 직접 데이터를 수집한다고 보는 편이 타당하다. "지난해에 몇 번이나 영화를 보러 갔습니까?"라는 질문을 받으면 면접 조사 대상은 자신의 활동을 돌이켜보면서 자신이 본 영화 편수를 세거나 그보다 더 흔하게 대략적인 편수를 짐작한다. 이러한 방식은 이를테면 면담자가 물적 증거를 토대로 좀 더 정확한 답을 얻을 수 있도록, 면담 대상에게 영화관에 갈 때마다 영화표의 반쪽을 보관해달라고 요청하는 것과는 대조적이다.

면담자의 질문에 답하는 사람들은 과연 (자신의 행동에 대해) 얼마나 정확한 데이터를 수집할까? 우리는 (앞부분에서) 결함 있는 데이터를 제공하는 사람들의 사례를 살펴보았다. 로이스 딘이 연구한 노조원은 월간 노조 회의에 참석한 횟수를 허위로 보고했으며, 월린과 월도가 직함을 토대로 사회 계층적 지위를 측정하기 위해 연구했던 어린이들은 자기 아버지의 직업에 대해 충분한 정보를 제공하지 못했다(아니면 최소한 그렇게 하지 않았다).

이 두 가지 사례에서 나는 데이터를 실제로 제공한 사람들보다 더 정확한 데이터를 얻는 방법을 쉽사리 생각해낼 수 있었다(나뿐만 아니라 사실상 누구나 가능한 일이었다). (이 책의 첫 부분에서 다루었듯이) 연구 대상인 어린이들이 아버지의 직업을 알지 못하거나 연구자가 코딩할 수 있는 방법으로 답하지 못하면, 면담자가 아버지에게 물어볼 수 있다. 신뢰가 가지 않는다면 그 사람의 직장을 알아내어 실제로 무슨 일을 하는지 직접 확인할 수도 있다. 자녀의 양육된 문화를 유추할 사회 계층 지표로 아버지의 직업을 활용하려 할 경우, 연구자는 계층과 문화를 연동하는 작업을 생략한 채로 곧바로 그 가족이 사는 곳으로 가서 현장에서 자녀가 경험하는 가족 문화를 관찰할 수 있다. (8장에서 자세히 알아보겠지만) 아네트 라루Annette Lareau(2003)는 중산층과 근로자 계층 어린이의 양육 경험을 비교 연구하기 위해 이와 같이 현장에서 관찰했다. 물론 그렇게 하면 대규모 분석 표본을 얻기가 어려워지며 연구자 대다수가 감당할 수 없을 정도로 많은 돈과 시간이 든다. 그러나 정말로 답을 알아내고 싶고 신뢰도 높은 증거가 될 데이터를 얻고 싶다면, 그런 식의 연구를 고려해보아야 한다. (3장에서 알아보았듯이) 세바스티앙 발리바르가 연구용 냉장고의 온도를 절대 0도(켈빈 0도)로 떨어뜨리기 위해 어떠한 수고를 했는지 기억하라! 과학이 요구하는 정확성은 손쉽게 얻어지지 않는다.

로이스 딘(1958)은 지난 1년 동안의 노조 회의 참석 횟수를 물었을 때 '기만'하는 (즉, 부정확한 횟수로 답하는) 노조원을 파악하기 위해서, 모든 노조 회의에 참석하여 직접 확인하고 누가 참석했는지 기록한 동료의 현장 일지를 비교하여 좀 더 정확한 수치를 얻어냈다. 이 역시 더 큰 비용이 들지만, 다른 유형의 연구 전략과 조직이 필요한 연구 형태다. 그러나 (3장에서 살펴보았듯이) 프랑스의 토양학자들이 정확한 수치를 얻기 위해 브라질에서 어떠한 고생도 마다하지 않았다는 것을 기억하라.

## 문화 자본의 계층 간 차이에 대한 부르디외의 연구

데이비드 핼리David Halle(1993)는 면접 조사 대상에게 데이터를 요청하는 것과 연구자가 현장으로 가서 직접 수치를 산출하는 것의 차이를 밝혀내기 위해 상당히 정교한 검증을 거쳤다. 그는 피에르 부르디외가 제시한 문화적 자본cultural capital 이론의 타당성에 의혹을 품었다. 특히 사회 계층별로 '쉽게 좋아할 수 있는' 인상파 시각 예술(부르디외는 피에르-오귀스트 르누아르를 예시로 들었다)이나 바실리 칸딘스키의 '좀 더 난해한' 추상화를 감상하는 식으로 예술적 취향에서 상당한 차이가 난다는 부르디외의 주장에 동의하지 않았다. 부르디외는 칸딘스키의 그림을 즐기는 척이라도 할 수 있는 능력은 사회 계층이 높은 사람들에게 자신의 사회적, 문화적 우월성을 과시하고 강화할 수 있는 수단('문화적 자본')이 된다고 주장한 바 있다.

그 이전에도 스탠리 리버슨(1992)이 (부르디외[1984]를 인용하면서) 부르디외가 자기 이론을 실증적으로 뒷받침하기 위해 제시한 조사 데이터에 심각한 결함이 있음을 지적한 바 있다.

부르디외는 그러한 계층적 차이가 존재한다는 주장을 일관되게 펼쳤다. 그는 현대 미술과 구시대 미술의 선호도를 잣대로 하여, '지식인' 또는 '좌안Left Bank(파리 센 강을 기준으로 왼쪽으로 주로 진보적인 지식인이 활동하는 지역-역주)'의 취향과 부르주아 또는 '우안Right Bank(파리 센 강을 기준으로 오른쪽으로 전반적으로 보수적이고 부유한 사람들이 거주하는 지역-역주)'의 취향을 비교했다(p.292, pp. 267, 304, 341). 부르디외에게 각각 칸딘스키와 르누아르에게 이끌리는 성향은 취향의 계층적 차이를 보여주는 본보기였다(p.292). 그는 무엇으로 그러한 주장을 입증했을까? 그는 이해하기 어려운 도표들(부르디외, 1984, 도표 11, 12, 13, pp.262, 266)로 르누아르에 대한 선호도를 보여주었지만, 이 난해한 책에는 좌안과 우안 인구의 취향을 직접적으로 비교할 수 있는 교차표 같이 이해하기 쉬운 정보가 담겨있지 않다. 부르디외는 부록 3의 표 A.2로 그들의 취향을 보여주었지만 부분집합별 상세한 정보는 제공하지 않았다. 그러나 이러한 한계를 감안하고 수록된 표만 보더라도, 르누아르를 가장 좋아하는 화가 셋 중 하나로 꼽은 사람들이 중산층의 51%이며 상류층의 48%인데 비해, 근로자 계층의 49%라는 것을 알 수 있다. 나는 유의미성 검증에 대한 질문은 하지 않겠다. 그러나 근로자 계층과 상류층의 1% 포인트 차이는 이론을 탄탄하게 뒷받침할 증거가 되기 어렵다. 이 방정식의 다른 변 역시 설득력이 없다. 칸딘스키를 선택한 근로자 계층 사람은 아무도 없었지만, 중산층과 상류층 중에서도 각각 2%와 4%였다. 칸딘스키를 선택한 프랑스 상류층 구성원 가운데 르누아르를 꼽은 사람도 12명이었다. 이 두 화가에 대한 선호도가 계층별로 상당히 차이 난다는 주장에는 증거가 전혀 없다. 연구 대상 중 칸딘스키를 가장 많이 선택한 집단은 전문직 종사자(10%)였지만 동시에 이들은 르누아르를 선택한 부분집합에도 포함되어 있을 가능성이 가장 컸다(61%)! (리버슨, 1992, 7)

핼리는 더 나아가 개인 취향을 훨씬 더 현실적으로 보여주는 새 데이터를 만들어냈다. 그는 사람들의 집으로 방문하여 그들이 지닌 미술품을 보여 달라고 요청한 후에, 직접 이 방 저 방을 다니면서 벽, 벽난로 선반, 장식장을 확인하여 눈에 보이는 미술품을 모조리 기록했다. 게다가 자신의 조사 결과를 표로 재구성했다. 부르디외가 표를 부록으로 밀어냈던 것과는 대조적이다. 그뿐만 아니라 그 이외 미국의 수많은 조사 결과 역시 표로 요약했다.

고급문화는 [지배층의] 소수에게만 호소력을 발휘하는 경우가 많다. 1970년대에 미국 20대 도시에서 예술에 대한 노출 빈도를 조사한 연구에 따르면, 근로자 계층은 고급문화에 거의 관심이 없는 것으로 드러났다고 한다(이전 연도에 교향악단 공연에 간 사람은 4%에, 발레 공연에 간 사람은 2%, 오페라를 관람한 사람은 1%에 불과했다). 그러나 이 연구에서는 고급문화에 관심 있는 관리자나 전문직 종사자가 그보다 약간 더 많을 뿐이라는 결과도 나왔다. 관리자 중에서 이전 연도

에 교향악단, 발레, 오페라 공연에 간 사람은 각각 18%, 4%, 5%에 불과했다. (1993, 8)

핼리는 뉴욕 맨해튼과 롱아일랜드의 상류층 거주 지역에 있는 집과 브루클린과 롱아일랜드의 근로자 계층 거주 지역에 있는 집 등 다양한 계층의 가정에 전시된 미술품을 살펴보고는 계층을 통틀어 유사한 특징을 발견했다. 약간의 차이는 있을지언정 모든 가정에 비슷한 종류의 그림이 있었던 것이다. 예를 들어 (p.216의 표에 있는 숫자를 보면) 도시의 상류층 거주 지역에서는 그가 방문한 가정 중 12.1%에서만 (교육 수준이 높은 사람이 관심 있다고들 하는) 추상화를 발견할 수 있었으며, 나머지 표본에서는 그 수치가 한층 더 하락했다. 또한 상류층 가정 중 30.4%뿐만 아니라 그 이외 표본에서도 사실상 같은 비율의 가정에서 풍경화를 발견했다. 이렇게 핼리는 면밀한 실제 조사를 통해 부르디외의 조사 결과를 검토하고 심각하게 다루었으면 이미 밝혀졌을 내용을 검증했다. 그뿐만 아니라 그의 검증은 사람들이 적어도 자기와 비슷한 부류의 사람들이 면담자들에게 밝힌 선호도에 따라 행동한다는 것을 입증하면서, 선호도라는 단순한 표현에 실체를 부여했다.

## 시계열 데이터에 대한 메르클레와 옥토브르의 연구

피에르 메르클레Pierre Merckle와 실비 옥토브르Sylvie Octobre(2015)는 프랑스 청소년이라는 대규모 표본으로부터 수집한 데이터를 활용할 수 있었다. 프랑스 정부는 청소년에게 (평균적으로 11세부터 시작하여) 2년 간격으로 (평균적으로 17세가 될 때까지) 네 차례에 걸쳐, 이제까지 박물관, 서커스, 공연, 스포츠 경기, 디스코텍 등 여가 활동 장소에 가본 적이 있는지 (설문 형태로) 질문하는 조사를 시행했다. (시기별로 응답자 숫자는 4,700명에서 6,700까지 걸쳐있었다). 메르클레와 옥토브르는 응답에서 '불일치'를 발견했다. 아이들이 첫 번째 조사에서는 이러저러한 장소나 행사에 가본 적이 있다고 하다가 두 번째나 그 이후 조사에서는 그런 곳에 가본 적이 없다고 부인했다는 것이다. 그 차이는 일부 경우 70% 이상에 이를 정도로 대체로 컸으며 극소수 경우에만 상당히 작았다(놀랍게도 니스코텍 방문의 경우에는 10% 미만이었지만 이는 드문 예외였다). 성별이나 사회 계층과 그러한 행사의 참석 같은 변수 사이의 모든 관계에는 그러한 불일치의 영향이 강력하게 반영되었다. 따라서 응답 불일치의 중요성이나 그러한 차이가 사회학자들이 답을 얻고 싶어 하는 질문에 미치는 영향에 대해서는 의문의 여지가 없었다.

메르클레와 옥토브르는 응답 불일치를 무작위 분포에 따른 오차라고 보는 식의 일반적인 해석으로도 그러한 불일치의 영향이 상쇄되지 않음을 손쉽게 입증했다. 실제로 응답의 불일치는 무작위 분포를 보이지 않았다. 그런 다음에 두 연구자는 '데이터를 단순화'하는 다섯 가지 기법을 하나하나 검토했지만, 그 어느 것도 청소년에 대한 이론의 증거로 쓸 수 있을 법한 결과를 도출하지 못했다. 나는 이들의 설명을 더 이상 자세하게 파고들지는 않을 것이다. 그 내용은 발표된 논문에 수록된 표를 통해 손쉽게 검토할 수 있다.

이들은 불만의 소지를 없앤 다음에, 마지막으로 응답의 '불일치'를 청소년의 성향을 입증할 증거로 활용할 것을 제의했다. 청소년들이 자기 이미지에 도움이 된다고 생각하는 서사를 꾸며내는 성향이 있다는 가설을 입증하는 근거로, 응답의 불일치를 활용할 수 있다는 주장이었다. 응답의 불일치는 비판의 대상이고 극복해야 하거나 사소한 것으로 치부되어야 할 문제점에서, 검증의 주제로 전환되었다. 그러나 이들의 검증으로 조사연구의 전통적인 문제점을 정당화하는 데 흔히 사용되던 근거는 논파된다. 게다가 한 번 일어난 적이 있는 일은 비슷한 상황이 되면 다시 일어날 수 있다는 원칙으로 볼 때, 현상 유지를 옹호하는 이들은 심각한 문제를 안게 되었다.

메르클레와 옥토브르는 더 많은 것을 관찰하기에 적합한 연구 패턴을 본보기로써 제시했다. 전통적인 분석을 위협하는 불일치를 접한 이들은 그러한 불일치를 새로운 사실을 알아낼 기회로 생각했고, 그에 따라 (우리가 7장에서 보게 될 현장 연구자들처럼) 기법의 문제를 활용하여 새롭고 중요한 문제를 밝혀내고 탐색할 수 있다는 것을 보여주었다. 〈응답자들이 거짓말을 하는 것인가? 청소년 여가 활동에 대한 종단 연구에서 드러난 응답의 불일치와 전기적 허상Do respondents lie? Response inconsistencies and bi-ographical illusions in a longitudinal study of leisure activities among youth〉이라는 논문 제목은 그들의 연구 결과를 압축적으로 전달한다. '청소년 여가 활동에 대한 종단 연구에서 드러난 응답의 불일치와 전기적 허상'은 연구 기법에 대한 학회에 생기를 불어넣을 만한 주제일 것이다.


## '고용인'이 수집한 데이터

줄리어스 로스(1965)가 '고용인hired hands'으로 부른 사람들의 사례는 과학자들이 증거로서 원하고 요구하는 바와 데이터를 실제로 수집하는 사람들이 원하고 요구하는 바의 차이뿐만 아니라, 그러한 차이가 과학에 미치는 영향을 가장 단적으로 보여준다. 여기에는 다양한 유형이 있다. 우선 인쇄된 설문 용지를 들고 낯선 사람들에게 다가가서 본부의 어떤 사람이 작성한 질문을 읽어주며 (소득이나 연령 범주와 같이) 응답자가 선택할 수 있는 답변 목록을 제공하는 대가로 보수를 받는 고용인이 있다. 이들은 용지의 응답 칸에 표시하면서 다음 질문으로 넘어가고, 답이 모두 표시된 용지를 본부에 보낸다. 용지가 본부에 도착하면 다른 고용인이 응답들을 컴퓨터에 입력하고 몇 가지 범주 중 하나에 할당한다. 이러한 범주 할당이 축적되면 결과가 도출되며, 과학자들은 그 결과를 표로 정리하여 자신의 주장을 입증할 증거로 사용한다.

상사와 고용인 사이에 어떠한 합의가 이루어진다 해도, 고용인이 과학자들과 같이 정확성과 명료성 등 데이터를 증거로 사용하는 데 필요한 특성을 추구하리라는 보장은 없다. 예를 들어 고용인은 면접 조사 대상에게 명료하게 답할 수 있는 기회를 충분히 제공하려는 욕구가 없을 수 있다. 또한 고용인이 면접 조사 대상의 '정확한' 답, 즉 과학자들이 원하고 필요로 하는 내재된 진실이 드러나는 답에 영향을 끼치는 행위를 하지 않으리라는 보장도 없다. 무엇보다도 면담자가 모든 답변을 꾸며내지 않고 정말로 사람들에게서 응답을 얻어내는지도 확실치 않다. 일반적으로 조사 기관들은 (실제로 문제를 언급하는 경우에) 그 같은 문제를 해결할 교육 프로그램을 운영한다고 말하며, 어떨 때는 자기들에게 보고된 면접 조사가 실제로 이루어졌는지 검증하기 위해 '후속 조치'를 취한다고 주장한다.

로스는 면담자가 대개(아니면 적어도 가끔) 연구 설계와 계획이 요구하는 방식으로 행동하지 않는다고 주장한다. 나는 조사 기관이 어떤 식으로 면담자에게 보수를 지급하는지 공식적인 기록을 확인하지는 못했다. 그 대신 면접 조사로 짐작한다. 내 짐작이 옳다면 면접 조사를 가능한 한 빨리 끝내는 것이 면담자에게 이득이 된다. 그들에게는 몇 가지 다른 이해관계도 있다. 면담자가 면접 조사 대상을 짜증나게 하거나 서먹서먹하게 만들지 않으려고, 지루한 질문을 늘어놓거나 민망한 질문을 피할 수 있다는 것은 합당한 추측이다. 내 추측이 옳다면, 사회학자 도널드 로이Donald Roy(1952)가 생산한 제품의 개수에 따라 보수를 받는 기계공들에 대해 묘사하면서 언급했던 '생산의 제한 restriction of production'에 대해, 면담자들이 이따금씩 관여한다고 봐도 이상할 것이 없다. 로스는 로이의 연구 결과를 다음과 같이 서술한다.

고용인이 생산하는 제품은 그 어떠한 의미에서도 그의 소유가 아니다. 고용인은 그 제품을 설계하지 않으며 생산 조건이나 생산된 이후에 취할 조치에 대해 결정을 내리지도 않는다. 고용된 근로자는 보수를 받는 만큼 일을 하는 데만 관심이 있다. 그가 제품의 성능이나 생산에 걸리는 시간에 신경 쓸 이유가 무엇이란 말인가? 그러한 사안은 기업의 관심사다. 기업은 고용인의 적수이며 고용인이 들키지 않을 꼼수를 부릴 수 있는 만만한 상대다. 고용인의 목표는 한정된 자원이 허락하는 한 손쉽고 기분 좋게 일하며, 동료나 자신의 미래에 위협을 가하지 않으면서 가능한 한 많은 돈을 버는 것이다. 그 결과 기업은 공장에서 불량품이 나오는 일을 방지하기 위해 감시 체제를 구축하거나, 좀 더 극단적인 형태의 업무 태만이나 부주의한 공정을 제한하기 위해 일종의 감독 체제를 고안해야 하는 입장에 처한다(그러나 감사관들도 고용인들이기 때문에 그러한 조치는 성공하지 못할 때가 많다). (1965, 192)

백Paik과 샌처그린Sanchagrin(2013)은 연구를 통해, 사회적 고립이 아니라 조사 연구 전반의 잠재적인 오류 원인에 대해 필연적인 결론 몇 가지를 이끌어냈다. 국립여론조사센터는 자기 조직의 인사 관리 방식에 대해 이렇게 설명한다. "종합사회조사와 국립여론조사센터는 품질 관리에 높은 우선순위를 두며 여러 가지 방식으로 품질을 관리하고 있다. 면담자들은 역할과 책임, 기밀 유지와 데이터 보안의 중요성, 가계 조사 양식, 응답자 선정, 응답자의 협력을 얻어내는 접근법, 질문과 응답 작성, 중립적인 질문 등을 포함한 주제에 대해 철저한 교육을 받는다. 그뿐만 아니라 그들은 종합사회조사에 대해 프로젝트별로 별도의 교육을 받는다. 감독관은 면담자의 업무를 면밀하고 주기적으로 감시한다. 면담자가 데이터를 제공하고 나면 국립여론조사센터는 응답자 중 20%를 다시 접촉하여 면담이 이루어졌는지 확인한다(마스던과 스미스, 2012, 372)."

조사 연구자들 중에서도 대규모 조사를 주로 시행하는 조직의 핵심 인사들은 오류가 나타나는 현상을 우연, 무작위 오차, 그와 유사하게 통제 불가능한 '자연' 현상으로 가볍게 넘기는 경향이 있다. 그 예로 장 프네프(1988)의 '프랑스 조사 기관의 면담자들에 대한 연구 보고서'에 대한 국립여론조사 센터 직원들의 반응(스미스와 카터, 1989)을 참고하라.

분명 국립여론조사센터가 데이터의 품질을 유지하기 위해 취했다고 하는 조치는 사회적 고립에 대한 조사에는 도움을 주지 못했다. 이에 백과 샌처그린은 조사 연구자들이 채택하면 좋을 만한 일련의 조치를 제안한다.

(1) '이름 대기' 질문처럼 여과 질문을 사용하는 조사 항목에 대해서는 신중을 기하라. 일부 면담자는 분명 그러한 질문을 대충 하고 넘어가는 경향이 있다.

(2) 그 같은 방법으로 생산되어 결함이 있을 법한 데이터로 대규모 추론을 할 때는 주의를 기울여야 한다.

(3) 국립여론조사센터가 가장 최근에 내놓은 연구에 따르면, 그 같은 문제를 해결할 방법을 찾기 시작했다고 한다. 그러니 희망을 버리지 말되 계속해서 조심하라.

(4) 이 연구에 문제를 일으킨 것과 비슷한 질문이 많으므로, 그러한 질문을 사용할 때마다 비슷한 문제가 없는지 살펴라.

(5) "개인적 인맥을 구축한 면담자들에 대해 교육을 강화하라는 단순한 요구는 이미 한계점에 도달했을지도 모른다. (중략) 따라서 좀 더 본격적인 접근법이 취해져야 할 것이다 (2013, 355)."

방법론 학자인 크리스토퍼 윈십Christopher Winship은 연구 결과의 재현에 대해 전반적으로 언급하면서 좀 더 과감한 접근법을 제안한다. 어떤 언론인이 그에게 "연구자 상당수가 어떤 면에서 익명 설문 조사는 사실 확인이 불가능하기 때문에, [데이터를 제공하는 사람들의] 확고한 사생활 보장 요구가 사회 과학에서 나오는 연구 성과의 품질에 악영향을 끼친다고 생각한다"라고 주장하자 윈십은 이렇게 말했다. "그 때문에 검증하기가 정말 어렵다. 심지어 그 사람들이 실존 인물인지도 확신할 수 없다. (중략) 학계는 그 정도면 괜찮다고 생각하지만 그러한 태도는 완전히 잘못된 것이다(네이파이크, 2015)."

윈십의 말은 모든 사회 과학 데이터에서 일반적으로 정보원에게 약속되는 익명성을 제거해야 하며, 그 대신 회의적인 동료들이 좀 더 손쉽게 데이터의 타당성을 확인할 수 있도록 면접 조사 대상의 이름과 함께 제시되어야 함을 의미한다. 분명 지나친 주장이다. 백과 샌처그린이 제시한 데이터에 근거하면 데이터를 수집한 면담자의 이름과 주소를 첨부하는 편이 낫다. 그렇게 하면 사기성 있는 면담자가 가공의 면접 조사 대상을 꾸며냈는지 여부를 좀 더 손쉽게 판별할 수 있다.

그러나 이러한 시각(관찰자의 실명과 신원 정보가 있으면 동일한 관찰을 재현할 수 있다는 생각)은 역사학자 앤서니 그래프턴Anthony Grafton이 강력하게 말했듯이 결국 한층 더 근본적인 어려움에 부딪히게 된다. 그래프턴은 각주에 대해 이야기했지만, 문제는 그보다 훨씬 더 다양한 경우에 적용된다.

역사학의 새로운 유형 중 일부[다시 말해 '사회 과학']는 의
례에서 면접 조사에 이르기까지 순간적인 사건을 기록하
며, 심지어 기록하는 도중에도 계속 바뀌는 관습을 문서화
하는 인류학자의 현장 일지와 같이, 각주에 담을 수 없는
증거를 근간으로 한다. (그러한 증거는 동료들에게 자신의 컴퓨
터 파일을 사용할 수 있도록 허용할 때만 검증 가능한 역사 인구 통계
학자의 대량 통계 분석이나 마찬가지다. 그렇지 않은 경우에는 일반
적으로 각주에 포함되지 않은 증거로 뒷받침된다). 이러한 증거는
원칙적으로 검증이 불가능하다. 헤라클리토스가 통찰했듯
이 그 어떤 인류학자도 같은 마을에서 두 번 생활하고 연구
할 수는 없다. 두 명의 인류학자가 같은 거래를 동일한 표
현으로 서술하거나, 특성 거래에 대한 동일한 서술을 동일
한 범주로 분석하고 코딩하는 일은 없다. 무엇보다도 중요
한 점은 평범한 현장 일지 한 권이라 해도 일반적인 방법으
로 발표되기에는 그 양이 너무 방대하다는 사실이다. (그래
프턴, 1997, 15)

로스는 '사회적 고립' 사태를 일으킨 데이터를 생산한 고용 직
원들에 대한 글에서, 일꾼 취급을 당하는 면담자는 일꾼처럼 행
동한다고 대놓고 말한다.

사회학도들은 더 이상 '생산의 제한'과 업무 지시로부터의 일탈을 도덕적 문제나 일종의 사회적 비행으로 간주하지 않는다. 그보다는 생산 조직의 근로자들에게서 예상되는 행위로 본다. 업무 관행을 조사하는 사람이 해결해야 할 문제는 특정 업무 상황에서 해야 할 일을 대충 하고 근무 시간 기록표를 위조하며 감시의 눈을 피해 지시를 무시하는 행위를 자세히 조사하는 것뿐이다.

과학 연구 사업의 고용인들이 다른 생산 활동 부문의 고용인들과 다르다고 볼 이유는 없다. 그들의 행동이 비슷하리라 추정하는 편이 훨씬 더 합당하다. 그들은 가능한 한 많은 돈을 벌고 싶어 하므로, 분량이나 시간 단위로 보수를 받을 경우에 보고할 내용이나 근무 시간을 늘릴 가능성이 있다. 그러나 현재의 논의에 관한 한 그러한 종류의 행동은 사소한 문제에 불과하다. 그들은 골치 아프고 민망하며 성가시고 시간이 많이 드는 상황뿐 아니라, 자신들이 이해할 수 없는 활동을 회피하려고도 한다. (따라서 그들은 할당받은 관찰 업무 중 일부를 빼먹거나 면접 조사 질문 중 일부를 묻지 않기도 한다.) 그와 동시에 적어도 자신의 자료가 퇴짜 맞는 일을 방지하고 일자리를 계속해서 유지할 수 있도록 상사에게 좋은 인상을 주고 싶어 한다. (그래서 그들은 자신들이 봤을 때 상사가 원하는 것을 제공하기 위해 보고서 내용을 변경하거나 조작한다.) 그들은 너무 많은 질문을 해서 '멍청한 인상'을 주고 싶어 하지 않으므로, 자기들 생각에 상사가 좋아할 만한 행동을 시도할 가능성이 크다. 예를 들어 코딩 범주를 적절한 경로를 통해 확인하기보다 어림짐작하는 일이 그에 해당한다. (1965, 192)

로스는 현재 조직되는 방식의 대규모 연구만이 그러한 활동을 수행할 수 있는 유일한 길이라는 시각을 거부하며, 그에 따라 수석 연구자와 데이터 수집자가 좀 더 협력적인 관계를 맺어야 한다고 제안한다. 오늘날의 대규모 조사 조직에서 그 같은 관계가 가능하리라 생각하기는 어렵지만 말이다. (참고로 로스는 규모가 훨씬 더 작고 덜 엄격한 연구에서도 책임과 보상의 불평등한 분배가 일어난다는 사실을 잘 알고 있다. 7장에서 소개하겠지만 나와 에버렛 휴즈의 연구 관계가 모든 개인 간 연구 관계의 이상적인 기준이 될 수 없다. 그와는 거리가 멀다. 7장에서는 과거의 연구에서 형성된 협력적 관계 유형 몇 가지에 대해 알아보기로 한다.)

고용인의 범주에는 로스 역시 각별히 주목한 '코더coder'도 들어간다. 그들은 자유로운 답변을 기존에 만들어진 범주에 할당하거나 어떨 때는 용지에 적힌 내용을 컴퓨터 화면의 같은 범주로 옮기는 식의 보람 없고 지루하며 반복적인 작업을 한다(과거에는 카드에 구멍을 뚫는 식으로 정보를 옮겼다). 이 모든 활동은 신중하고 노련하게 수행될 수도 있지만 일을 제대로 하겠다는 생각 없이 산만하게 수행될 수도 있다. 고전적인 연구 '미국 원주민과 10대 홀아비의 사례The Case of the Indians and the Teen-age Widows'는 그러한 문제를 실제 사례를 통해 보여주었다(콜과 스테판, 1962, 339~44).

콜과 스테판의 연구는 추리소설을 방불케 한다. "우리의 첫 번째 단서[무엇인가 잘못되었다는 것]는 1950년 미국 인구 조사의 경악할 만한 10대 기혼자 숫자였다. 그 조사 결과에서 우리는 사별한 14세 소년의 숫자가 놀랄 만큼 많다는 사실을 발견했다. 그만큼 놀라운 사실은 더 높은 연령대의 10대 소년 중에는 사별한 사람의 숫자가 더 적었다는 점이다." 이러한 현상을 무엇으로 설명할 수 있었을까?

그들은 나머지 단서를 펀치로 구멍을 뚫어 넣을 수 있도록 디자인된 카드에서 찾았다. (좀 더 전자적인 방식의 등장으로 폐기된 지 오래지만) 과거에는 기계 분류와 일종의 일람표 작성에 용이하도록 그러한 카드를 널리 사용했다. 콜과 스테판은 코더들이 이따금씩 실수로 한 열을 건너뛰는 일이 있으므로, 24번째 열(가장과의 관계)에 입력되어야 할 숫자가 25번째 열(인종)에 입력되었을 수도 있겠다고 생각했다. 그렇다면 문제가 해결되지 않은 한 '가장'을 나타내는 표시가 '백인' 칸에 찍혔을 테고, 25번째 열에 들어가야 할 숫자가 실수로 26번째 열(성별)의 숫자로 표시되었다면 '백인'이 '남성'으로 집계되는 일이 반복되었을 것이다. 두 사람이 그처럼 잘못 할당된 숫자를 다시 배열하자 과거의 괴이한 결과는 완전히 일반적이고 예상 가능한 결과로 바

꿰었다.

당신은 그래서 어쩌라고, 라고 할지도 모른다. 콜과 스테판
도 스스로에게 그런 질문을 던졌다.

그러한 오류의 빈도는 매우 낮아서 카드의 숫자에 극히 미
미한 영향만 끼쳤다. *그러나 분류된 집단의 크기가 매우 작
았던 세 가지 경우에는 잘못된 카드의 영향이 결코 무시할
수 없는 수준이었다.* 예를 들어 1950년 인구 조사에서 미
국 원주민의 연령 분포에는 10~14세와 20~24세의 남성이
15% 넘게 과다 집계되어 있었다. '미혼' 이외의 혼인 관계
범주로 보고된 17세 미만 백인 남성의 숫자는 잘못된 열에
구멍이 뚫린 카드 때문에 실제 혼인, 이혼, 사별한 숫자보
다도 더 많이 집계되었다. (1962, 346, 이탤릭체는 내 강조 부분)

인쇄업자들도 잊어서는 안 된다. 그들은 항상 데이터 수집자/코
더와 표의 독자/사용자 사이의 중개자 역할을 한다. 오스카 모
겐스턴은 오류의 해설서라고도 할 수 있는 명저《경제 관찰의
정확성On the Accuracy of Economic Observations》([1950], 1963)에서, "인쇄
물의 오탈자를 완전히 제거하는 일은 원칙적으로 불가능하다"
라고 지적했다.

말하자면 500쪽 분량에 텍스트, 표, 공식으로 이루어진 책

에는 (그 위치를 포함하여) 도합 150만 개 또는 200만 개의 기호를 손쉽게 담을 수 있다. 자연의 통계 법칙 탓에 오탈자가 전혀 없는 초판본이란 사실상 불가능하다. 초판본의 토대가 되는 원고 역시 오탈자에서 자유로울 수 없다. 천문학 표는 4~5번째 개정 판본부터는 오탈자 없이 인쇄된다고 한다. 그러나 이 역시 확실하지는 않다. 비교 대상은 오차가 전혀 없이 완벽한 문서가 되어야 하겠지만 그러한 문서는 존재할 수 없다. 경제학 연구 자료(사회학 연구 자료 역시)가 여러 차례의 개정을 거치는 일은 거의 없다. 대량의 문서에 관한 한 이는 분명 불가능한 일이다. (40)

나는 연구자에게 데이터를 제시할 때 오류의 원인을 모두 염두에 두고, 증거가 되는 데이터를 인쇄할 때 그 약점을 인식하며, 데이터에서 결론을 도출할 때 적절한 주의를 기울이라고 하는 것이 정당한 요구라고 생각한다. 오류를 포함한 데이터를 사용해서는 안 된다는 것이 아니라 틀에 박힌 통계적 유의성 검증만을 적용하지 말고 좀 더 현실적인 눈으로 결과를 평가해야 한다는 말이다(통계적 유의성 검증에 대해서는 질리악과 매클로스키[2008]의 대대적인 비판을 참고하라). 정확한 데이터를 얻는 일에 이해관계가 거의 없는 사람들에게 의존하는 데이터에 대해서는 '아마도'라는 말을 덧붙이는 것이 가장 안전한 방법일지도 모른다.

과학적 정확성에는 더 많은 대가가 따르지만 과학적 방법의 혜택을 원한다면 (3장에서 다룬 자연 과학자들이 습관적으로 그러하듯이) 그 대가를 치러야 한다. 무보수로 협력하는 사람들에게는 동기 부여가 될 보상을 제공해야 정확한 정보를 얻을 수 있을 것이다. 그렇지 않으면 그 사람들이 무슨 이유로 굳이 신경 쓰겠는가?

## 데이터 수집 도구

3장에서 다룬 자연 과학자들은 여러 가지 도구를 사용했다. 그 이외에 또 무엇을 사용할 수 있었을까? 그들의 '대상'은 말을 할 수도 없고, 자신의 기분이 어떠하고 자신이 무슨 행위를 했으며 어떤 사람이나 다른 사물이 자신에게 무슨 짓을 했는지 전달할 수도 없었다. 반면 사회 과학자들은 연구 대상에게서 데이터를 자동으로 수집할 수 있는 복잡한 도구가 없으며, 온갖 고충이 따르는 인간과의 전면적인 상호작용에 의존하거나 연구 대상의 생각, 욕구, 행위를 '측정'하는 좀 더 간단한 도구에 의존하는 수밖에 없다.

조금 형이상학적으로 말하자면 사회학자의 보조자는 인쇄물(이나 동일한 항목이 표시된 컴퓨터 화면)로 구성된다. 인쇄물은 연구자들이 답을 얻고자 하는 질문을 연구 대상인 사람들에게 전달하고 (일반적으로) 연구 대상이 선택할 구체적 답들을 제시하기 위해 제공된다(이렇게 정해두면 응답을 코딩하기가 좀 더 용이해진다). 이제까지 거론된 그 이외 모든 보조자들과 마찬가지로 인쇄물이라는 보조자에도 특정 항목에 대한 연구 대상의 이해와 응답을 좌우할 만한 정보와 영향력이 담겨있는데, 이는 대개 작성자의 의도와는 무관하다. 심리학자와 방법론 학자는 이러한 도구와 관련된 다양한 문제를 밝혀냈을 뿐 아니라, 연구 대상이 자기 방식으로 스스로 데이터를 기록하는 경우와 비교할 때 인쇄물로 된 설문지가 어떠한 영향을 끼치는지까지 파악했다. '데이터 수집자'의 동기가 설문에 영향을 끼치는 것과 마찬가지다. 내 말은 (다른 동기를 품은 데이터 수집자가 응답자에게 데이터에 영향을 주는 특정 행위를 강요하듯이) 설문지라는 도구에도 응답자에게 특정한 방향의 답을 채워 넣도록 유도하는 특성이 내재되어 있을 수도 있다는 것이다(실제로 명백하게 그러한 경우가 많다). 이 분야의 전문가들은 흔히 그러한 도구가 이끌어낸 답변을 '사실fact'이 아닌 '가공물artifact'이라고 부른다.

많은 사람이 설문의 가공물에 대해 다수의 논문을 썼지만, 그 모든 가능성을 나열하지는 않을 생각이다. 그 대신 설문으로 측정하려는 결과에 영향을 줄 수 있는 유형을 맛보기로 제시할 것이다. (어떤 학회에서 발표된 논문[슈월츠와 수드먼, 1992]은 그 같은 문제 중 일부에 대해 뛰어나고 자세한 분석을 제시한다.)

'응답 편향response set'은 위의 주장에 해당하는 특성을 빠짐없이 보여주는 현상이다. 《브리태니커 백과사전》 인터넷판의 '성

격 평가Personality Assessment' 항목은 응답 편향 현상을 다음과 같이
설명했다.

응답 편향과 검사를 받는 태도가 MMPI와 다른 성격 척도
의 행동 점수에 어떠한 영향을 끼치는지에 대해서는 많은
연구가 이루어졌다. 예를 들어 묵종acquiesce으로 불리는 응
답 편향은 설문 항목의 내용과 상관없이 무조건 '맞다' 또
는 '그렇다'라고 대답하는 경향을 가리킨다. 묵종 경향 이
외의 모든 면에서 흡사한 두 사람이 있을 수 있다. 이들은
응답 편향의 차이 때문에 실제와 다르게 성격 검사에서 서
로 다른 점수를 얻을 가능성이 있다. 한 사람은 '긍정론자
(검사 항목에 '맞다'라고 대답하는 경향이 있는 사람)'이고 다른 사
람은 '비관론자'일 수 있다. 제3의 인물은 둘 중 어디에도
해당하지 않으며 뚜렷한 묵종 경향이 없을 수도 있다. 쉬운
말로 설문의 저자가 사용하는 표현과 배열이 용지를 채워
넣는 사람들이 선택하는 응답에 영향을 줄 수 있다는 뜻이
다. 응답 편향은 질문의 실제 내용을 제외한 요소에 반응하
는 경향을 가리킨다. 예를 들어 강력한 표현으로 된 진술에
동의하는 경향을 뜻하는 묵종 응답 편향(이나 이와 반대로 동
의하지 않는 응답 편향)이 대표적인 문제점이다. 세 명의 심리
학자(잭슨, 메식, 솔리, 1957)는 이 문제가 지금은 거의 잊혔지
만 그 당시에는 상당히 큰 인기를 끌었으며 테오도르 아도

르노가 '파시스트fascist(전체주의자)' 성격 유형을 측정하기 위해 설계한 F-척도(F-Scale)의 사용과 더불어 발생했다고 생각했다. F-척도는 그 명칭에서 알 수 있듯이 강력한 표현으로 된 진술에 동의하느냐 반대하느냐로, 파시스트(F-척도라는 명칭도 fascist의 앞글자를 딴 것) 여부를 측정하는 태도 척도다. 여기에 파시스트 항목의 일부를 소개한다.

- 권위에 대한 순종이나 존중은 어린이가 배워야 할 가장 중요한 덕목이다.
- 동성애자는 범죄자보다 그리 나을 것이 없으며 강력하게 처벌되어야 한다.
- 사람은 약자와 강자라는 뚜렷이 다른 두 가지 계층으로 구분될 수 있다.

(F-척도에서 발췌: www.anesi.com/fscale.htm)

F-척도의 모든 진술에 강력하고 권위주의적인 정서가 담겨있다는 것을 인식한 잭슨, 메식, 솔리는 질문에 답한 사람 중 일부가 내용보다 강력하고 확고한 표현 방식에 반응할 수도 있다고 생각했다. 그래서 그들은 기존의 형식은 최대한도로 유지한 반면에 내용만 정반대로 바꾼 항목을 기존 항목 사이사이에 배치한 '역reverse F-척도'를 만들었다. 그들의 실험 대상은 (파시스트 입장을 긍정하는 주장과 반파시스트 입장을 긍정하는 주장으로 이루어진) 모든 항목에 대해 용지의 해당 칸에 표시했다. 연구자들이 예상

했던 대로 "기존 항목과 역 F-척도 항목 사이의 상관관계는 질문의 내용에 일치하는 답일 때 나와야 하는 유의미한 음(-)의 수치가 아니라 +.35였다(1957, 139)." 즉, '묵종 응답 편향'을 보이는 일부가 주장된 견해에 신중하고 분별력 있는 응답을 내놓기보다 내용과 상관없이 무조건 진술의 단호함에 반응하여 파시스트적인 진술과 반파시스트적인 진술 양쪽에 동의했다는 뜻이다. 그럼에도 반파시스트적인 진술에 동의하고 그 반대에 동의하지 않거나 파시스트적인 진술에 동의하고 그 반대에 동의하지 않는 식으로 사상적으로 일관된 응답을 내놓는 이들도 있었다.

어떤 질문에 대한 답을 모았을 때 진술이 나타내는 정서에 실제로 동의한(또는 반대한) 사람과 정서에 공감하지는 않지만 순전히 단호한 표현 때문에 진술에 동의하거나 반대한 사람이 섞여있었다는 이야기다. 조사 결과에서는 작용 중인 그 두 가지 힘을 분리할 방법이 없었고, 그 결과 F-척도의 응답으로는 어떤 사람이 '권위주의적인' 특징을 보인다는 것을 입증할 수 없었다. 정말로 내용에 동의하거나 반대한 사람도 있었지만 그저 무조건 단호한 표현에 동의한(또는 반대한) 사람도 있었다.

위의 실험에서처럼 동일한 정서를 두 가지 다른 형태로 제시하고, 같은 설문 안에 그 두 가지를 포함시키되, 응답자가 그러한 술책을 눈치채지 못하도록 가능한 한 서로 멀리 배치하면, 가공물을 가려내는 데 도움이 된다. 저자들은 "권위주의적인 척도의 양극단이 모두 긍정적으로 진술된 항목과 부정적으로 진술된 항목에 의해 규정될 때도 중요한 관계가 나타나며 그러한 경우에는 응답 편향에서 신념을 분리해낼 수 있다(잭슨, 메식, 솔리, 1957, 137)."고 말한다.

그러나 그렇게 하면 한 가지 문제는 해결되지만 다른 문제가 발생한다. 추가된 개별 항목 때문에 도구의 항목 개수가 두드러질 정도로 증가하며 그 결과 사람들에게서 진지한 응답을 받아내기가 어려워진다(긴 설문은 항상 문제를 만들어낸다). 따라서 연구자들이 항상 위와 같은 방법으로 문제를 해결할 수는 없다.

그 이외에도 많은 연구가 이루어진 다른 사례를 살펴보자. '순서 효과order effects'란 인식의 변화도를 발견하기 위해 설계된 항목에 대한 응답 차이를 가리킨다. 다양한 정도의 정서나 신념을 측정하기 위해 고안된 항목들은 다양한 온도를 나타내는 온도계와 비슷한 작용을 한다. 연구자는 그러한 인식(예를 들어 인종에 대한 인식)의 척도에서 응답자가 어디에 위치하는지 파악할 수 있다. 그러나 설문 조사 설계자들은 그러한 항목에서 심각한 가공물을 발견했다. 어떤 인식에 대한 강력한 진술이 온화한 진술보다 더 앞부분에 배치될 경우, 순서를 정반대로 바꾸거나 무작위로 나열할 때와는 다른 답이 나온다는 것이다. 이는 응답 편향 문제처럼 쉽게 해결되지 않는다. 같은 도구의 질문들을 두 가지 다른 순서로 배치할 수 없기 때문이다. 그 대신 도구를 두 가지 형태로 만들어서 하나는 응답자 중 무작위로 선택한 절반에게, 다른 하나는 나머지 응답자에게 주는 방법이 있다.

사실 이러한 방법은 실행 측면에서 심각한 문제를 만들어 낸다. 캐나다의 조사 연구 연구소 소장과 내가 몇 년 전에 나눈 대화에서 단적으로 드러난다. 그는 내게 현장 연구가 그리 과학적이지 못하다며 농담을 했다. 그래서 나도 친근하게 맞받아치기 위해 그에게 연구 설문을 설계할 때 묵종 응답 편향을 가려낼 수 있는 인식 질문을 넣느냐고 질문했다. 그가 자기 조직은 그렇게 하지 않는다고 대답했다. 이에 내가 인식에 대한 질문을 적어도 두 가지 다른 순서로 배치한 두 가지 형태의 설문지를 준비하는 식으로, 순서 효과를 배제할 만한 조치를 취하냐고 물어보았다. 그는 이번에도 아니라고 대답했다. 역시 두 가지 형태의 도구를 설계하고 제공하는 작업을 요하는, 다른 잘 알려진 가공물에 대해서도 비슷한 질문을 던졌다. 그는 자기네 조직이 그 모든 문제에 대해 그렇게 하지 않는다고 대답했다. 그러면서 마지막으로 그는 이런 말을 했다. "그만 좀 해요! 그 문제 모두 두 가지 형태의 설문이 해결책이라는 걸 당신도 잘 알잖아요. 그리고 문제가 새로 나타날 때마다 필요한 설문지 종류도 두 배씩 늘어나죠. 그래서 그처럼 예방해야 할 문제 세 가지가 있으면 2×2×2, 즉 여덟 가지 형태의 설문지가 필요할 테죠. 네 가지 문제가 있으면 열여섯 가지 종류가 필요하고요." 그러더니 이렇게 덧붙였다. "게다가 알다시피 캐나다에서는 모든 자료가 영어와 프랑스어로 작성되어야 하기 때문에 서른두 가지 형태의 설문지를 만들어야 해요. 합리적으로 생각합시다!" 물론 매우 합리적인 사람인 나는 그에게 내가 했던 방식의 현장 연구에 대해 그가 했던 모든 비판에 대해서 합리적으로 생각하라고 응수했다!

그 모든 해결책을 실행에 옮긴다 해도 낱말 뜻과 개념의 역사적 변화에서 비롯되는 가공물의 영향은 어느 정도 남아있을 수밖에 없다. 슈만(1982)은 특정 항목이 이를테면 10~20년 후에 과거와는 의미가 달라짐에 따라 그 같은 영향을 만들어낼 수 있다는 것을 보여준다. 그 무엇으로도 그런 문제를 예상하거나 완전히 극복할 수 없다. (인종 지칭의 사회적 의미와 가구 생활 방식이 시간이 흐름에 따라 변화하면서 나타나는 문제 전반이 그렇다는 이야기다.)

내가 보기에 그런 문제를 해결하려면 일반적인 설문 조사보다도 훨씬 더 과감한 방법이 필요하다. 특히 백과 샌처그린이 보여주었듯이 면접 조사 대상뿐만 아니라 면담자도 특정 질문에 반응하며, 그 두 가지 반응도 서로 영향을 미친다. 설문 조사 연구자들은 직원들에게 급여를 지급할 수 있을 정도로 대규모 조직을 효율적으로 운영하는 동시에 어떤 식으로든 그 모든 어려움을 염두에 두어야 한다. 발리바르가 실험용 냉장고 온도를 절대 0도로 떨어뜨리는 것을 방해했던 복사열의 근원을 억제할 때 겪은 고충도, 이러한 문제에 비하면 손쉽게 해결할 수 있는 것처럼 보인다.

# 목격자로서의 물리적 객체와 아카이브

웹과 그 동료들(1966)은 연구 방법론에 관한 문헌 중 중요한 위치를 차지해야 마땅하지만 안타깝게도 조명받지 못한 저서에서, 개인적인 이해관계가 있는 사람을 전혀 개입시키지 않고 '눈에 띄지 않게' 데이터를 기록하는 방법을 제안한다. 이러한 객체는 두 가지 유형으로 나뉜다. 첫째, 물리적 객체의 식별 가능한 상태는 어떤 관심사의 증거가 된다. 둘째, 과학과 무관한 목적에서 어떤 종류의 사건을 정기적으로 기록한 문서 아카이브archive가 있다.

## 물리적 객체

박물관에서 어떤 전시회가 관람객의 가장 큰 관심을 끄는지 알아보려면 어떻게 하면 될까? 웹과 그의 동료들은 어느 박물관에서나 얻을 수 있는 데이터로 관련 연구가 가능하다고 생각했다. "시카고 과학산업박물관에서 심리학 전시회를 개최하기 위해 위원회가 구성되었다. 위원회는 다른 곳의 타일은 몇 년 동안 교체하지 않아도 되지만, 살아있거나 부화 중인 병아리들이 있는 전시회장의 비닐타일은 6주에 한 번씩 교체해야 한다는 사실을 알았다. 박물관 내 각 전시회장의 타일 교체 속도를 비교해보면 전시회의 인기 순위를 대략적으로 파악할 수 있다

(1966, 36~37)." (그들은 "마모 속도를 파악하려면 박물관의 유지 보수 부서에서 보관하는 기록을 확인해야 한다"고 조언한다.)

웹과 동료들은 그 이외에도 사회 과학자들이 별 수고나 비용 없이 이용할 수 있는 물리적 자료를 제안한다. 그들은 "모서리가 닳아있는 도서관 책도 연구 자료로 활용할 수 있다(웹 외 1966, 37~38)"면서, 도서관의 대출 기록으로도 특정한 책의 인기도를 알 수 있지만, 이 방법을 통해서만 책을 집으로 대출해 가기만 하는지 아니면 실제로 읽는지 확인할 수 있다고 지적한다.

나는 이 책을 읽으면서 저자들이 이따금 익살을 부린다고 생각했지만, 그들의 익살을 통해 색다르고 흥미로운 사실 몇 가지를 알 수 있었다. 저자 중 하나(리 세크레스트)는 여성이 남성에 비해 야간에 자동차 문을 더 잘 잠그는 경향이 있다는 것을 입증했다. 어떠한 방법으로 알아냈을까? 그는 노스웨스턴 대학의 여학생 기숙사 주차장과 남학생 기숙사 주차장을 방문하여 주차장에 있는 자동차들의 문을 일일이 열어보았다. 잠그는 사람의 '실제 비율'을 확인하고 싶다면 이렇게 하는 편이 설문 조사보다 한층 더 효율적이고 더 정확하다.

이 같은 사례는 눈에 띄지 않는 기법의 장점이 무엇인지 알려준다. "생산자가 연구자의 의도나 용도를 모르는 채로 자료를 생산한다"는 것이다(웹 이외, 1966, 50). 따라서 데이터 생산자는 자신의 행동을 기록하는 연구자가 자신의 운명에 영향을 끼치기 위해 어떠한 방식으로 데이터를 사용하리라는 것을 알 때처럼, 데이터에 영향을 끼칠 수 없다. 경찰이 자신의 사리사욕을 채우기 위해 기록을 조작하지 않을까 우려하는 사회 과학자 입장에서는 중요한 장점이다.

웹과 그의 동료들은 퇴적accretion 기법을 좀 더 본격적으로 활용하는 방법을 발견했다. 이들은 축적 기법을 (박물관 바닥 타일의 마모와 같은) '부식 측정 기법'과 쓰레기통이나 사람들이 폐기물을 쌓아두는 쓰레기 더미의 물건들을 측정하는 '퇴적 측정 기법'으로 분류했다. 고고학자들이 쓰레기 더미의 내용물을 통해 (기록을 남기지 않았던) 선사시대 사회에 대해 어마어마한 지식을 얻어낸다는 사실을 상기할 필요가 있다. 쓰레기 더미는 어떤 집단의 기술적 성과를 제대로 알려주는 정보원이다(라트예[1992]는 인류학자들이 오래전에 사라진 소규모 전통 사회뿐만 아니라 동시대 사회의 생활을 연구하기 위해 쓰레기 더미를 어떻게 활용하는지 생생하게 전달한다). 웹을 비롯한 저자들은 지신들이 최선의 기법으로 긴주하지만 사회 과학자들이 활용할 수 없는 통제 실험을 모방하는 방식으로, 그러한 기법들을 다루는 일에 필요 이상으로 많은 주의를 기울인다. 사회 과학자들이 통제 실험을 활용할 수 없는 까닭은 연구 대상인 상황을 통제할 수 없기 때문이다.


**아카이브 : 다시 리버슨으로**

웹과 그의 동료들은 아카이브의 정의를 "학술적이지 않은 목적에 따라 정기적으로 생산되는 데이터로서 사회 과학자들에 의해 활용될 수 있다. 아카이브는 진행 중이고 지속적인 사회에 대한 기록이며 다양한 과학 데이터의 잠재적인 원천으로 특히 종단 연구에 유용하다(1966, 53)"라고 내린다.

5장에서 알아본 스탠리 리버슨의 이름 분석은 대부분의 아카이브와는 비교도 되지 않게 빈약한 출생증명서 데이터로 무엇을 할 수 있는지 보여준다. 리버슨은 이름 데이터로 대규모 패턴을 식별하고 그 변화 과정을 도표로 그리며 사회의 단면과 일부를 통해 변화 움직임을 살펴볼 수 있었다. 이 정도면 적지 않은 성과다. 그는 기존 연구 도구에 꽤 탄탄한 연구 수단을 추가했다. 무엇보다도 그의 데이터에는 거의 모든 아카이브 원천 자료에 만연한 가공물이 존재하지 않는다.

그러나 리버슨이 했던 것처럼 연구하면, 사람들이 결정을 내리는 순간에 무슨 생각을 하고 있는지 물어볼 수 없다. 이름이 공동체 곳곳으로 퍼지는 양상을 알아낼 수 없다. 리버슨이 가진 최소한의 데이터로는 이름을 짓는 과정이 진행될 때 사람들 사이에서 어떤 토론이 오가는지 알아낼 수 없고, 그 이외에도 미지의 대상에 대한 흥미롭고 중요한 정보 다수를 얻으려고 시도할 수 없다.

리버슨은 자료 덕분에 유행의 순환, 이름 유행에서 민족성이 담당하는 역할, 그 이외 상당히 흥미로운 여러 가지 주제에 대한 답을 찾을 수 있었다. 그와 동시에 그는 수많은 연구자 중에서 특히 고용인에 의존하는 연구자들이 빠지기 쉬운 함정을 피했다. 리버슨의 방식은 매우 철저하다. 그는 자신이 알지 못하는 것에 대해서는 말하지 않았다. 연구자가 연구 주제에 대한 지식 전반을 면대면 작업을 담당하는 제3자(설문 조사자뿐 아니라 인쇄된 설문지)를 통해서 수집하면, 증거로 수집된 자료의 가치를 평가하는 데 필요한 정보를 충분히 얻을 수 없다. 오페라 공연 관람 횟수를 묻는 질문 옆에 쓰인 숫자로 응답자가 얼마만큼 '문화적으로 세련'되었는지 알 수 있을까? 정말 알 수 있다고 생각하는가? 어떻게 알 수 있는가? 어떤 사람이 써넣은 숫자는 음악적 교양의 수준을 나타내는 증거라기에는 불확실하다. 현장 연구자들은 순전히 주위에 있는 것만으로 연구 주제에 대한 정보를 얻을 가능성을 높일 수 있다(7장에서 알아보겠지만 이는 블랜치 기어와 내가 의대생들의 일부 행동을 설명해주는 합의를 알아낸 방법이기도 하다). 그러나 두니어(2011)가 세시했듯이 현장 연구자들이 현장에 존재하지 않는 의미도 데이터에 부여하는 것이 가능하다.

리버슨은 그런 실수를 저지른 적이 없다. 그는 자신이 아는 것과 검증되고 원칙적으로 검증 가능한 기록에 포함된 숫자에만 의존했다. 그리고 자신이 추측하고 있다는 것을 경고하는 일 없이 사람들의 동기나 생각에 대해 추측하지 않았다. 7장에서 살펴보겠지만 연구자들이 사람들의 동기나 생각에 대해 좀 더 자세하고 한층 더 검증 가능한 정보를 얻는 일은 가능하다. 리버슨은 남들이 이를 탐닉하든 말든 반대하지는 않았지만 자신은 그러한 방법을 사용하지 않았다.

게다가 그는 최소한의 자금으로 그 모든 것을 했다. 주로 연산 비용과 자신의 산하에서 진행되는 특정 연구의 결과를 논문으로 작성하는 연구 보조원들의 인건비가 전부였다. 연구 그 자체와 무관한 요구가 그와 그의 동료들이 하는 일에 영향을 주는 일은 없었다.

결과적으로 리버슨은 '수석 연구자'와 그의 동료들이 데이터를 수집하는 식의 상황을 만들어냈다. 이러한 상황에 대해서는 7장에서 자세히 알아보기로 한다.

### 아카이브 : 처방약 기록

콜먼, 카츠, 멘젤(1966)은 연구자가 (출생증명서에 의존했던 리버슨이 입수할 수 없었던) 과정상의 세부 정보 몇 가지를 얻는 것이 가능함을 보여주었다. 그들은 의사들이 어떠한 과정을 거쳐 일반 질환에 처방되는 신약을 받아들이는지 알아내고 싶었다. 그들이 찾아낸 아카이브 원천 자료는 의사들이 서로 교류하고 소식과 정보를 주고받으며 '전문가 공동체'를 형성할 정도로 가깝게 맞닿은 지역 사회 몇 곳의 약국 기록이었다.

콜먼과 그의 동료들이 특정한 신약의 수용도를 측정하기 위해 사용한 척도는 완벽했다. 이때 수용도는 해당 약품을 처방하는 것만을 의미하며, 약을 처방한다는 것은 연구자들이 조회하고 셀 수 있는 처방전을 작성하는 것만을 의미한다. 그 과정에는 모호한 점도, 감춰진 부분도 없다. 흔히 자기 행동 보고에 악영향을 주는 골칫거리가 전혀 존재하지 않는다.

제약회사는 자사 신약에 대한 의사들의 관심을 끌기 위해 많은 돈을 쓴다. 그러나 의사들은 처방 습관을 조심스럽게 바꾸며 신약을 곧바로 사용하지 않는 의사들도 있다. 연구자들은 의사들로 구성된 대규모 표본을 면접 조사했지만, 면접 조사만이 의사들의 처방 행태에 대한 지식 원천이었다면 신약을 처음 처방한 의사, 그다음으로 처방한 의사, 그러한 선택이 이루어진 날짜와 순서를 알아내는 데 필요한 자세한 분석을 할 수 없었을 것이다. 그래서 그들은 언제, 무엇을 했는지 묻는 것처럼, 기억(예를 들어 언제 오페라에 갔는지)을 토대로 하는 데이터를 활용할 때 하기 쉬운 어림짐작을 하지 않았다. 연구자들은 영향의 패턴을 확인할 수 있었다. 즉, 최초 도입자와 그의 체험을 듣고 난 후에 환자들에게 신약을 처방한 모방자들을 알아낼 수 있었다.

약국이 보관해야 하는 자세한 아카이브 덕분에 연구자들은 의사들이 말로 전달한 체험과 실제로 취한 행동을 비교하여 사건의 공통된 순서를 연구할 수 있었다. (공개 정보인 영화 크레디트를 장편 영화 제작의 참여 지표로 활용한 로버트 포크너[1983]의 연구도 참고하라.)

나는 누가 언제 무엇을 했는지 자세하게 담고 있는 정보 저

장소를 어디에서 찾을 수 있는지는 알지 못하지만, 분명 그런 저장소는 존재한다. 현대의 관리 관행에 따라 모든 사람들이 하는 일에 대해 그 어느 때보다도 풍부하고 자세한 기록이 생산되고 있다. 우리는 우리가 관심 있는 행위가 기록되어 있는 '완벽한' 기성 데이터 원천을 점점 더 많이 찾아낼 수 있을 것이다.

# 7장

## 수석 연구자와 보조 연구원의 데이터

# 데이터를 직접 수집하기 : 여러 가지 가능성

데이터 수집자의 마지막 유형인 '수석 연구자chief investigator'는 자신과 자신이 고용한 협력자들이 하게 될 연구의 아이디어를 고안해내는 사람을 가리킨다. 이때 협력자는 학생 조교나 수석 연구자와 동등한 위치의 동료, 수석 연구자가 연구할 사회적 환경에서 살거나 일하는 사람들, 연구 결과에 조직적인 이해관계가 없더라도 어떤 식으로든 연구에 개입되는 모든 사람을 포함한다. 수석 연구자는 당연히 가능한 한 훌륭한 데이터를 증거로 사용하고 싶어 한다. 수석 연구자가 그러한 활동에 개입하는 주된 이유는 동료들의 비판적인 검토를 견뎌낼 연구 보고서를 작성하기 위해서다. 또한 나는 수석 연구자가 잔여 범주에 속하는 것으로 본다. 앞선 장에서 다룬 범주에 속하지 않는 이들은 모두 잔여 범주에 속한다고 할 수 있다. 다시 말해 그들이 생산하는 데이터는 자신들이 수행한 다른 연구의 보고서나 부산물이 아니다. 고용인으로 일하지도, 인구 조사 과정에 참여하지도 않으며 그 이외에도 과학적으로 가능한 용도를 감안하지 않고서는 그 어떠한 방식으로도 아카이브 자료를 생산하지 않는다.

순수한 의미의 수석 연구자는 단순한 동기를 품는다. 3장에 나온 물리학자와 토양학자의 사례에서 보았듯이 수석 연구자가 연구를 하는 까닭은 자신의 흥미를 끄는 과학적 수수께끼를 학계의 동료들에게 좋은 평가를 받을 수 있는 방식으로 해결하기 위해서다. 수석 연구자는 좋은 직장과 경력, 우수한 평판, 학술상, 자신이 중요하게 생각하는 사람들의 존중 등 뛰어난 연구에 따른 보상을 얻고자 한다.

자신의 데이터를 직접 수집하는 사람들은 조직적 연구 활동의 모든 단계에 존재한다. 대학원생은 논문을 위해 독창적인 연구를 하는 과정에서 때로 대규모 설문 조사에서만 수집될 수 있는 데이터에 접근할 기회를 얻기도 한다. 그러나 그보다는 소규모 인구 집단이나 표본에게 자신이 고안한 설문지로 조사하고, 좀 더 느슨하면서 덜 형식적인 방법으로 면접 조사를 시행하며, 어떤 문제를 조사하기 위해 기록 저장소를 이용한다. 때론 (사람이나 사물에 대한) 본격적이고 꽤 장기적인 현장 관찰을 수행하는 식으로 직접 데이터를 수집해야 할 때도 많다. 나는 이러한 과정에서 나타날 수 있는 다양한 상황을 설명하고자 한다.

수석 연구자가 되면(정말로 자기 자신이 스스로의 상사가 되면) 연구를 진행하는 동안 연구의 방향을 조정할 수 있다. 조사 초기 단계에서 얻은 정보를 이용하여, 연구를 시작할 때 알지 못했던 내용을 감안하고 예기치 못한 결과를 통합할 수 있는 방향으로 데이터 수집과 분석 방법을 설계하거나 재설계할 수 있는 것이다. 수석 연구자는 스스로 몰랐던 것들을 알 수 있다. 만나는 상대가 누구인지, 그 사람이 연구하고자 하는 활동에서 어떠한 역할을 담당하는지, 자신이 어떠한 사건에 흥미를 느끼는지,

그러한 사건의 참여자가 어떻게 갈등을 빚고 해소하는지, 자신이 알아보고자 하는 사람들 사이에서 무엇이 실수를 유발하는지 등을 말이다. 연구 초기에는 전혀 알지 못하는 것들의 목록이 길지만 그 목록은 차츰 응답 가능한 질문 목록으로 전환된다. 수석 연구자는 그 가운데 어떤 질문을 추구하고 어떻게 추구할지 선택을 내린다.

앞선 장에 덧붙여 7장의 취지는 많은 논의의 대상이 된 정성-정량 이분법이 현실에서 어떻게 해서 해체되고 있는지 살펴보는 것이다. 연구자들이 유용한 결과를 도출하기 위해 셀 수 있는 것을 센다든가, 데이터 수집 도구와 절차를 설계할 때 자신들이 이해하고 있다고 생각했던 과정에 방해가 되는 요소를 찾으며 기대했던 결과가 나타나지 않는 이유를 찾아내는 식으로, 연구 기법을 활용하는 방법을 보여주는 것이다. 현장 연구는 어떤 면에서 전형적인 징성 연구이지만, 숫자를 증거로 활용할 수 있고 실제로도 자주 활용한다. 전통적인 통계 형식은 아니지만, 관찰 데이터를 탄탄하고 받아들일 수 있는 증거로 전환하여 이론을 뒷받침하기 위해, 셈해야 할 것을 셈하고 결과로 나온 숫자를 계산한다. 정량 연구자들은 숫자 수집의 대상과 비공식적인 상호작용을 통해 얻은 지식을 좀 더 체계적으로 활용한다. 5장에서 알아본 바와 같이 로이스 드플뢰르는 마약범들을 체포한 경찰서 마약 부서와 비공식적으로 어울리면서 얻은 정보를 토대로, 마약 체포에 대한 획기적인 통계 연구를 진행했다. 경찰관들과의 교류를 통해 그녀는 체포 통계가 정말로 증거로 활용 가능한지 정교한 3차원 지도를 통해 보여주었다. 통계 분석은 그렇게 해서 도출된 아이디어가 그녀가 가까이서 관찰한 집단보다 한층 더 큰 규모의 집단에도 적용된다는 점을 입증했다.

현장 연구는 느슨하고 포용적인 용어로 온갖 데이터 수집 전략을 포함한다. 연구 대상의 조직적, 집단적 행위에 정식 구성원으로서 장기적으로 참여하는 것부터 (드플뢰르가 비번인 경찰관들과 어울렸듯이) 덜 공식적으로 교류하는 것은 물론, 정해진 일정 없이 어떤 공동체의 구성원들을 자세히 면접 조사하여 그들의 사회 활동을 숫자 가득한 체계적인 표로 정리하는 활동에 이르기까지 모두 해당된다. 이러한 데이터 수집 방식은 연구자가 재빨리 방향을 바꾸고 새로 나타나는 문제와 데이터 원천을 곧바로 수용할 수 있다는 공통점을 지닌다. 발리바르가 최저 온도를 맞추는 과정에서 오류의 근원을 찾아내기 위해 했던 행동과 여러모로 비슷하다.


## 인맥을 활용하여 독립 연구를 수행하기

그토록 수많은 학생이 자신이 구성원으로 있는 조직이나 (자신은 물론 친한 친구나 친척이) 한때 속했거나 아직까지 속해있는 공동체 등 이미 속속들이 꿰고 있는 집단의 행동에서 논문 주제를 찾아내는 것은 우연이 아니다. 나는 술집과 온갖 종류의 파티에서 댄스곡을 연주하는 '평범한 음악인'들에 대해 석사 논문을 썼다. 놀라운 일도 아니다. 나는 대학원에 입학하기 전에 생활비를 벌려고 피아노를 연주했고 대학원 과정뿐만 아니라 그 이후로도 한참 동안 직업적인 연주 활동을 지속했다. (마르크 페레누[2007]도 60년 후에 프랑스 툴루즈에서 비슷한 활동을 했다. 이러한 전략은 절대 유행에서 벗어나지 않는다.)

나와 같은 과정에 속했던 학생들 가운데 상당수도 자신이 잘 아는 일에 대해 논문과 학위 논문을 썼다. 그들은 때로는 그러한 일이 일어나는 사회적 환경에 참여하고 관찰하거나 좀 더 흔하게는 그 일을 수행하는 사람들을 자세히 면접 조사하는 방법을 활용했다. 레이 골드(1952)의 아버지는 철물점을 운영했는데 그 동네 건물을 관리하는 잡역부들이 작업에 필요한 물건들을 사러 철물점에 들르곤 했다. 골드는 아무런 어려움 없이 가게 손님인 잡역부들과 그들의 친구 중에서 면접 조사 대상을 찾을 수 있었다. 루이스 크리스버그(1952)의 아버지는 모피 소매상이었기 때문에 크리스버그는 상세한 면접 조사를 진행할 수 있을 정도로 모피 사업에 대해 빠삭했고, 면접 조사 대상들도 어린 학생을 기꺼이 도와주었다. 다른 학생들도 가족의 인맥(예를 들어 연구 계획을 세우는 데 도움을 얻기 위해 해당 의학 전문 분야에 종사하는 부모님이나 배우자의 부모님)을 활용했다. 그 당시에 UCLA의 학생이었으며 트럼펫 전문 연주자이던 로버트 포크너는 학위 논문을 써야 하는 상황을 자신이 평소 궁금해했던 할리우드 영화사의 음악인들을 조사할 기회로 활용했고, 결국에는 연구 결과를 책으로 냈다(포크너, 1971). 사회학에는 이 같은 이야기가 수없이 존재한다. 그들은 그 모든 정보를 얻었을 때 자신들이 연구를 준비하게 되리라는 것을 알지 못했다. 그러나 그들이 얻은 정보는 프로젝트의 틀을 잡는 것뿐만 아니라 관찰과 데이터 수집에 도움이 될 일들에 곧바로 착수하는 데 유익한 역할을 했다.

이러한 이야기는 덜 구조화된 연구 프로젝트에만 국한되지 않는다. 립셋, 콜먼, 트로가 국제인쇄기술자 조합의 회원들을 대상으로 시행한 설문지의 창의적인 항목 다수에는 조합 회원의 아들인 립먼의 경험이 반영되었다. (그는 연구를 실현하는 데 도움을 준 조합과의 관계며 인맥에 대해 립셋, 콜먼, 트로우 공저 논문[1977]에서 간접적으로 언급했다.)

개인의 삶과 연구 주제의 관계는 무궁무진하다. (내가 음악 산업에 종사했던 것처럼) 직업이 있는 학생들은 업무 상황을 관찰하기 위해 자신의 직업을 활용했다. 각각 제조업의 기계 기술자와 관리자로 일한 도널드 로이(1952)와 멜빌 댈턴(1959)의 사례가 대표적이다. 작은 종교 공동체에서 자라난 학생들은 종파주의에 대한 에버렛 휴즈의 관심을 이용하여 해당 공동체를 그와 함께 쓸 학위 논문의 주제로 삼았다. 논문 주제와의 관계는 연구 장소에 접근하는 것을 용이하게 했지만 동시에 충성도가 상충될 여지를 남기기도 했다(다만 내가 아는 사람 중에서는 누구도 그러한 문제를 겪지 않았다). 로버트 포크너는 할리우드 작곡가들을 대상으로 한층 더 대대적이고 야심찬 연구를 진행하기 위해 과거에 자신이 할리우드 영화사의 음악인들을 연구하면서 쌓은 인맥을 활용했다(포크너, 1983).

이 모든 사례를 통틀어 연구 주제와 방법의 선택을 결정지은 것은 개인적 관심이었으며 '독자적으로' 일하는 연구자들은 앞선 장에서 살펴본 데이터 수집자들의 경우에 비해 훨씬 더 용이하게 그 두 가지를 선택했다. 사전 지식 덕분에 그들은 연구할 문제를 찾았고, 사회적 맥락을 이해하지 못하는 한 중요하게 보이지 않을 데이터를 해석하는 데 있어서 유리한 출발을 할 수 있었다. 예를 들어 립셋은 야간 근무를 자주 하는 탓에 정상적인 주간 근무를 하는 친구를 만들기 어려운 인쇄 기술자들이 주로 직업 집단 내에서 사회생활을 한나는 것을 알고 있었다. 그 덕분에 그는 주요 변수를 측정하기 위해 조합원들의 사회 통합 지표를 활용한 설문 항목을 구성할 수 있었다. 그와 그의 연구 동료들은 다른 상황에서라면 얻을 수 없었을 지식과 접근성에 힘입어 연구를 시작했다. 또한 개인적 지식으로 수집해야 할 데이터를 알고 있었으며 해당 데이터를 수집하는 것 이외에는 다른 동기를 지니지 않았다.

## 수석 연구자의 보조자와 협력자

연구자들이 모든 연구를 직접 하기란 사실상 불가능하다. 문제를 해결하는 데 필요한 지식과 지리적 이동성을 갖추지 못했거나 인력을 직접 고용할 여력이 없을 때가 많다. 그래서 연구지 상당수는 경제적 동기가 없는 사람들을 채용하여 일을 맡긴 다음에 그들을 (간단한 문제는 아니지만) 어느 정도까지는 연구 조직의 협력자로 대하는 것을 확실하고 손쉬운 해결책으로 생각한다. 대학원생 조교는 앞으로 하게 될 연구에 쓸모가 있을 기량을 익힐 수 있으리라 생각하면서 적은 돈을 받더라도 중요하고 본격적인 연구에 참여할 기회를 노린다. 그 같은 기량을 다시 활용할 생각이 없는 학생들조차도 자신의 동료들이 하는 일을 이해할 뿐만 아니라, 최소한 그런 식의 데이터 수집에 어떠한 장점과 단점이 따르는지 깨닫게 된다. 앞으로도 해당 분야에서 연구 활동을 지속할 생각이 있는 학생들은 그 경험을 한층 더 가치 있게 생각하며 때로는 자신이 생산한 데이터를 학위 논문에 활용하기도 한다.

나는 에버렛 휴즈의 보조자이자 동료로서 나중에 내 학위 논문의 주제가 된 연구를 수행한 경험이 있다. 데이터 수집 업무에서 출발하여 논문을 쓰는 것은 흔한 일이지만, 내 경험이 다소 특별했다는 것을 나중에야 깨달았다.

내가 박사 학위를 받은 시카고 대학의 사회학과 교수이던 에버렛 휴즈와 루이스 워스는 시카고 공립학교의 인종 문제 연구에 필요한 보조금을 받았다. 나는 워스의 역할이 무엇이었는지, 그가 담당한 업무가 정확히 어떤 일로 구성되었는지 알지 못한다. 반면에 휴즈가 공립학교 교사들의 경력이 각기 다른 학생 집단에 대한 그들의 관점과 행동에 영향을 끼친다는 생각을 품고 있으며, 그 생각을 확인할 양면적 접근법을 고안했다는 사실은 알고 있었다. 일단 그는 현재 가르치고 있는 학교에서 다른 학교로 전근하고 싶은 교사들이 그러한 희망 사항을 써넣는 장부를 데이터로 삼으려고 했다. 그 과정에는 추후 분석을 위해 수백 페이지 분량의 정보를 표준화된 양식에 옮겨 적는 일이 따랐다. 이 같은 정보는 교사들이 인종과 계층 구성이 제각각인 여러 학교 사이에서 전근하는 패턴을 조사하는 데 도움을 주었다. 나는 그 기록 중 상당 부분을 베꼈다. 그 일이 얼마나 지루했는지는 짐작이 갈 것이다. 이 업무를 총괄한 사람은 동료 대학원생이며 통계 분석을 통해 자신의 학위 논문을 작성한 존 윈젯이었으니 나는 그야말로 '고용인' 신세였다.

그러나 연구의 두 번째 부분에는 학교 교사들에게 경력과 관련된 면접 조사를 할 사람이 필요했다. 내 석사 논문의 주제가 (음악인의) 경력이었으므로 나는 내가 그 일을 해낼 수 있다고 생각했다. 내 생각에 그 일에 있어서만큼은 내가 윈젯보다 더 적합해 보였다. 결국 휴즈는 시급 1달러에 그 일을 제안했다. 나는 소논문(오스월드 홀이 미국 소도시에서 진행한 의사 집단 연구 [홀, 1948, 1949])을 석사 논문의 모델로 삼았던 기억을 떠올리며, 이번에도 면접 조사 결과를 박사 논문의 토대로 삼을 수 있으리라 생각했다.

학교 교사에 관한 논문을 쓴다는 생각은 내 흥미를 자극했다. 원래 나에게는 더 끌리는 아이디어가 있었다. 나는 시카고 니어 노스 사이드에 있는 러시 거리의 밤 생활을 주제로 박사 논문을 쓰고 싶었다. 그 주제로 논문을 쓰면 나와 비슷한 사람들과 어울려 다니는 등 내가 좋아하는 일을 할 수 있었다. 그러나 나는 면접 조사를 해서 돈을 벌고 싶기도 했다. 더욱이 면접 주제가 흥미로웠다. 첫날부터 에버렛 휴즈는 이런저런 일에 대한 내 생각을 묻고 나를 고용인이 아닌 연구자로 대우했다. 그는 나를 석사 학위와 배짱만 있는 애송이가 아니라 자신이 하는 일을 잘 아는 사람처럼 대했다. 사실 교사 몇 명을 면접 조사하면서, 이미 나는 휴즈보다 교사들에 대해 더 많은 지식을 지니게 되었다. 휴즈 역시 내가 진행한 면접 조사 내용을 읽어보았기 때문에 (나는 그에게 기록된 형태를 전달했다) 상당히 많은 것을 알고 있었지만, 그 내용과 응답이 시사하는 바에 대해 나와 논의했다. 다시 말해 그는 내가 최전방에서 활동했다는 이유로 나를 연구 동료 정도가 아니라 선배처럼 대했다. 나는 시카고 전 지역을 돌아다니면서 면접 조사 각각을 꼼꼼하게 기록하는 등 정신없이 일했다. 그러던 어느 날, 그가 특유의 퉁명스러운 투로 어째서 자기에게 면접 조사를 일일이 읽어보라고 하느냐고 물었다. 나는 그렇게 해야 하는 줄 알았다고 말했고 그는 내가 면접 조사 방법을 잘 알고 제대로 하고 있기 때문에, 더 이상 주지 않아도 된다고 대답했다. 그러더니 곧바로 내가 진행한 면접 조사가 학위 논문으로 안성맞춤일 것이라고 제안했다. 정말로 그랬다. 나는 계획, 실행, 작성에 이르는 연구 전 과정을 책임졌다. 결과로 나온 학위 논문을 토대로 소논문 세 편을 쓰기도 했다(베커, 1952a, 1952b, 1952c).

나는 내가 개입된 프로젝트에서 대학원생들과 일할 때 항상 휴즈와의 경험을 본보기로 삼았다. 그들은 절대로 '내 밑에서 일하는' 것이 아니었다. 자기 몫의 연구를 하고 나는 훈수를 둘 뿐이었다.

그러나 연구자를 돕는 구성원이 자기 프로젝트를 진행하는 학생일 필요는 없다. 어떤 사람이나 가능하다. 윌리엄 풋 화이트William Foote Whyte가 고전이 된 저작 《길모퉁이 사회Street Corner Society》(1943)의 바탕이 된 연구를 진행할 때, 그와 긴밀히 협력했던 독Doc은 보스턴 이탈리아 공동체의 일원으로서 대학원생도 아니었고 대학원생이 될 생각도 없었다. 그러나 화이트는 그를 프로젝트 전반에 참여시켰고 자신이 활용하는 방법과 자신이 하는 일의 배경에 있는 생각을 그와 논의했으며 그를 사실상 연구 동료로 대했다. 독이 몇 년 후에 그 일에 대해 이견을 품게 되었을 수는 있지만, 연구 기간 동안 그는 연구 대상이 되는 소규모 사회의 일원이었을 뿐 아니라 진정한 연구 동료였다.

물론 연구 대상이 되는 사람들을 독처럼 전면적으로 또는 깊숙이 참여시킬 필요는 없다. 나는 캔자스 의대에서 현장 연구를 시작했을 때 그곳 학생들을 내 연구의 데이터 수집에 참여시켰다. 나는 다른 책에서 그때의 이야기를 자세히 다루었다(베커, 1998, 151~59). 어쨌든 요약하자면 나는 그들 중 한 명이 환자를 'crock'으로 칭하는 것을 들었는데 그는 내게 그 말이 무슨 뜻인지 설명하지 못했고(그는 뜻을 알았지만 설명은 하지 못했다), 나는 같은 조에 있는 다른 학생들에게 그 말의 뜻을 찾는 일을 도와달라고 했다. 우리는 사례를 제시하고 세부 사항을 논의하며 결국 연구의 주요 개념 중 하나의 토대가 된 확고한 정의에 도달했다. 나는 그들을 고용하여 그 일을 시킨 것이 아니다. 그는 그일이 짧은 시간 동안 주의를 기울이기에 충분히 흥미로운 일이라고 생각했다. 현장 연구자 중 상당수가 그 같은 일을 하며 이는 내가 다른 연구 상황에서도 종종 사용하는 전략이다. 내가 연구하는 조직의 사람들에게 연구 문제 일부를 해결하도록 도와달라고 부탁하는 것이다.

(이 대목에서 지난 장에서 논의한 줄리어스 로스의 고용인 이론을 진지하게 생각해볼 필요가 있다. 소규모 연구 활동에서도 비슷한 문제가 발생할 수 있다. 모든 교수가 휴즈처럼 기꺼이 연구의 주된 공로를 학생에게 돌리고 학생 이름으로 논문을 발표하도록 허용하는 것은 아니다. 교수 한 명이 몇 건의 소액 보조금을 받은 다음에 학생들을 고용하여 일을 시키고 나서 논문이든 책이든 쓰고 공로를 독차지하는 경우도 있다. 다른 연구들을 보면 학생 조교가 고용인과 비슷한 문제를 만들어내기도 한다.)

내가 박사 학위를 취득하자 휴즈는 나와 블랜치 기어를 고용하여 의대생 연구를 맡겼고 나중에는 마시 레이Marsh Ray가 학부 학생 연구에 합류했다. 두 경우 모두 휴즈는 우리에게 연구를 조직하고 진행하며 아이디어를 생각해내고 그 아이디어를 확인하며 결과를 작성하는 일을 전부 맡겼다. 그는 가끔씩 (학교가 있는) 캔자스시티로 내려와서 우리와 술을 마시며 무엇을 찾아냈는지, 달리 무엇을 조사하면 좋을지 등 연구에 대해 이야기를 나누곤 했다. 우리가 쓴 책의 초고를 읽고 자신의 생각과 우리가 제안한 생각을 담아 그 책의 서론이 되는 장을 직접 썼다.

그 프로젝트는 진정한 노동 분업이었다. 휴즈는 우리가 할 수 없는 일들을 했다. 현장에서 연구를 수행하는 사람들, 나중에 (의대생 연구의 경우에 나와 기어처럼) 그것을 글로 기록하는 사람들, 의대 관계자 사이의 중개자(요즘 사회학자들은 '인터페이스interface[접점]'라는 말을 쓰겠지만) 역할을 한 것이다. 처음에 의대 관계자들에게 나를 소개해주었을 뿐 아니라 나중에 그들이 우리가 책에 쓴 내용에 대해 부적절하다면서 분통을 터뜨렸을 때도 중재에 나섰다. 기어도 나도 그 일을 할 수 없었을 것이다. 우리에게는 요령이 없었고 휴즈 교수가 했듯이 그들의 주의를 끌 학문적 지위도 없었다.

이 모든 사례를 통틀어 연구 대상인 사회 조직에 대해 증거가 될 데이터를 수집하려는 연구자의 관심을 앞지르는 것은 없었다. 우리는 데이터를 수집할 책임이 있었고 그 일을 가능한 한 제대로 수행해야 할 충분한 이유가 있었다.

## 다른 종류의 자원자

커트 랭Kurt Lang과 글래디스 랭Gladys Lang(1953)은 텔레비전 뉴스와 뉴스로 보도된 진실 사이의 관계를 연구하면서, 시카고 대학 사회학과 대학원생 31명에게 관찰 데이터를 수집해달라고 요청했다. 학생들은 시카고의 거리와 솔저 필드Soldier Field 구장에서 수많은 군중이 더글러스 맥아더 장군의 승리에 환호하며 해리 트루먼의 대외 정책에 맞선 그에게 성원을 보내는 것으로 보도된 광경을 매우 다양한 시점에서 관찰했다. 랭 부부는 다른 도시에서는 텔레비전과 신문이 맥아더 장군의 공식 석상 출현을 정확하게 보도하지 않았다는 의혹을 품었고, 체계적인 관찰을 하면 맥아더 장군에 덜 우호적인 이야기가 드러나고 텔레비전이라는 최신 매체가 실제로 어떻게 작동하는지 통찰을 얻을 수 있으리라 생각했다. 31명의 관찰자들에 대한 랭 부부의 묘사는 다음과 같다.

연구에 참여한 이들은 그 날 행사의 중요한 양상을 정확하고 빠짐없이 관찰할 수 있도록 공간적으로 분포되었다. 다시 말해 구경꾼이 서있을 만한 중요한 위치를 하나도 빠뜨리지 않았다. 행사가 시간에 따라 진행되었으므로 구경꾼 상당수는 두 곳 이상의 위치를 옮겨 다녀야 했다. 관찰 범위는 사실상 31개 시점이 포괄하는 것 이상이었다. 따라서 개별 참여자의 관찰이나 무계획적인 대량 관찰에 내재된 표본 추출 오차는 크게 줄어들었다. 관찰자들은 미드웨이 공항의 도착 장면을 지켜볼 수 있었을 뿐 아니라 행진이 예정된 시간보다 한참 더 전에 루프Loop(시카고 도심으로 상업용 건물과 시청이 있다 - 역주) 지구에 도착할 수 있었다. 보고는 43개 관찰 지점에서 이루어졌다. 자원자들은 관찰의 원칙과 꼼꼼하게 기록해야 할 세부 사항 위주로 작성된 작업 지시서를 받았다. 그 가운데는 향후 텔레비전 보도를 통해 시청자의 행동에 영향을 줄 만한 활동에 각별히 주의하라는 지시가 있었다. 예를 들어 카메라 방향으로 이루어지는 행위나 행사가 텔레비전 송출을 염두에 두고 전개된다는 징후 등에 주목하도록 한 것이다. (4)

텔레비전 방송국들은 해리 트루먼 대통령에 대한 역사적인 명령 불복종 이후에 시카고 솔저 필드 구장에 선 더글러스 맥아더 장군을 환영하기 위해 모인 대규모 군중의 (사전 녹화된) 영상을 내보냈지만, 그 현장에 있던 학생들은 거대한 구장의 관람석 대부분이 비어있음을 확인했다. 그럼에도 카메라맨들은 사람들이 있는 쪽에 초점을 맞추었다. (최근에 프랑스의 텔레비전 방송국들은 프랑스의 어느 정당이 부린 비슷한 속임수를 보도했다. 그들은 경쟁 후보가 실제보다 인기가 없다는 인상을 주기 위해 회의장 뒤편에 사람들 몇 명을 세워놓고 그에게 야유를 보내고 휘파람을 불게 했다.)

이처럼 중요한 결과 데이터는 정치 현장에 대한 대부분의 회의론보다 앞서 나온 것으로서, (카츠와 데이언의 1992년 연구를 참고하라) 비슷한 대학원생 다수에 의해 수집되었다. 그들은 (그 당시에는 알 도리가 없었겠지만) 훗날 정치 뉴스 보도와 정치 현장에 대한 역사적이고 새로운 방식의 조사로 판명된 활동에, 또한 상업 텔레비전 방송국들이 실제로 일어난 일을 허위로 퍼뜨리기 위해 벌인 공모를 폭로하는 활동에 참여했다는 짜릿함 이외에는 얻은 것이 없었다.

## 수석 연구자와 현장 연구

혼자 일하거나 대학원생 또는 동료 몇 명과 일하는 수석 연구자들은 느슨하게 조직된 현장 연구 방법에 대해 사회 과학에서 말하는 '선택적 친화력elective affinity'을 드러내는 경향이 있다. 그들은 자신이 연구하는 조직이나 공동체에서 한참 동안 체류하면서 주제와 관련된 사건들을 직접 관찰하거나, 그러한 사건에 개입된 사람들을 대상으로 길고 자세하며 비구조화된 면접 조사를 시행한다. 아니면 둘 다 한다.

설문 조사 같은 좀 더 구조화된 데이터 수집 방식이나 그 이외에 체계적이며 정량적인 방법으로 수집된 데이터의 활용에서는 이런 식의 편향성이 나타나지 않지만, 어째서 그런 일이 일어나는지는 쉽게 이해할 수 있다.

알다시피 어떤 변수에 대한 특정 변수의 영향을 검증할 목적으로 설계된 연구는 개별 사례마다 그러한 변수들을 동일한 방식으로 측정해야 한다. 그렇지 않으면 사례를 서로 비교하기란 불가능하다. 대규모 표본에서 비교 가능한 데이터를 얻기 위해 구조화 면접 조사 형식을 활용할 경우, 연구 설계의 핵심인 '비교 동등성comparability'을 희생하지 않고서 질문의 표현을 바꾸는 일은 불가능하다. 질문은 수많은 면담자에 의해 이루어지기 때문에 프로젝트를 실행하려면 연구 설계가 초기에 결정되어야 한다. 그래야 연구자가 설문지를 인쇄하고 면담자들을 교육할 수 있기 때문이다. 응답이 채워진 설문지가 돌아오면 연구자는 코딩 지침을 마련하고 코딩 담당자들에게 사용법을 교육하여 원래 기록된 내용이 기계 분석에 필요한 형식으로 고스란히 옮겨지도록 해야 한다.

따라서 무엇이든 데이터 수집자의 주의를 끌 정도로 특이한 설문 항목을 현재 프로젝트의 설계에 포함해서는 안 된다. 연구의 바탕이 되는 전제 중 하나가 정확하지 않으면 연구가 재현될 때마다 상황은 완전히 달라진다. 데이터를 수집하기 위해 설문을 활용하는 연구자에게는 이 새로운 사실이 아무런 도움도 되지 않는다. 데이터 수집 단계에서는 그 사실로 아무것도

할 수 없다. 반면에 덜 구조화된 현장 연구에서는 그러한 정보가 연구의 방향을 새로 잡을 단서가 되기도 한다.

이처럼 비관적인 결론은 '사고 실험thought experiment'으로 검증된다. 사회적 고립이라는 연구 결과가 가공물이었다는 백과샌처그린의 보고를 기억하는가? 면접 조사 대상이 중요한 문제를 상의할 수 있다고 보고한 사람의 숫자가 감소한 현상은 사회적 고립의 지속적이고 전국적인 전개가 아니라, 더 많은 이름을 대려고 했던 면접 조사 대상의 말을 끊는 식으로 꼼수를 부린 면담자 몇 명에서 비롯되었다. 면접 조사 대상이 새로운 이름을 댈 때마다 면담자는 동일한 세부 설문을 한 번 더 되풀이해야 했기 때문이다. 그렇다면 종합사회조사의 관리자들은 그 같은 가공물을 파악하고 나서 면담자에 대한 지시 사항을 어떻게 바꿀 수 있을까? (물론 확실치는 않지만) 고용인들이 눈치챌 수 있을 정도로 특정 질문의 응답을 꼼꼼하게 살필까? 그리고 그러한 조치가 과거 설문에서보다 더 많은 이름을 이끌어내도록 면담자들에게 박차를 가할 수 있을까? (그렇다면 다른 면으로 비교 동등성이 지장을 받을 것이다.)

(5장에서 설명한) 캠벨의 법칙은 상벌을 주기 위해 어떤 척도를 사용하면 같은 목적으로 다시 사용할 수 없을 정도로 그 척도가 부패될 수밖에 없다는 내용을 담고 있다. 설문 항목이 측정하려고 하는 행동을 하는 사람들은 그 항목이 자신을 판단하기 위해 사용되고 있다는 사실을 깨닫고는 (물론 반드시 원하는 방

향으로는 아니지만) 자신에게 가장 유리한 면이 반영되도록 자신의 행동을 바꿔서 보고하게 마련이다.

좀 더 느슨하게 설계된 현장 연구의 연구자들은 자신들이 잘못된 전제에 근거하여 연구하고 있었다는 사실을 깨닫는 순간 기뻐한다. 그들은 새롭고 유용한 사실을 배운 셈이다. 최소한 미래의 면접 조사 대상에게 그 전에 알지 못했던 정보에 대해 질문할 수 있으며, 그것이 원래 마주친 것 이외의 상황에서 어떻게 작동하고 영향을 끼치는지 찾을 수 있다.

현장 연구자들은 데이터 수집, 해석, 새로운 연구 전략 고안, 신규 데이터 수집 등 연구의 모든 단계에 거의 동시에 개입한다. 그들은 데이터 생산에서 다른 연구자보다 더 중요한 역할을 담당하므로 '제대로 수행'해야 할 이유도 더 많다. 실제로 현장 연구자 대다수는 새롭게 조사할 일들과 기존에 조사한 일들을 새롭게 탐색할 방법, 관심 있는 일들을 측정하며 산출하는 방법을 찾아냈다는 보고를 일상적으로 한다. 그들은 기존의 지식에 새로운 정보를 통합해야 하는 일이 얼마나 잦은지로 연구의 진전 상황을 평가한다. 한동안 새로운 정보를 습득하지 못하면 연구는 끝난 것이라는 말이 회자될 정도다.

현장 연구의 수석 연구자는 일반적으로 데이터 대부분 또는 전부를 직접 수집하기 때문에, 새로운 정보를 찾아야 할 시점과 더 이상 배울 정보가 없는 시점 등을 판단할 수 있다. 그들의 판단이 항상 옳은 것은 아니다(배워야 할 것은 언제나 나타나게 마련이다). 그러나 조직의 권한이 배분된 방식을 보면 데이터를 수집한 사람들이 예측하지 못한 발견을 알아차리고 활용할 가능성이 더 크다.

## 현장 연구의 수치 데이터 : 몇 가지 사례

이 마지막 주안점이 설득력을 지니려면 여기에 구체적이고 자세한 예시로 살을 붙여야 할 필요가 있다. 내가 지금 제시하는 주안점은 내가 강조하고자 하는 다른 주안점으로도 이어진다. 현장 연구는 정량 연구를 적대시하기는커녕 대개 수많은 수치를 활용한다. 대규모 연구 중 극소수의 표준 형식 연구만 예외다. 수치를 활용하고 제시하는 방법은 여러 가지다(이와 관련하여 존 터키의 제안[터키 1979]은 사회학자 대부분에게 큰 도움이 될 것이다). 게다가 일반적인 '사회' 변수와 이런저런 일에 대한 인식 말고도 수치를 취합해야 할 사안은 많다.

장 프네프가 지적했듯이 온갖 종류의 사람들이 근무 시작전, 근무 도중, 근무 종료 이후에 숫자를 (대개 반복적이고 체계적으로) 사용한다. 그러나 프네프가 여러 차례의 연구에서 응급 의료기술자와 그 이외 의료 인력을 관찰한 바에 따르면, 무엇보다도 근무 도중에 숫자를 사용할 일이 많다. 그는 현장 연구 방법을 배우려는 대학원생들에게 다음과 같은 조언을 내놓는다.

'비참여 관찰non-participant observation'을 하는 학생은 '참여 관찰 participant observation'을 하는 학생에 비해 정량 척도의 필요성을 덜 느끼고 보고서에 정량 척도를 포함시킬 가능성도 낮다. 그렇기 때문에 나는 학생들에게 "숫자를 측정하지 않는 사람은 연구를 하고 있지 않은 겁니다!"라고 말한다. 실제로 일상적인 직업 생활의 본질적인 측면은 숫자로 측정되고 계산되어야 한다. 공장 근무는 "내가 만들어야 할 물건은 몇 개인가? 내가 수행해야 할 작업은 몇 가지인가? 그 모든 일을 하는 데는 얼마만큼의 시간이 걸릴까?" 같은 생각으로 점철된다. 사무실 근무는 분류하고 정리하며 셈하고 목록을 만드는 일로 구성된다. 병동에서는 늘 측정과 계산이 이루어진다. 침상이 몇 개나 비어있는가? 엑스레이 촬영을 하려면 얼마나 오래 기다려야 하는가? 엑스레이 촬영을 하려면 일마만큼의 시간이 필요한가? 우리가 치료해야 할 환자는 몇 명인가? 일을 끝마치는 데는 몇 시간이 걸리는가? 시간은 집착 대상이 된다. 근무자들은 얼마나 많은 시간이 경과했는지, 결정에는 얼마나 많은 시간이 걸리는지(그리고 물론 퇴근까지 얼마나 많은 시간이 남았는지)를 생각한다. 역설적이게도 연구자들은 끊임없는 시간 계산(작업과 행사, 검사, 일정의 시간 결정)처럼 근무자들이 대화의 가장 중요한 화제로 삼는 일을 연구 주제로 활용하지 않는다.

현장의 외부 관찰자이며 진행 중인 행위의 영향을 받지 않는 사회학자는 참여 관찰자와 마찬가지로 시간의 압박과 무게를 경험한다. 시간 측정의 비중과 그것이 업무에 미치는 영향이 크다는 것은 모든 형태의 계산이 일상생활의 필수불가결한 부분이라는 뜻이기도 하다. 어떤 사람의 시간과 지출을 셈하는 것은 앞으로의 전개를 조직하고 준비하기 위해 계획을 세우며 대략적으로 추정하는 것이기도 하다. 비참여 관찰자는 여가 시간을 보내는 사람과 같다. 시간이 남아돌며 자신의 시간 활용을 철저히 통제할 필요가 없는 사람이다. 물론 모두가 동등한 수준으로 계산하지는 않는다. 어떤 사람은 숫자를 덜 정확하게 계산한다. 계산이 필요한 행위라고 해도 모두 통계 취합으로 이어지지는 않는다. 모든 행위에 대해 특정 기간의 총합과 성장률뿐만 아니라 평균값이나 비율을 구해야 하는 것은 아니라는 뜻이다. 물론 자신이 어떻게 시간 관리를 하고 있는지, 얼마나 많은 시간이 남아있는지, 다양한 활동에 얼마만큼의 시간을 들이는지에 관심 있는 사람이 그렇게 하는 것까지 막을 수는 없다.

사건과 시간에 대한 끊임없는 기록은 사회학자와 퇴근하는 순간 공장이나 사무실에서 있었던 일을 잊으려고 안간힘을 다하는 일반 직장인을 가르는 차이점이다. 반면에 장기간에 걸쳐 자신의 자원이 얼마만큼 사용되었는지, 그러한 지출의 결과는 무엇인지 파악하고자 하는 직장인이나 고용주

라면 평균값을 구하고 자신의 활동과 그 결과에 대한 대차
대조표를 작성하려 할 것이다. 관찰을 바탕으로 한 사회학
보고서에는 척도와 계산의 예시가 넘쳐난다. (프네프, 1995,
122)

## 비공업 분야의 민족별 노동 분업 : 캔턴빌의 휴즈

에버렛 휴즈(1943)는 섬유공장 두 곳이 막 설립되어 인구가 급
증한 캐나다의 프랑스계 마을을 연구의 초점으로 삼았다. 그곳
에서는 주변 농촌에 살면서 농업으로 생계를 유지하던 사람들
이 공장에서 일자리를 잡았다(휴즈의 저서는 원래《장 바티스트 마
을로 오다Jean Baptiste Comes to Town》라는 제목이었다). 그가 공장 근무자
들을 분석한 기록을 보면 그의 표현처럼 '민족별 노동 분업ethnic
division of labor'이 이루어졌다는 사실을 알 수 있다. 놀랄 일도 아니
다. 관리직은 교육 수준이 더 높으며 영국계인 사람들로 채워졌
고 그 가운데 상당수는 영국에서 직수입된 사람들이던 반면에,
공장 근로자들은 책 제목에서 드러나듯이 모두 퀘벡의 프랑스
계 주민이었다.

그러나 휴즈는 공장 이외 노동 시장의 민족별 노동 분업에
도 관심을 품었는데 그 경우에는 기존에 수집된 데이터가 존재
하지 않았다. 그래서 그와 헬렌 맥길 휴즈(아내이자 동료 사회학
자)는 수석 연구자들이 할 일을 했다. 그들은 필요한 통계를 생

산하는 방법을 고안했다. 공장 작업 이외의 업무 가운데 영국계와 프랑스계 주민이 각각 어떤 일을 담당하고 있는지 기록한 것이다. 두 사람이 한 일은 다음과 같다. "[비공업 기업이나 서비스 업체를 소유하고 운영한 사람들의 민족에 관한] 이 표는 가가호호 방문으로 수집한 자료를 토대로 한다. 우리는 이 마을과 근교 지역의 거리와 골목을 샅샅이 훑으면서 무엇보다도 개별 건물이나 부지에 위치한 회사와 상점을 눈여겨보았다. 우리는 프랑스계가 아니라고 생각할 만한 이유가 조금이라도 있는 회사와 상점을 조사했다(1943, 69)." 그들은 간판에 사용된 언어를 민족을 추정하는 근거로 삼았다. 사용된 언어에 그곳의 소유주가 어떤 민족 집단을 고객으로 예상하는지 드러난다고 본 것이다. 대부분의 간판에는 단일 언어가 사용되었는데 양쪽 집단 모두를 고객으로 공략한 몇 군데 빼놓고는 대부분 프랑스어 간판이었다. 그뿐만 아니라 휴즈 부부는 그러한 가가호호 방문을 통해 얻은 데이터를 활용하여 나무나 벽돌이나 기타 재료로 건축된 건물이 각각 몇 채인지도 계산했다. 자신에게 필요한 수치가 아직 수집되어 있지 않다면 직접 수집하면 된다. 그러한 작업을 한다고 수석 연구자의 가치가 떨어지지는 않는다.

**개인 통계 : 생산 제한에 대한 도널드 로이의 통계**
우리는 앞서 피터 모스코스와 일한 경찰관들이 자신들이 목표

하는 체포 건수를 정한 다음에 그 수치를 달성하기 위해 어떠한 일을 하는지 알아보았다. 기계 공장의 생산 과정을 대상으로 한 도널드 로이의 연구는 가공된 숫자가 훨씬 더 복잡하게 사용된다는 것을 밝혀냈다. 그의 연구는 혼자서 연구를 설계하고 진행하는 단일 연구자가 초기에 얻은 정보를 활용하여 흥미로운 현상에 대한 복합적이고 분석적인 해석을 뒷받침할 수 있는 데이터 체계를 만들 수 있다는 것을 보여준다.

로이는 지속적인 참여 관찰과 면밀하게 수집되고 창의적으로 분석된 통계 데이터에 대한 철저한 고찰을 독창적으로 병행하여, 기계 공장 근로자들의 생산 제한을 연구했다. 그는 일자리가 필요했고 필요한 기술을 갖추고 있었기 때문에 기계 공장에 취업했다(제2차 세계대전 당시였기 때문에 그는 징병을 지연할 수 있는 일자리를 원했다). 그러나 곧 그곳에서 연구에 더할 나위 없이 적합한 상황이 펼쳐지고 있음을 깨달았다. 어쨌든 그에게는 써야 할 논문이 있었다. 로이는 자신이 본 것, 들은 대화, 직접 참여한 활동 등 모든 것을 꼼꼼하게 기록하기 시작했다. 또한 자신의 생산 일지를 자세하게 작성했으며 나중에는 이 자료를 자신이 도출한 여러 가지 결론의 숫자적 증거로 활용했다.

그는 (대규모 공단의 일부인) 기계 공장에서 일하면서 (그곳의 다른 근로자와 마찬가지로) 다양한 소형 조립 부품을 만들었다. 기계 공장의 근로자들에게는 수작업으로 수많은 부품을 생산하는 업무가 할당되었으며 그들의 근무 시간은 가지각색의 끝없는 작업으로 채워졌다. 그들은 생산한 제품 개수에 따라 임금을 받는 성과급 작업piecework에 참여했다. 따라서 원칙적으로는 열심히 일할수록 더 많은 돈을 벌 수 있었으며 돈은 고되고 지속적인 노동의 동기를 부여했다. 시간 조사원들은 숙련된 기계공이 제품을 만드는 시간을 측정하고 이를 토대로 얼마만큼의 시간이 '필요'한지 확인한 다음에 근로자가 시간 안에 제품을 생산하도록 유도할 목적으로 개당 임금을 책정했다. 근로자가 시간당 0.85달러라는 보장된 임금('일당')에 부합할 정도로 신속하게 제품을 만들지 못하더라도 어쨌든 그 돈을 받았다. 더 빨리 만든 근로자들은 일한 만큼 받았으므로 일당보다 많이 번 셈이었다.

얼마 후에 로이는 자기 동료들이 시간 조사원들이 책정한 개당 금액에 업무의 실제 난이도가 거의 반영되어있지 않은 데다 충분히 높지 않다고 생각한다는 것을 알게 됐다. 동료들은 시간 조사원들이 스톱워치를 손에 들고 자기들을 감시하면서 금액을 정하는 동안에는 '너무 빨리' 일하지 않으려고 각별히 애썼다. 로이는 근로자들이 의심하는 바가 정확하다고 생각했다. 그들의 의혹을 추적하기 위해 그가 수행한 연구 중 일부는 셈할 수 있는 항목을 셈하는 작업으로, 일부는 상호작용을 관찰하고 동료 근로자들과 대화하며 그 이외 전통적인 현장 연구 기법을 실행하는 일들로 이루어졌다. 각각의 접근법에서 얻어낸 결과는 다른 접근법에 도움을 주었다.

로이가 기계 공장의 생산 활동 패턴에 대한 증거를 찾은 과정은 스스로를 연구 대상으로 삼았다는 점에서 획기적이었다. 자신이 다른 사람과 같은 문제를 안고 있으며 숙련도도 거의 동일하다고 생각했기 때문에 그렇게 한 것이었다. 로이의 결과와 그 결과를 얻기 위해 그가 한 일들은 다른 사람들이 하고 있던 일과 크게 다르지 않았다. 따라서 그는 10개월 동안 자신의 생산 일지를 체계적으로 작성했다. 즉, 얼마나 많은 개수를 만들었는지, 한 건마다 얼마를 받았는지, 시간당 기본임금인 0.85달러를 받은('달성') 횟수, 할당량을 초과하여 추가 임금을 받은 횟수와 할당량을 채우지 못하고도 일당을 받은 횟수는 몇 번이나 되는지 기록했다. 그는 개당 임금만 지급되며 보장된 최저 임금을 받지 못할 경우에 그가 받을 시급(센트)으로 자신의 실제 생산량을 나타냈는데, 그 금액은 시간당 0.09달러에서 1.66달러까지 다양했다. 그는 총 생산 시간 중 절반은 할당량을 채우지 못했고 절반은 초과했다.

성과급 작업으로 번 내 '소득'의 절반 정도가 시간당 85센트인 '일당(day rate)' 아니면 '달성' 금액 중 하나에 해당했다. 이를 통해 대략 85센트가 중앙값임을 알 수 있다. 그러나 이러한 분포가 85센트를 최대빈도값 지점 modal point 으로 하는 종형 곡선을 그리지는 않는다. 생산 시간은 대략 '달성'과 '미달'이라는 두 가지 분포를 보인다. '달성'된 669.4

시간 중 74.1%가 1.25~1.34달러 구간에 집중된 한편 '미달'된 681.5시간 중 43.2%는 인접한 두 구간에 집중된 식이다. '달성' 시간의 집중은 한층 더 두드러진다. 82.8%가 1.20~1.34달러에 이르는 5센트 구간 세 곳에 몰려있으며 64.1%는 1.25~1.29달러라는 5센트 구간 한 곳에 떨어진다. (로이, 1952, 428)

수치 분석을 통해 자신의 소득이 쌍봉 분포bimodal distribution를 그린다는 결과를 얻은 로이는 그처럼 희한한 분포를 어떻게 해석할 수 있을지, 그가 자신의 성과를 '일반화'하여 나머지 근로자에게도 적용할 수 있을지 등의 새로운 연구 문제와 마주쳤다. 그는 임금을 주제로 끊임없이 이어지는 대화를 들었고 그 대화에 끼어들기도 했으며 그러한 대화로 볼 때 자신의 성과가 특이한 것이 아님을 알 수 있었지만, 현실적으로 그에게는 공장의 다른 근로자들로부터 비슷한 데이터를 체계적으로 얻을 수 있는 수단이 없었다. 로이는 피터 모스코스가 동료 경찰관들의 체포 기록을 관찰했던 식으로 동료들의 생산 활동을 관찰할 수 없었다. 그러나 (자신과 같은 기계에서 일하지만 근무 시간이 다른) '주간 근무자'의 소득을 지속적으로 기록했더니 비슷한 분포가 나타났다. 그 일은 자기 업무 성과에 대한 스스로의 관찰을 현실적으로 점검할 수 있는 기회가 되었다(덧붙이자면 기계 자체가 변수일 수도 있다고 생각할지도 모르지만 생산에 사용된 기계는 상수로 지정되었다). 그뿐만 아니라 로이는 업무를 배웠던 초기 몇 달과 다른 동료만큼 기량을 쌓은 몇 달 등 서로 다른 두 가지 기간에 대한 자신의 생산 데이터를 계산했는데, 그 두 가지 데이터가 본질적으로 같은 분포를 그린다는 사실을 발견했다.

그가 수집한 숫자로 말미암아 근로자들이 각기 다른 작업의 난이도 차이에 단순하게 반응하는 식으로 행동한다는 해석이 배제되었다. 그러한 작업들이 난이도 척도에서 쌍봉 분포를 그린다고 생각할 이유가 없었기 때문이다. 분포의 특이성에는 다른 이유가 있었으며 현장 연구의 증거는 완전히 다른 종류의 원인 변수explanatory variable가 그러한 변칙성을 만들어냈다는 것을 보여주었다. 할당된 개별 작업의 상대적 차원에 대해 근로자들의 공통된 정의가 있다는 것이 그 원인 변수였다.

로이는 근로자들이 하는 일을 지켜보는가 하면 가벼운 대화에 끼기도 하면서 그들이 시간당 1달러를 쉽사리 벌 수 있으며 '노력과 창의력을 조금만 더 발휘'하면 시간당 1.25달러를 벌 수 있는 일을 '횡재gravy'라 부르는 것을 들었다. 반면에 아무리 열심히 노력해도 기껏해야 1시간에 일당보다 그리 많지 않은 0.95달러밖에 벌 수 없는 일은 '골칫거리stinker'로 불렸다.

로이는 '할당 한도 제한quota restriction'의 결과로 그리게 된 자신의 소득 쌍봉 분포도에 대해서, 두 개의 봉우리 중 첫 번째 봉우리를 다음과 같이 설명했다. "작업 시간이 1.25~1.34달러 구간에 집중되고 다른 구간으로 넘어가지 않는 현상을 보면 '할당한도 제한'이 정해진 최대치를 초과하지 않도록 '횡재' 업무에 투입되는 노력을 제한하는 것으로 보인다(1952, 429)."예비 교육 때 그를 가르친 고참 기계공은 정해진 최대치의 이유를 다음과 같은 말로 설명한다.

"시간당 1.25달러는 우리가 만들 수 있는 최대치이며 물건을 더 만들 수 있다 해도 마찬가지다! 사실 대부분은 더 만들 수도 없다! 성과급 작업을 해본 적이 있나?"
"아뇨."
"그럴 줄 알았어! 자, 내가 시간당 1.25달러를 펌프 본체에 쏟아부으면 어떤 일이 일어날 거 같나?"
"쏟아붓는다고요? 진짜로 그런 일을 합니까?"
"아니, 내 말은 시간당 1.25달러만큼의 펌프 본체를 만든다는 거야!"
"공장이 선배님에게 임금을 줘야죠. 안 그런가요? 계약 사항 아닙니까?"
"맞아! 즉시 돈을 줘야지! 그런데 내가 오늘밤 시간당 1.50달러어치의 펌프 본체를 만들면 내일 빌어먹을 평가 부서에서 이리로 내려올 거라는 걸 모르겠나? 그 사람들은 머리가 아찔해질 정도로 빠르게 일할 때 걸리는 시간을 다시 젤 거야! 그리고 그렇게 시간을 다시 측정한 다음에 임금을 절반으로 깎을 테지! 그럼 한 시간에 1.25달러를 받는 게 아니라 85센트만 받게 되는 거야."

(1952, 430)

그 후 몇 주 동안 다른 근로자들도 그 기계공의 경고를 종종 되
풀이했다. 로이에게는 자신의 동료 근로자들이 온갖 수단을 동
원하여 그 '규칙'을 실천하려고 한다고 믿을 만한 근거가 있었
다. 쌍봉 분포의 첫 번째 봉우리는 그러한 규칙의 결과물이었
다. 그는 한도를 넘어가면 어떤 일이 일어나는지 동료 근로자들
이 하는 말을 듣고 선례를 따랐다.

두 번째 봉우리는 전혀 다른 인식과 행동의 패턴에서 비롯
되었다. 그것은 태업goldbricking이었다. 로이의 설명을 들어보자.
"근로자들은 '골칫거리' 일에는 최소한의 노력만 들였다. 기본
임금에 해당하는 생산량을 달성하려고 하지 않거나 일부러 작
업 속도를 늦췄다. '좋은' 일과 '나쁜' 일을 나누는 기준은 간신
히 일당 수준을 맞추는 데 필요한 노력이나 기량이 아니라 꽤
큰 할증료의 수령 가능성이었다. 할증료는 시간당 15센트 이상
이었다. 시간당 1.25달러라는 할당 한도와 비교할 때 시간당 1
달러의 임금과 0.85달러라는 기본임금을 받을 수 있는 일은 노
력을 들일 가치가 있었던 반면에, 시간당 0.95달러의 임금을 받
을 수 있는 일은 그렇지 않았다." 그는 대화, 조언, 관찰에 근거
하여 동료 근로자들의 행동을 이렇게 요약했다. "생산 제한 행
위 중에서 태만은 기본적으로 '그 사람들이 나한테 이 정도 임

금을 주고 실컷 부려먹을 수는 없어!'라는 마음가짐에서 비롯되었다(1952, 436)."

그는 시간 조사원과 현장 주임들이 한편이 되고 '골칫거리' 작업을 하느라 같은 기계를 썼던 근로자 4명이 다른 편이 되어 9개월 동안 빚은 알력을 묘사함으로써 그 같은 결론을 뒷받침했다. 근로자들은 현장 주임들이 가까이서 감시하고 있어도 반복적으로 기계를 분해하고 거의 아무것도 생산하지 않았으며 상상할 수 있는 모든 방법으로 시간을 끌었다.

로이가 생산 패턴에 대해 면밀하게 수집한 정량 데이터를 보면 근로자들이 시간에 비해 부당하다고 생각하는 작업의 임금을 올려 받기 위해 자신의 생산량을 최소한으로 제한함으로써 상당한 잠재 소득을 포기했음을 알 수 있다. 동료들은 정기적으로 계산하지는 않았지만 로이는 그 일을 하기로 결심했다. 그는 1시간 동안 할 수 있는 최대치의 노력을 기울여 '골칫거리' 작업을 수행했고 시간당 번 돈을 지속적으로 기록했다. 그런 다음에 자기 작업조가 합의한 '할당 한도'에 따라 작업했을 때의 임금도 기록했다. 로이는 그 두 가지를 비교함으로써 자신이 자주 배정된 몇 가지 작업에 대해 근무 시간 내내 가능한 한 빨리 작업했더라면 벌 수 있었던 임금과 작업조의 규칙을 따르느라 받을 수 없었던 추가 임금을 산출할 수 있었다. 그는 '횡재' 작업에도 같은 방법을 적용했고 자신과 다른 근로자들이 합의된 할당 한도를 고수할 때의 우위를 지키기 위해 상당한 금액을 포기할 때가 많다는 사실을 발견했다.

자신과 주간 근무자가 다양한 작업에 따라 받은 임금을 정량 분석한 결과, 그는 체계적으로 수치 데이터를 수집할 수 있었다. 그 데이터에서는 쌍봉 분포가 나타났으며 로이는 그 원인을 분석했다. 그가 관찰로 얻은 자료를 보면 관리자들이 성과급 작업 제도를 이용하여 근로자의 임금을 '정상'적이고 '합당'해 보이는 범위 안으로 유지하려고 한다는 근로자들의 의심이 어떠한 패턴을 만들어냈는지 알 수 있다. 그의 증거는 설득력이 있었다. 추론의 모든 과정은 면밀한 관찰과 관련 데이터의 기록을 토대로 했다.

로이가 자신의 연구 대상인 행동과 사건을 현장에서 관찰하지 않았다면 그런 식의 설득력 있는 증거를 수집하지 못했을 것이다. 외부의 연구 조직이었다면 그러한 관행에 대해서 질문을 하여 진실하고 자세한 답변을 얻어내지 못했을 것이다.

**감염 통제의 관례와 마법**

줄리어스 로스는 사회학과 대학원생이었을 때 결핵에 감염되어 결핵 요양병원에 입원한 적이 있다. 그는 그때의 경험을 최대한 활용하여 본격적인 연구 프로젝트로 전환했고 결국 《시간표 Timetables》(1963)란 책을 출판했다. 이 책에는 환자가 집으로 돌아갈 수 있을 정도로 '안전'하다고 판단될 때까지 얼마나 오랫동안 병원에 머물러 있어야 하는가를 놓고, 환자와 의사들이 어떤 실랑이를 벌이는지 묘사된다. 그의 연구 중 일부는 병원 침상에 누워 그 시점에서 보고 들은 것을 기록하는 것으로 이루어졌다. 그는 논문 〈감염 통제의 관례와 마법Ritual and Magic in the Control of Contagion〉(1957)에서 그 데이터 중 일부를 활용하여 관련 질문 몇 가지를 탐색한다.

> 결핵은 전염병이다. 그러나 결핵의 전염성은 어느 정도인가? 결핵은 어떤 상황에서 어떻게 해서 다른 사람에게 전염되는가? 결핵 전염을 막으려면 어떠한 방법이 가장 효과적인가? 위와 같은 질문의 답은 상당히 불분명하며 결핵 전문가들도 세부적인 결핵 치료 방법에 대해 상당한 이견을 보인다. 이 같은 불확실성 때문에 관례화된 절차가 활용되는데 일반적으로 그러한 절차는 합리적으로 추론된 확률보다 관리의 편의와 용이함에 의존한다. 그뿐만 아니라 불확실성은 '마법'으로 부를 수 있을 정도로 비합리적인 관행의 길을 연다. (310)

그는 침상에서 한 관찰을 통해 이 같은 결론의 증거를 제시한다. 먼저 어떤 병원 규칙이 잠재적이거나 가능성 있는 감염원을 차단하지 못하는지 관찰했다. 예를 들어 병원 인력이나 문병객과 환자는 환자의 손이 닿아 병균으로 가득할 지폐를 주고받았다. 이를 금지하는 규칙은 없었다.

그러나 그의 가장 중요한 관찰 증거는 연구 문제 설계와 데이터 수집을 완전히 책임지는 사람만이 얻을 수 있는 형태의 경험에서 비롯되었다. 그는 사회학적으로 사고하고 관찰하는 방법을 배웠고, 병원에서 환자로 지내며 보게 된 비합리적인 여러 가지 규칙과 절차에 진저리가 났다. 그는 규칙과 절차 가운데 상당수(어쩌면 전부)가 합리적인 근거를 지니지 못했으며 감염 가능성과 관련된 사실보다 믿음에 부합하는 비현실적 허울에 불과하다고 생각했다.

로스는 연구 아이디어가 떠오르자 수석 연구자로서 그 아이디어를 검증할 계획을 수립할 수 있었다. 어떻게 했을까? 그는 병원 사람들이 직급에 따라 감염 예방에 대한 규칙에 다르게 대응한다는 사실에 주목했고 자신의 아이디어를 검증할 절차를 마련했다. 그 절차는 단순했지만 증거로서의 적합성에 그 누구도 이의를 제기할 수 없을 만한 데이터를 생산했다. 며칠 연속으로 그는 공책을 손에 쥐고 병원 직원들이 자기 병실에 들어올 때마다 그들이 감염 보호복(모자, 가운, 마스크) 중 하나라도 착용했는지 확인했다. 병원에는 의사와 간호사가 병실에 들어갈 때 보호복을 착용해야 한다는 규칙이 있었다. 표 1에는 그가 한 관찰의 결과가 기록되어 있다.

표1. 주립 병원 의사와 간호사의 보호복 착용 실태

| | 병실 입장 횟수 | 착용한 사람의 비율(%) | | |
|---|---|---|---|---|
| | | 모자 | 가운 | 마스크 |
| 의사 | 47 | 3 | 0 | 5 |
| 전문 간호사 | 100 | 24 | 18 | 14 |
| 실무 간호사 | 121 | 86 | 45 | 46 |
| 조무사 | 142 | 94 | 80 | 72 |
| 학생 | 97 | 100 | 100 | 100 |

출처: 로스 1957, 312.

이 수치들은 그의 연구 데이터 중에서 중요한 부분을 구성했으며 이론의 결정적인 증거가 되었다. 그는 사람들이 규칙에 대해 다르게 반응하는 현상을 이렇게 설명했다. 가장 알 법한 사람들은 보호복 착용에 아무런 효과가 없다고 생각해서 그 규칙을 따를 필요성을 느끼지 못한다. 게다가 병원 위계 구조에서 높은 곳에 위치한 그들은 징계나 처벌을 받을 염려가 없다.

　좀 더 상세한 분석에 따르면 로스가 (감염을 일으킬 가능성이 더 높은) 좀 더 위험하다고 간주되는 일을 포함해서 업무에 따라 데이터를 분류했을 때도, 같은 패턴이 계속해서 나타났다고 한다. 전문 간호사들은 체온을 재든 환자와 대화하든 우편물을 나눠주든 (행위의 성격과 상관없이) 실무 간호사들보다 보호복을 착용한 횟수가 적었다. 보호복을 착용한 실무 간호사들은 조무사들보다 적었고 조무사들은 학생들보다 적었다. 의사들은 전혀 입지 않다시피 했다. 이러한 검증을 통해 착용 패턴이 차등화된 업무 분포에서 비롯되었을 가능성이 배제되었다. 전반적으로 다른 해석의 가능성을 배제하는 명쾌하고도 효과적인 설계였다.

어떤 이는 그의 표본이 각각 퇴역군인 전문병원과 주립병원의 병동 두 개에 불과하다며 비판했다. 그러나 나는 매우 합리적인 관찰자라면 그 정도도 과분하다고 생각하여 잠정적으로나마 그의 결론을 기꺼이 수용하리라 본다. "결핵 요양병원의 감염 통제 관행은 자연의 법칙에 가까운 인간의 규칙을 만들려는 시도를 상징한다. 또한 자연의 법칙이 제대로 이해되지 않을 때 인간의 규칙은 다소간의 비합리성을 띨 가능성이 있으며 그 규칙은 일관성 없고 의례적인 방식으로 준수된다(로스, 1957, 314)." 수석 연구자(궁극적인 전문가 동료에게만 아이디어와 그에 대한 증거를 내놓을 책임이 있는 연구자)였던 덕분에 그는 아이디어의 입증 문제에 대해 최대한도로 훌륭한 해결책을 모색할 수 있었고 그렇게 할 동기를 얻었다. 그는 사람들에게 다양한 상황에서 그들이 했던 행위를 질문할 때 따르는 문제를 예방할 수 있는 해결책을 찾아냈다. 그러한 방법은 특히 따라야 할 규칙을 어긴 사람들에게 질문할 때 효과를 발휘했다.

## 학생 문화의 존재 '입증'

블랜치 기어와 내가 1950년대 중반에 훗날《백의의 청년들Boys in White》(베커 이외, 1961)이라는 책으로 결실을 맺은 의대생 연구에 착수했을 때, 우리에게는 학생들이 의대에 입학하여 4년을 보내는 동안 모종의 일을 겪는다는 단순한 생각 이외에는 검증할 연구 가설이 없었다. 그들은 무슨 일을 겪을까? (그러한 점에서 우리 연구는 머튼, 리더, 켄달의 1957년 공저《학생 의사Student Physician》와는 달랐다. 그들의 책은 의대생의 사회화 특성과 과정에 관련된 구체적 아이디어를 면밀히 검증하기 위한 것이었다).

우리에게는 초기 가설도, 수집할 데이터를 '검증'할 아이디어도 없었다. 프로젝트를 창안하고 자금 지원을 해줄 만한 곳과 의대 행정처에 우리 프로젝트를 알린 에버렛 휴즈에게 몇 가지 막연한 아이디어가 있었지만, 그게 전부였다. 하지만 나는 그와 꽤 오래 연구했으므로 그가 나와 블랜치에게 그 일을 맡기리라는 사실을 알았다. 어쨌든 무슨 일이 일어나는지 파악하고 해석할 아이디어를 고안해야 할 사람들은 현장 연구를 수행할 우리들이었다.

우리는 현장 연구 업무를 분담했다. 나는 블랜치가 프로젝트에 합류하기 전에 이미 연구를 시작하여 1년 동안 의대 3~4학년생들을 따라다니던 터였다. 의대 3~4학년들은 1학년 때부터 해부나 병리학 등 실험 과학 과정을 배웠던 실습실을 떠나 30마일 정도 떨어진 병원에서 근무했다.

나는 첫해에 병동과 진료실 부근에서 학생들을 쫓아다니며 그들이 환자를 진찰하고 교수들이 퍼붓는 질문에 답하려고 애쓰는 광경을 지켜보았다. 그러다 보니 의대에서 겪는 문제에 대응하기 위해 학생들이 공유하는 활동에 대한 아이디어가 막연하게나마 떠올랐다. 나는 그러한 활동을 '학생 문화student culture'로 부르기 시작했다. 학생 문화라는 개념은 내가 대학원 때 배운 윌리엄 그레이엄 섬너의 '습속folkway 이론'을 바탕으로 했다. 섬너는 지속적인 문제에 대해 어떤 집단이 집합적으로 도달한 해결책을 습속이라고 불렀다.

간단히 말해 나는 학생들이 자신의 상황과 대처 방법에 대해 공유하는 지식이 두 가지 큰 개념(과 관련 전략)을 중심으로 전개된다고 생각하게 되었다. 첫 번째 개념은 '의학적 책임medical responsibility'으로 의사가 환자의 복지에 대해 지는 책임을 말한다. 두 번째는 '임상 경험clinical experience'으로 의학적 책임을 이행히는 과정에서 쌓은 경험에서 비롯되는 지식이다. 아픈 환자들을 직접 치료하면서 얻는 임상 경험은 책이나 학술 논문에 담겨있는 지식을 언제든 뒤집을 수 있는 실용적 지식이다. 나는 그러한 지식 공유를 문화라고 부르는 것이 정당하다고 생각했다. 학생들이 몇 달 동안 병원에서 일상 활동을 함께 수행하는 과정에서 아이디어와 관련 조치를 논의하는 등 문자 그대로 문화를 공유하는 광경을 목격했기 때문이다. 나는 그들이 일상 활동뿐만 아니라 자신들의 업무를 감독하는 의사, 전공의, 인턴의 지적을 통해 아이디어를 얻는 것을 보았다. 그러나 그들이 어떻게 해서 제시된 아이디어에 따라 함께 행동하는 능력을 기르는지는 확실치 않았다.

기어는 이듬해에 프로젝트에 합류했고, 병원에서 한 시간이 채 안 걸리는 거리에 위치했던, 동시에 1학년생들이 실험 과학 강의를 수강하는 장소인 로렌스에서 지냈다. 현장에서 1년을 보낸 끝에 기어는 내가 실제로 관찰한 문화의 기반이 되는 협력 패턴의 기원을 밝혀냈다. 그 내용은 다음과 같다.

1학년생들은 열심히 공부했다. 해부 실습실에서는 4명이 한 조가 되어 자기 조에 배정된 시신을 해부했다. 그들은 이를 통해 기관, 근육, 조직, 신경 등을 찾아내고 파악하는 법을 배웠는데, 이 과정에서 협력은 필수였다. 기관, 근육, 조직, 신경 등을 찾아내고 파악하기란 쉽지 않았다. 실수로 무엇인가를 절개하고 그 때문에 더더욱 알아보기가 어려워질 위험은 항상 존재했다. 그러한 구조를 알아보는 방법 중 하나가 시작과 끝부분을 확인하는 것인데, 절개하면 중요한 표지를 찾을 수 없게 된다. 몇 주 후에 교수진은 시험 일정을 발표했다. 교수들은 학생들이 해부한 시신의 다양한 구조(신경, 근육, 힘줄 등)에 꼬리표를 붙였다. 시험은 표시된 구조의 명칭을 대는 것이었다.

기어는 교수들의 다른 강의(생리학 및 약리학)에 참석하여 학생들의 이름을 외우고 그들에 대해 전반적인 사항을 파악하는 데 몰두함으로써 그들을 한눈에 알아볼 수 있게 되었다. 결정적인 첫 시험 때까지 그녀는 (100명이 넘는) 의대생 집단이 몇 가지 소집단으로 이루어졌다는 사실도 알게 되었다. 소집단은 어떤 면에서 사회 계층, 캔자스 대학 학부의 동아리에서 맺어진 기존 인맥, 농촌과 도시의 격차를 반영했다(한편에는 캔자스시티와 위치타에서 온 학생들이, 다른 편에는 좀 더 작고 시골 냄새가 나는 지역에서 온 학생들이 있었다). 소집단은 서로 공통점이 거의 없었다. 그들은 실습실과 강의실 밖에서는 적극적으로 교류하지 않았고 기어는 소집단 간의 대화를 자주 볼 수 없었다. 소집단은 의대의 세 개 동아리, 무소속, 몇 안 되는 여학생들로 구성되었다.

첫 번째 시험은 학생들의 예상보다 더 어려웠고 통과한 사람이 없었다. 학생 전체의 낙제는 의욕에 타격을 주었다. 학생들은 의대 첫해를 시작하면서 학부 때 교육 과정을 통과하기 위해 동원했던 온갖 묘안을 짜냈다. 개별 소집단은 학습 방법을 논의하고 결정했다. 그런데 그들의 요령은 통하지 않았다. 모든 소그룹이 무엇인가 잘못하고 있는 것은 분명했지만 그것이 무엇인지는 아무도 알지 못했다.

기어의 설명에 따르면 그러한 위기 상황에서 소집단 간의 장벽이 완전히 허물어지고, 학생들은 활용할 수 있는 수단을 찾기 위해 자기들을 갈라놓았던 선을 넘어 협력했다고 한다. 그들은 그렇게 하면 최소한 통일된 전략을 얻을 수 있으며 그렇게 해서도 다음 시험에서 모두가 낙제하면 교수들이 낙제에 대한 책임 일부를 수용하리라 추론했다. 이같이 서로를 갈라놓았던 경계를 넘어선 의견 일치는 즉각적인 합의로 직결되어 학생들이 남은 1학년 생활을 버텨내는 데 도움을 주었고, 학년이 올라갔을 때 환자들과의 관계에서 활용할 종합적인 공식의 토대가 되었다.

두 가지 표(베커 외, 1961, 표 18, p.149 / 표 20, p.153)는 (결정적인 첫 시험 이후에) 소집단 내부의 상호작용에 비해 세 개 동아리, 무소속, 여학생 6명 사이의 상호작용이 증가했음을 보여주었다. 기어는 학생들을 첫눈에 알아볼 수 있게 되자마자 누가 누구와 교류하는지 기록하기 시작했다(교류에는 같이 강의실에 앉거나 쉬는 시간에 서로 대화하거나 강의실까지 같이 이동하거나 함께 식사하는 것이 포함되었다). 그런 다음에 자신의 관찰 결과를 첫 시험 전과 후로 나누었다. 학생의 상호작용을 소집단 간 상호작용과 소집단 내의 상호작용으로 나누고 나자, 그녀는 운명의 시험 이후에 소집단 간의 상호작용이 상당히 증가했음을 입증할 수 있었다. 바뀐 숫자는 철저히 분리되었던 소집단들이 시험 후에 교수들에게 대응할 목적으로 통합된 집단으로 전환되었음을 설득력 있게 보여주는 증거였다.

그 같은 증거는 더 큰 주제인 학생 문화를 입증할 증거로서도 적절했다. 연구가 어느 정도 진행되고 구체적인 아이디어가 수립되고 나자, 우리는 학생들의 행동을 연구하는 대학과 전문 교육기관의 연구자들 모임에서 우리의 잠정적인 아이디어를 발표하기 시작했다. 당시에 우리와 비슷한 연구를 하는 사람들이 많았는데, 그중 대다수는 심리학자들로서 좀 더 체계적으로 계획된 정량 연구에 전념하는 사람들이었다. 그들은 우리 발표를 흥미 있게 들었고 어쨌든 우리와 비슷한 주제를 연구하고 있었기 때문에 우리가 하고 있던 일이 '중요'하다는 사실을 잘 알았다. 그들은 우리의 설명이 정확하다고 확신했다. 하지만 한참 선배인 연구자 한 사람이 말했듯이, 우리는 그들이 증거로 예상했던 수치 데이터를 제공하지 않았다. 우리가 동료들에게 수치 데이터를 제공할 방법은 없었을까?

우리는 책에서 심리학계 동료들이 제기한 의문에 다음과 같은 식으로 답했다. 우리는 '책임'과 '경험' 관점을 표현하기 위해 일종의 언어와 행동 사전을 만들었다. 그런 다음에 수천 페이지에 이르는 현장 일지의 요약본을 만들었고 그 안에 담긴 개별 사건을 관점의 존재를 입증하는지, 아니면 반증하는지에 따라 분류했다. 얼마만큼 많은 언어와 행동 항목을 관점의 존재에 대한 증거로 취할 수 있는지에 대해 표준화된 지침은 없었지만, 우리는 비교적 많은 항목을 선택했으며 관점의 특정 지표에 대한 사례 중에서 '긍정적인' 항목이 압도적으로 많았기 때문에 그것을 관점의 존재를 입증할 증거로 받아들였다.

우리는 한 걸음 더 나아갔다. 우리가 보고 들은 일들을 동료들의 요구대로 '문화'의 증거로 제시하는 것이 타당한지 입증하고자 했다. 우리는 추가 증거 두 가지를 통해 향후의 비판자들에게 우리 아이디어의 타당성을 입증할 수 있다고 보았다. 첫 번째 증거는 문제의 말이나 행동이 연구자 중 한 명뿐 아니라 다른 학생들이 있을 때 나타났다는 점이다. 학생들은 (그러한 말이나 행동에 반대하거나 그것을 한심하다고 간주한 경우에) 반박하거나 일축하거나 아니면 논의된 일에 대한 합당한 해석 또는 그 상황에서 받아들일 만한 행동이라는 듯 행동했다. 두 번째는 문제의 말이나 행동이 우리의 지도나 제안 없이 나타났다는 점이다. 두 가지 요건을 정하자 우리는 몇 가지 요소를 찾아낼 수 있었다. 그 같은 요소를 표로 나타내면 관점 공유라는 특성이 드러난다는 것을 합리적으로 입증할 수 있었다. 우리는 현장 일지에서 그러한 연구 관점에 부합한다고 생각되는 모든 항목(모두 말이나 행동으로 표현된 관점)을 찾아냈다. 그리고 이를 부호화하여 명확하고 계산 가능한 증거로 만들었다. 우리가 학생에게 아이디어나 표현을 제안하지 않았을 때 학생이 한 말은 '자발적'인 것으로 계산했고, 우리가 표현을 제안하고 동의 여부를 물었던 경우에는 '유도된' 것으로 계산했다. 181개 항목 중 4개 이외에는 모두 '자발적'인 발언이었기 때문에 우리는 4개의 '유도된' 발언을 제외했고 관찰에서 얻은 숫자와 비교하여 백분율을 구했다. 대부분의 항목이 우리의 해석을 뒷받침하며 그중 상당수가 집단을 배경으로 나타났다는 것을 듣고 놀랄 현장 연구자는 없을 것이다. 우리 같은 연구자들이 그러한 항목을 '문화' 지표로 부르는 이유도 그 때문이다. 표 2는 그러한 관점에 대한 우리의 논의를 뒷받침하는 표의 견본이다(베커 외, 1961, 252).

표 2. 임상 경험 관점의 존재를 입증하는 증거

|  |  | 자발적 항목 | 유도된 항목 | 합계 |
|---|---|---|---|---|
| 발언 | 관찰자에게 | 83(47%) | 4 | 87 |
|  | 일상 대화 상대에게 | 52(29%) | – | 52 |
| 행동 | 개인 | 13(7%) | – | 13 |
|  | 집단 | 29(16%) | – | 29 |
| 합계 |  | 177(99%) | 4 | 181 |

출처: 베커 외 1961, 252.

좀 더 자세한 표는 우리가 증거로 제시한 항목이 학생들이 교육받는 병원 내 모든 과(예를 들어 소아과, 외과 등)와 학생 경험의 모든 측면(예를 들어 강의, 진단이나 치료 과정 참여 등)에서 나타났다는 것을 보여주었다. 우리가 본 것이 학생 경험의 일부 측면에 국한되어 있을 뿐 모든 측면에 존재하지는 않는다는 반대 의견도 나올 법 했지만, 표의 데이터는 그 같은 반대의 여지를 없앴다. 우리가 고등 교육기관 학생들을 주제로 한 다음 학회에서 표를 발표했을 때, 동료들은 이제 우리의 증거를 보았으니 만족했다는 반응을 보였다. 표에 계산된 항목은 어떤 사람의 기억이 아니라 기어의 정확한 관찰과 기록을 토대로 했기 때문에 그럴 수밖에 없었다.

불행히도 우리가 문화에 대한 데이터를 획기적인 표로 제시했다고 해서 다른 연구자들이 비슷한 데이터를 제시하는 방식에 변화가 일어난 것은 아니었다. 현장 연구를 해본 사람들은 누구나 "그래요, 맞아요. 우리도 그렇게 해요. 그래서 독자들도 우리의 분석을 받아들여야 하고 대개 받아들이는 거죠." 같은 말을 했다. 그러나 다른 현장 연구자들은 우리처럼 수고를 들이지 않거나 증거의 항목을 계산하여 표 형식으로 제시하지 않았다. 아쉽게도 우리의 발명품은 자연스럽게 소멸되었다. 우리는 나중에 출판된 책(베커, 기어, 휴즈, 1968)에서 비슷한 기법을 썼지만, 달리 그 누구도 그 기법을 사용하지 않았다. 장-미셸 샤풀리는 우리가 그 일을 해서 기쁘다는 말을 내게 했다. 현재는 누구도 다시 그런 일을 필요가 없다는 것이다! 두렵지만 그의 말이 옳을지도 모른다.

우리는 현장 연구의 신뢰성을 높이기 위해 수치 데이터를 만들었다. 공동 합의를 토대로 하는 집단행동에 대한 구체적이며 원칙적으로 검증 가능한 데이터를 정량 연구자에게 친숙한 표와 숫자 형태로 제시했다. 그 방법으로 사후 질문을 던지기보다 관찰한 행동 다수를 계산했다. 그 같은 보고서를 읽은 사람이라면 누구나 거기 담긴 설명과 좀 더 전반적인 결론을 뒷받침하는 증거 데이터가 바로 그런 식으로 서술될 수 있다는 점을 안다. 그렇게 요약된 자료는 관찰된 사람들의 집합적 행동에서 일어나는 현상에 대한 이론을 뒷받침하는 증거 역할을 한다.

# 8장

## 정성 연구에 나타날 수 있는 부정확성

# 뷔퐁식 접근법

현장 연구자들(현장 연구는 길이가 긴 비구조화 면접 조사에서 '실생활'의 상황을 집중적으로 관찰하는 일에 이르기까지 다양한 기법을 포괄하는 용어라는 점을 기억하라)은 연구를 할 때, 일반적인 정량 연구자와는 다른 접근법을 취한다. 그들은 거의 항상 데로지에르가 말한 뷔퐁식 접근법(1장 참조)을 활용하여 예상하지 못한 현상을 다양하게 밝혀낸다. 그들은 사전에 데이터 수집 기법을 면밀하게 계획하고 그 기법을 철저히 고수하기보다는, 연구 과정에서 자신들이 연구하고 있는 활동과 사람들에 대해 습득한 지식을 반영하여 아이디어, 이론, 가설, 추측을 형성한다. 마지막으로 정성 연구의 기본적 개념 체계는 연구의 주된 결과물이지 연구의 근간과 출발점은 아닌 것으로 본다. (정성 대 정량, 현장 연구 대 설문 조사라는) 두 가지 기법은 사회학계에서 끊이지 않는 방법론 싸움의 근본적인 원인이다. 나는 사전에 계획되지 않은 연구 방법을 '현장 연구'라는 포괄적인 용어로 통칭할 것이다. 여기에는 현장 참여, 기타 관찰 방법, 진행 과정에서 내용이 추가되는 기나긴 면접 조사, 연구와 관련된 장소와 문헌 조사 등이 포함된다. 그러나 우리는 면접 조사와 '현장에 있는 것'을 혼돈해서는 안 된다. '현장에 있는 것'은 일어나는 일을 직접 보고 곧바로 기록하는 일이다. 반면에 면접 조사는 면접 조사일 뿐 좀 더 구조화된 형태의 설문 조사와 마찬가지로 많은 문제가 따른다.

현장 연구는 일반적으로 막연한 계획과 목표에서 출발한다. 7장에서 나는 우리가 쓴 《백의의 청년들》의 바탕이 된 의대생 문화에 대한 연구가 어떻게 이루어졌는지를 현장 연구의 전형적인 사례로 소개한 바 있다.

시작 단계에서 우리는 학생 문화라는 개념을 연구의 지침으로 삼지 않았다. 그보다는 연구를 진행하는 동안에 우리 아이디어의 근간이 되는 개념으로 서서히 받아들이게 되었다. 우리는 학생 문화를 의대에서 일어나는 일을 설명할 주요 변수로 간주하는 가설에서 출발하지 않았다. 그 대신 학생 문화를 우리 연구의 최종 결과로 제시했다. 학생 문화라는 것을 검증할 가설이 아니라 우리가 관찰한 상황과 다른 곳의 비슷한 상황을 이해하는 데 도움을 줄 아이디어로 본 것이다. 몇 년에 걸친 현장 연구와 저술 기간 동안에 우리는 빈번하게 현장으로 되돌아가서 (학생들과 어울리며) 주위에서 일어나는 사건들을 알아보기 위해 그들에게 새로운 질문을 시도했다. 장담하건대 우리는 데이터를 수집할 때 같은 방법을 반복하지 않았다.

이렇게 하면 연구를 진행하는 동안에 많은 것을 얻을 수 있다. 의도적으로 느슨한 접근법을 취함에 따라, 우리는 초기 결과를 고찰할 수 있었고 물어볼 생각도 하지 못했던 일들을 관찰함으로써 아이디어를 세워나갈 수 있었다. 이처럼 유연한 방법은 우리가 미처 몰랐던 사실을 발견하는 데 도움을 주었다.

물론 이런 식으로 연구하면 잃는 것도 많다. 다양한 장소의 다양한 사람들에게 같은 설문 조사를 실시할 때와 같이 정확한 비교가 불가능하다. 다행히 집단과 집단을 비교하기가 어렵긴 하지만 불가능한 것은 아니다(비교를 가능하게 하는 조치에 대해서는 잠시 후에 설명하기로 한다).

자신의 연구 결과를 새로운 환경에 접목하기도 쉽지 않다. 새로운 장소에서 관찰하고 해석해야 할 일들이 이전과 정확히 같을 수는 없으며, '실제 생활'에 존재하는 상황 간의 차이를 모조리 통제하기란 불가능하기 때문이다. 7장에서 소개한 사례에서, 우리가 발견한 학생 문화는 다른 상황에서라면 다른 형태를 취하고 다른 가치를 지닐 법한 요소들이 혼합되어 탄생했다. 학생들에 대한 압력도 같을 수 없다. 물론 우리는 다른 환경의 학생들에게 조직적이고 화합된 행동을 취하라고 강요하는 일이 상당히 어려우리라 (완전히는 아니지만) 어느 정도 확신한다.

게다가 정성 연구자들은 다른 방법을 활용하는 연구자들과 마찬가지로, 정성적으로든 정량적으로든 전혀 연구된 바 없고 초기 설계에서 감안된 것도 아니며 현장에서 밝혀낸 결과도 아닌 사안에 대해, 결론을 도출하는 식의 실수를 저지르기 쉽다.


## 정성 연구의 부정확성에 대해서

좀 더 회의적인 눈으로 보면, 정성 연구의 전형적인 부정확성은 오류가 드러날 법한 상황에서 (무엇이 되었든) 한 개 이상의 아이디어를 당연하고 확실한 것으로 간주하여 의문을 제기하지 않는 데서 비롯된다. 가장 두드러진 점은 현장 연구자들이 연구 대상이 되는 지역 사회, 조직, 집단에서 진행 중인 변화를 간과하는 일이 많다는 것이다. 그들은 예기치 못한 사건과 관찰과 이미 '알고 있던' 사전 지식이 충돌해서, 자신들이 정확하다고 확신했던 설명이 갑자기 정확하지 않은 것으로 드러날 때에야 그 문제를 생각한다. 그러나 연구자들은 자신들의 관찰이 '당연히' 일어나야 할 일과 충돌하거나 알고 있던 지식과 다른 일을 보고 들으면, (연구의 틀 안에서) '부정적인 사례'를 찾는 데 시간을 할애할 수 있다(이는 뛰어난 설문 조사 연구자인 폴 라자스펠드가 모든 종류의 연구에 대해 제안한 활동이다[켄달과 울프의 1949년 연구를 참고하라]). 그렇게 하면 설문 조사 연구나 덜 자유로운 현장 연구에서라면 골칫거리가 될 수 있는 일이 새로 확보한 데이터에 근거하여 오랫동안 지속된 아이디어를 곧바로 수정할 수 있는 기회로 전환된다. 실제로 현장 연구자들은 현장 연구를 통해 예기치 못한 데이터가 나타날 때마다 지속적으로 아이디어를 수정하여 연구 결과를 발표해왔다(린드스미스의 1947년 연구를 참고하라).

연구 기간에 그러한 기회를 활용하지 못하거나 기회가 전혀 나타나지 않거나 기회가 나타나도 그 중요성을 눈치 채지 못하는 연구자는 현장 연구에서 흔히 나타나는 실수를 저지를 가능성이 크다. 이제 아이디어를 수정할 수 있는 몇 가지 기회를 살펴보자.

기본적인 오류는 연구자가 과거를 중요하게 취급하지 않고 모든 일을 불변의 민족지학적 현재 시점으로 서술할 때 발생한다. 이러한 상황에서는 우리가 지금 '알고 있는 것'이 연구 대상의 현재와 과거에 대한 정확한 설명이자 지식의 진일보로 간주된다. 더 이상의 수정이 필요할 가능성이 없으며 동일한 사람과 행위가 미래에 어떻게 될 것인지를 정확하게 묘사하기 때문이라는 것이다. 이런 실수를 저지르는 현장 연구자들은 '과거와 현재 상황'의 차이를 무조건 사소하고 우연한 편차로 간주한다(정량 연구에서의 '무작위 오차 상쇄'와 비슷하다). 이러한 모형에서는 정성 과학도 정량 과학과 마찬가지로 개별 과학자가 새로운 지식이라는 작은 벽돌을 추가하여 만드는 과학의 벽이 된다.

이와 관련된 근본적 오류는 정량 연구자들이 저지르는 오류와 비슷하다. (고작 2~3년이라는) 상대적으로 짧은 기간이 아니라 상당히 긴 기간 동안 본격적인 현장 연구를 수행해야 흔적을 찾을 수 있는 변수와 조건을 무시하는 것이다. 현장에서의 중요한 발견은 대부분 연구자들이 예기치 못한 일을 관찰하고는 '그 일'이 어떻게 일어났는지 밝혀내려고 할 때 일어난다. 즉, 그 이전에는 현장에서 알아차리지 못했던 것을 알아차리고, 사회 지형의 변함없는 일부(이므로 감안할 필요가 없는 요소)로 생각했던 것이 시간의 경과와 더불어 변화하면서 현재도 연구 대상에 영향을 끼칠 정도로 바뀌고 있나는 것을 인식할 때 중요한 현상을 발견할 수 있다. 그런데 사회생활은 항상 변화하므로 연구에 많은 어려움이 따른다.

연구자들은 이제까지 예기치 못했던 상황을 우연한 일로 생각하는 경향이 있다. 완전히 다른 일에 관심을 품었다가 자신들이 초점을 맞춰온 연구 문제와 관련된 뜻밖의 정보를 얻기 때문이다. 이처럼 예기치 못한 상황의 발견은 다른 분야에 대한 조사로 이어지며 그제야 그들은 새로운 발견의 중요성을 인식하게 된다.

이는 내가 이제까지 했던 연구 방법이기도 하므로, 나는 개인적으로 참여한 몇 가지 사례를 통해서 연구자가 어떻게 해서 그런 종류의 실수를 저지르고 어떤 식으로 만회하는지를 자세하게 전달하려고 한다. 먼저 내가 방금 설명한 것과 같은 실수를 저질렀지만, 그 결과 많은 이에게 도움이 될 만한 아이디어를 생각해낸 사례를 소개할 것이다. 아이디어의 촉진제가 된 '사실'은 완전히 잘못된 것으로 판명되었지만 그 개념은 효용을 잃지 않고 있다. 한마디로 아이디어는 계속해서 유용할지 몰라도 그 아이디어를 유발한 실증적인 '발견'은 내가 몇 년 후에 알게 되었듯이 그렇지 못했다(그 이후로 그 아이디어가 적용된 여러 사례에서도 유용성을 발휘하지 못할 가능성이 크다).

## 도덕 집단

내가 《아웃사이더들Outsiders》(1963, 142~44 및 147~63) 중에서 대마초 사용에 대한 대목을 쓸 때만 해도, (그 주제에 관심 있는 대다수 사람과 마찬가지로) 오랫동안 미국 연방 마약 단속국장을 지냈으며 1930년대에 마약과의 전쟁을 부추긴 것으로 알려진 해리 앤슬링어Harry Anslinger를 청교도 광신도로 여기고 있었다. 그는 자신이 허용하지 않은 쾌락을 남들이 즐기는 것에 격렬하게 반대했으며, 내게는 쾌락 목적의 대마초나 기타 물질 사용에 대한 국가 정책의 기본 원칙에 자신의 개인적 편견을 반영한 인물로 보였다. 그래서 나는 그의 단속 활동에 '합리적'인 근거가 없다고 생각했고 그의 전기나 직업적 인맥이나 내가 모르던 그의 활동을 통해 다른 이유를 찾아낼 생각도 하지 않았다. 그의 동기에 대한 내 해석이 전반적으로 정확하다고 확신했다.

그렇게 생각했던 사람은 나만이 아니었다. 마약 사용을 연구한 사람들 대다수도 나와 같은 생각이었다. 예를 들어 그들은 공포 영화 《리퍼 매드니스Reefer Madness》를 증거로 삼았다. 이 훌륭한 시대물은 대학생들이 대마초를 피운 다음에 제멋대로 춤을 추며 기괴한 표정을 짓고 전반적으로 미쳐버린 모습을 보여주었다. 적어도 내가 아는 '모든 사람'은 앤슬링어가 그 영화와 대마초 사용을 비난한 1930년대 신문 잡지 기사의 배후에 있다고 생각했다. 나는 한 사람이 대마초와 관련된 기사 전부에 영감을 주었다는 증거로 그 모든 것을 인용했다. 그가 아니면 누구였겠는가? 실제로 그가 당사자였을지도 모른다. 적어도 앤슬링어를 '도덕 집단moral entrepreneur'의 일원으로 본 내 해석을 누구도 반박하지 않았다. 반면에 나를 비롯하여 그렇게 생각한 사람들 중에서 그 누구도 마약 단속 활동의 창시자를 정확히 보여주는 증거를 지니고 있지 않았다. 그냥 너무 명백해 보였다.

그러나 나는 잘못된 생각을 하고 있었다. 내 말을 그대로 받아들인 사람들도 마찬가지였다. 해리 앤슬링어는 미쳐 날뛰는 청교도 광신도와는 거리가 먼 인물로서, 어찌 되었든 매우 합리적인 행위자였다. 그는 각국 정부가 참여한 국제적 조직에서 중요한 역할을 담당했는데, 해당 조직은 합법적인 마약의 가격을 높은 수준으로 유지하기 위해 이를 통제하고자 했다. 그래서 규제 시장을 창설하여, 가격을 떨어뜨리는 행동을 할 가능성이 있는 도덕 집단 개개인을 배제시키는 조치를 취했다.

나는 한참 지나서 전 세계 마약 유통을 규제하는 조약을 작성한 조직의 구성과 활동을 상세하게 서술한 프랑수아-자비에 뒤두에F.-X. Dudouet(2003, 2009)의 연구를 접하고 나서야, 그 모든 것을 깨달았다. 처음에는 국제연맹, 나중에는 유엔의 비호를 받은 해당 위원회들이 만든 법안은 국가 입법기관에 의해 비준되었고 국가의 법률과 국제 조약으로 시행되었다(해당 조약에 서명한 국가는 이를 법률로 선포해야 했다). 뒤두에는 그러한 조직의 문헌을 심층적으로 조사하여 해당 조직과 관계자들이 불법 마약 시장을 '규제'하거나 누군가의 쾌락 추구를 방해하는 일에 전혀 관심이 없었다는 것을 보여주었다. 그들에게 그런 일들은 기껏해야 사소한 골칫거리였다. 그들은 합법적인 마약 시장을 규제하는 일에만 관심이 있었다. 돈이 존재하는 곳이 합법적인 마약 시장이었기 때문이다.

마약 수익은 예나 지금이나 합법적인 의약품을 병원, 의사, 치과 의사, 약사에게 판매하는 일에서 창출된다. 의약품 판매는 거대하고 영속적이며 언제나 짭짤한 이익을 내는 사업이다. 코데인은 통증 완화에, 모르핀은 더 큰 통증 완화에, 코카인은 의사와 치과 의사에 의해 마취제로 사용된다. 그 이외에도 이처럼 기본적인 약품에서 파생된 다양한 약품들이 의료 현장에서 일상적으로 사용된다. 제약 회사는 언제나 서구세계의 산업화된 금융 수도에 본사를 두고 있으며, (아편 양귀비와 코카 잎 등의) 원료 무역을 장악할 뿐 아니라 의약품을 생산하는 제조 시설과 유동 시설을 관리한다. 미국, 영국, 프랑스(이떨 때는 독일과 그 이외 몇몇 나라)는 이러한 산업과 마약에 대한 유사 독점quasi-monopoly을 통해 막대한 이익을 거둔다. 무엇보다도 국제기구에서 이러한 나라의 대표들은 유사 독점 체제와 거대 이익의 지속적인 흐름을 보호하기 위해 행동한다.

사회학자들(특히 내 자신)이 이러한 조직과 그들의 활동에 대해 알 턱이 없으며 존재조차 알지 못했기에, 앞서 말한 것처럼 정부의 마약 단속 활동이 다른 사람의 쾌락을 금지하려는 청교도적 욕구에서 비롯되었다고 오해했다. 미국의 법률 역사는 그처럼 쾌락을 억제하는 시도들로 점철되었기 때문에, 미국인들은 늘 그러한 주장을 합당하고 믿을 만한 것으로 받아들이는 경향이 있다. 1920년대 금주법이라는 '거대한 실험'은 청교도적 활동의 정점이었을 뿐 그 끝은 아니었다.

적어도 마약 생산을 통제하는 국제기구의 미국 대표들이 그러한 견해를 고수했다고 생각할 만한 이유는 있지만, 뒤두에는 앤슬링어가 마약 규제 분야의 다른 나라 담당자들과 만났을 때 그러한 견해를 표명하지 않았음을 보여준다. 그보다 앤슬링어는 자국 제약 회사의 이익을 안전하게 지킨다는 공통 목적에 공감했다.

이렇게 되면 내가 《아웃사이더들》에서 사용한 '도덕 기업 moral entrepreneur' 개념을 재고해야 할 필요가 있다. 그 책에서 나는 함축적으로나마 '불법 쾌락illicit pleasures'에 대한 종교적 편견이나 그 이외의 편견이 마약 반대 운동과 그에 따른 관련법과 (국내외) 경찰 활동을 유발했다고 설명했다. 그리고 그러한 편견을 토머스 드 퀸시나 피츠휴 러들로 등 19세기 작가들이 유행시킨 동양에 대한 환상에 근거한 것으로 보았다. 아마도 나는 좀 더 실용적인 이유(수익성이 높은 독점의 고착화 등)가 있으리라는 것을 알았을지도 모른다. 하지만 편견에 사로잡혀 그쪽 방향을 돌아보지 않았고, 이 분야의 다른 학자들도 마찬가지였다.

내가 앤슬링어의 다른 활동을 조사하고 (뒤두에가 알아냈듯이) 그가 오늘날 빅 파마Big Pharma로 불리며 그때나 지금이나 이익 추구에 혈안이 된 대형 제약 회사의 이익을 극대화하기 위해 각국의 마약 단속 정책을 조율하는 국제기구에 활발히 참여하는 사실을 알았더라면, 그 모든 일을 알 수 있었을 테고 마약 반대 세력의 동기를 잘못 해석하는 일도 피할 수 있었을 것이다. 그러나 나는 그렇게 하지 않았다. 한참 후에 어느 정치학자가 자신의 박사 학위 논문에서 내가 저지른 심각하고 오해의 소지가 있는 실수를 바로잡기까지 손을 놓고 있었다.


## 음악 산업에 대한 오해

로버트 포크너와 내가 음악인들이 어떻게 해서 행사, 무도회, 술집, 식당에서 리허설도 하지 않고 (실제로 만난 적도 없고) 악보도 없이 다른 음악인들과 같이 연주할 수 있는지 연구했을 때, 우리는 이미 음악 산업에서 오랜 경험을 쌓은 상태였다(포크너 및 베커, 2009). 나보다 열 살 어린 포크너는 나와는 어느 정도 다르지만 거의 비슷한 경험을 했다. 우리는 빅밴드big band(재즈나 스탠더드팝을 연주하는 9~16인조 악단-역주)와 일할 뿐 아니라 술집, 무도회, 행사에서 연주한다는 면에서 여러 가지 공통점이 있었다. 다만 포크너와 달리, 나는 활발한 연주 활동을 벌이지 않은 지 오래된 된 터였다.

　우리는 무의식적으로 우리의 성장기에 해당하며 그렇기 때문에 잘 아는 1940년대와 1950년대의 음악만을 대중음악이 나아가야 할 '올바른 길'로 간주했다. 그 당시 음악만이 적절하며 나머지 음악은 상궤에서 벗어난 것이라고 생각한 것이다. 우리 두 사람이 제각각 음악 산업을 다각도로 분석한 글을 썼음에도, 우리는 여전히 우리가 성장한 그 시대의 산물로 남아있었다. 무엇보다도 음악적으로 그러했다. 우리는 (카운트 베이시, 듀크 엘링턴, 우디 허먼, 베니 굿맨 등 아직도 늦은 밤에 지역 라디오 방송에서 들을 수 있는 수백 개의) 빅밴드가 여전히 전국 공연을 다니던 시대에 직업적으로 성년을 맞이했다. 따라서 (로스앤젤레스 출신인 포크너와 시카고 출신인 나처럼) 공연이 자주 있는 도시에 살면 그들의 연주를 직접 들을 수도 있었다. 재즈 클럽에서는 디지 길레스피와 찰리 파커를 비롯하여 수십 명의 정상급 연주자가 이끄는 소규모 밴드의 공연이 열렸다. 게다가 포크너와 내가 소속되었던 형태의 현지 밴드가 연주할 수 있는 장소들도 많았다.

우리는 30~40년대의 인기곡을 비롯해 우리 시대의 음악을 연주했다. 대부분 제롬 컨, 조지 거슈윈, 콜 포터 등의 대중음악계 거장들이 작곡한 노래들이었다. 요즘에는 '미국의 위대한 노래들Great American Song Book'로 칭송되며 알렉 와일더가 저서 《미국의 대중가요 1900~50American Popular Song 1900~50》(1972)에서 정성스럽게 나열한 그 노래들은 길레스피를 비롯한 수많은 음악인들이 연주한 혁신적인 비밥bebop의 화성학적 기반이 되기도 했다. 즉석에서 구성된 밴드들도 이러한 문화적 저장고를 공유한 터라 악보나 사전 리허설 없이 능숙하게 합주할 수 있었다. 직업 음악인의 세계는 그런 식으로 조직되었으며 그러한 관행은 아직도 많은 곳에서 유지되고 있다. 포크너는 요즘에도 그와 같은 세계에 참여한다.

'우리 시대 음악'은 한때 대중음악의 세계를 지배했다. 사람들은 그 음악에 맞춰 춤을 추고 술을 마시며 파티를 벌였다. 또한 그들은 그 음악에 맞춰 미래의 배우자에게 구애했고 결혼식에서 춤을 췄다.

상황은 1960년대부터 급속도로 변화하기 시작했다. 완전히 다른 형태의 대중음악이 우리 시대의 음악을 대체했고 새로운 음악을 연주하는 밴드들은 저마다 고유한 레퍼토리가 있었다. 그들은 다른 밴드들이 알지 못하고 연주할 수 없는 곡들을 썼다. 포크너와 나 같은 사람들은 그러한 곡들을 전혀 알지 못했다. 악보가 앞에 있으면 ('적절한' 소리는 낼 수 없더라도) 연주는 할 수 있었을 테지만 말이다. 그러나 읽을 수 있는 악보가 없을 때가 많았다. 연주자들은 악보 없이도 연주할 수 있었다. 우리는 그렇지 못했다. (H. 스티스 베넷[1980]은 그러한 발전에 대해 일찌감치 명확하고 음악적으로 박식한 해석을 내놓았으며 벤 시드런[2012]은 이러한 시작이 전 세계 차원에서 어떻게 진화했는지 관점을 제시했다.) 포크너는 어느 정도는 이러한 변화에 적응했지만, 나는 아니었다. 그러나 내가 새로운 음악을 전혀 알지 못하고 알고 싶어 하지도 않는 꼰대의 반열에 올랐다는 것은 의심할 여지가 없었다. 포크너도 대체로 나와 같은 감정이었다. 우리가 현장 연구를 수행하고 책을 쓰면서 주고받은 이메일에는 우리가 새로운 형태의 음악에 거부감을 느꼈으며 그런 음악을 만드는 사람들의 능력을 얕잡아 보았다는 것이 드러난다. 우리는 같이 연구하는 동안 교환한 이메일을 《함께 생각하기 Thinking Together》(베커 및 포크너, 2013)라는 책으로 펴내면서 그 책에 우리가 깨달음을 얻은 과정을 담았다.

어떤 사람은 우리에게도 음악적 의견을 밝힐 자격이 있다고 말할지 모른다. 그러나 사회학자로서는 그럴 자격이 없었다. 우리는 우리가 보거나 같이 연주하거나 조사한 젊은 음악인 몇 명을 '음악을 전혀 모르는 녀석'으로 폄하했다. 우리가 '스탠더드'로 생각하고, 능숙한 음악인이라면 악보 없이도 연주할 수 있을 곡들을 연주하지 못한다는 이유로 말이다. 그뿐만 아니라 우리는 나이와 관련된 다른 편견들도 표출했다. 음악인 집단의 오랜 구성원으로서는 그럴 자격이 있었을지 모른다. 그러나 사회학자를 자처하는 사람들로서는 분명한 실수였다. 우리의 불만 중 하나는 우리가 직업적으로 연주했던 장소들이 새로운 대중음악에 밀려 사라진다는 것이었다.

그러다 마침내 우리가 실수를 저지르고 있다는 사실을 깨달았다. 그러한 변화에 대한 우리의 반응은 분석할 데이터로서는 적절했지만, 대중음악 산업의 모형에 끼워 넣을 수 있는 '사실'은 아니었다. 사실 우리의 심술궂은 반응은 객관적인 사실과는 거리가 멀었다. 그러한 반응을 이끌어낸 음악인의 지식 변화와 공동 작업 방식 변화야말로, 우리의 연구가 다루어야 할 사실 중 일부였다. 우리의 실수는 스스로의 편견을 사회학적 분석으로 간주한 것이었다. 따라서 우리는 전제와 설명을 바로잡고, 연주자 집단에서 당연시되던 레퍼토리를 형식, 내용, 다양한 연주자 집단에 의해 공유되는 정도 측면에서 달라질 수 있는 사회적 사실로 간주하여, 그 변화에 대응하는 조직적 변화를 찾아내야 했다. 자존감과 정서에 다소 타격은 입었지만 사회학적으로는 훨씬 더 괜찮은 결과였다.

여기에서 한 가지 더 지적할 것이 있다. 나는 대학원 시절에 나와 같은 음악인, 우리가 연주했던 유형의 장소, 일자리를 구했던 방법, 클럽 고용주와 우리의 연주를 듣는 청중들과의 관계에 대해 석사 학위 논문을 썼다. 그 당시에 나는 (마피아가 운영한 클럽이나 비공식적인 네트워크를 통한 구인구직 등) 음악업계의 모든 장치를 거의 영속적인 것으로 생각했다. 그때는 그러한 상황이 변화하리라는 생각이 전혀 들지 않았다. 물론 상황은 변화했다. 그것도 내가 해당 연구를 토대로 한 첫 논문을 발표한 직후에 변화했다. 텔레비전이 널리 보급됨에 따라, 술집 주인들이 텔레비전 수상기를 구입하여 카운터 뒤 선반에 고정해두고 생음악 연주자들을 완전히 없애는 편이 경제적으로 이득이 된다는 사실을 깨달았던 것이다. 영원한 인류학적 현재는 내 논문이 인쇄될 때까지만 지속되었고, 그 직후에 과거가 되었다.

사실 나는 그 모든 것을 알고 있어야 마땅했다. 수십 년 전에 샌프란시스코에서 신진 연주자로 일할 때 그 같은 변화를 다른 측면에서 경험했기 때문이다. 그때는 나 역시 유명한 선배 연주자가 무슨 생각을 하는지 알지 못했다. 우리는 그 당시에 느낀 충격을 아이디어에 반영하고 있었는데 나는 포크너에게 이메일로 수십 년 전 내 경험을 알렸다.

내가 어린아이였을 때 딕시랜드Dixieland(20세기 초 뉴올리언스에서 시작되어 시카고와 뉴욕으로 퍼진 재즈 장르-역주)는 여전히 생명력을 지니고 있었고 누구든 그 장르의 몇 가지 곡은 알고 있어야 했지[포크너와 내가 우리보다 젊은 연주자들이 'All the Things You Are'(제롬 컨과 오스카 해머스타인이 쓴 뮤지컬 곡-역주)'를 알리라 기대했던 것과 마찬가지다]. 그래서 난 'Muskrat Ramble', 'Basin Street Blues', 'Tiger Rag' 등 딕시랜드 곡들을 연주했어. 그러나 이를테면 'Milenburg Joys'나 'Riverboat Shuffle' 같이 덜 알려진 곡들은 알지 못했다네(다만 나중에 후자가 빅스 바이더베크와도 관련된 멋진 곡이라는 것을 알게 되었지). 나와 아주 가끔 어울렸던 선배 연주자들의 눈에는 내가 노래를 하나도 모르는 녀석으로 보였을 거야. 그런 일은 자주 있지 않았지만. 난 샌프란시스코의 차이나타운 아메리칸 리전홀에 연주하러 갔던 날 밤을 잊을 수 없다네. 그때 악단의 리더는 리더 노릇을 해야만 일을 얻을 수 있을 정도로 형편없는 드러머였어. 그는 (그때 매우 아팠고 결국 몇 주 후에 세상을 떠난) 먹시 스패니어Muggsy Span-ier(이름난 구세대 딕시랜드 연주자)에게 트럼펫 연주를 맡겼지. 먹시는 다른 곡들도 연주할 수 있었지만 딕시 레퍼토리를 연주했어. 그러나 나는 GASB[Great American Song Book]을 모르는 요즘 젊은 연주자들과 마찬가지로 그가 연주하고 싶어 했던 곡들 상당수를 연주할 수 없었지 뭔가. (베커 및 포크너, 2013, 217)

나는 포크너에게 그때의 이야기를 하고 나서 교훈을 이끌어냈다. "그러니 중요하게 기억할 것은 적절한 레퍼토리가 공연이든 술집에서의 연주든 연주 상황에 좌우된다는 점이다. 그곳의 청중을 위해 무슨 곡을 연주해야 하느냐가 중요한 고려사항이다. 다른 연주자가 누구이며 그들 모두가 아는 곡이 무엇이냐는 그다음 문제다(217)." 어렵게 얻긴 했지만 우리는 교훈을 얻었고 그러한 교훈을 통해 심각한 실수를 방지하는 법을 배웠다. 내가 이 이야기를 하는 것은 다른 사람들이 우리와 비슷한 실수를 하지 않도록 돕기 위해서다.

### 충분한 정보가 없을 때 미래 예측하기

정성 연구자들은 포크너와 내가 그랬듯이 자신들의 연구가 시간의 제약을 받는다는 명백한 사실을 간과할 때가 많다. 나는 내가 피아노를 연주했던 시대가 이렇게 변화하리라 예측하지 못했다. 심지어 내가 방금 묘사한 모든 것을 둘러싼 변화의 조짐을 무시했다.

아네트 라루(2003)는 세 가지 사회 계층의 아동기 사회화를 연구하면서 내가 앞부분에서 말했던 설문 조사 기반 연구 특유의 오류를 방지하기 위해 드물게도 철저하고 칭찬받을 만한 노력을 기울였다. 라루는 사람들에게 자녀와 이런저런 일을 하는 데 얼마만큼의 시간을 보내느냐고 묻지 않았다. 그 대신 그녀나 프로젝트에 참여한 다른 관찰자가 몇 주에 걸쳐 몇 시간씩 부모와 자녀와 함께 머물렀다. 라루는 중산층 어린이가 날마다 분 단위로 꽉 짜인 일정에 따라 바쁘게 활동한다고 말했는데 그 내용은 그녀나 다른 관찰자가 중산층 가정에서 머물면서 어린이의 활동을 분 단위로 측정한 데서 비롯되었다. 게다가 그들은 부모와 어린이뿐만 아니라 그 어린이의 형제 등 눈에 띄는 사람 모두와 대화했다. "나는 그곳에 있었고 그들이 무슨 일을 할 때마다 직접 시간을 쟀다." 그보다 정확한 숫자는 나올 수 없었다.

따라서 우리는 자녀의 능력과 잠재력에 대한 '집중 양육concerted cultivation' 패턴이 상류층과 중산층 가정의 특성이자 '자녀의 자연스러운 성장 유지'라는 근로자 계층과 저소득층 가정의 양육 패턴과 다르다는 라루의 말을 신뢰할 수밖에 없다(라루, 2003, 5). 그녀에게는 그 말을 입증할 수치가 있으며 우리는 그 수치가 사회 과학의 다른 수치와 마찬가지로 '확실'하고 정확하다고 확신할 수 있다.

예를 들어 그녀는 개릿 톨링어라는 열 살짜리 중산층 소년의 일상을 34일 동안 하루도 빠짐없이 관찰하여 작성한 도표를 제시한다. 개릿의 부모는 연봉이 높으며 출장이 잦은 직장에서 일한다. 도표는 개릿이 조직적인 활동을 한 가지로 하지 않은 날이 34일 중에서 고작 닷새에 불과함을 보여준다. 전반적으로 45개의 조직적인 활동이 나열되었다. 여기에는 야구, 농구, 축구, 수영 연습, 음악 레슨과 공연, 야구팀 사진 촬영이나 기금 마련 행사 등 몇 가지 관련 활동이 포함된다.

그러나… 항상 그렇듯이 '그러나'가 존재한다. 실제로는 두 가지의 '그러나'가 있다. 명백한 '그러나'는 표본 규모와 관련이 있다. 연구자들은 정확히 어린이 12명의 정보를 파악했다. 그러나 라루는 저서의 첫 부분에서 다음과 같이 일반적인 말을 한다. "기존 전문가들의 조언에 따라 집중 양육 방식에 참여하는 중산층 부모는 자녀의 발전을 자극하며 자녀의 인지적, 사회적 기량을 키워주기 위해 계획적으로 노력한다." 그녀에 따르면 근로자 계층과 저소득층 가정에게는 '안락함, 음식, 주거, 기초 생필품을 마련'하는 것만도 큰 문제라고 한다. 그들은 '자녀의 자연스러운 성장을 유지해주는 것을 한 가지 성취로 간주'한다. 라루는 계속해서 그러한 양육 방식이 '차별화된 혜택의 자녀 세습'으로 이어진다고 일반화하는 발언을 한다(2003, 5). 이 내용은 좀 더 이론적이다. 혜택이 무엇인지는 나중에 자녀들의 삶에서 사람들이 하는 행위로 규정되며 시간과 상황에 따라 달라진다. 무엇이 어린이들이 제 구실을 하는 성인이 되고 난 후에 유리하게 작용할지 확실하게 알 수 있는 방법은 없다. (관찰자 입장의 사회학자도 그러했겠지만) 스티브 워즈니악과 스티브 잡스의 부모는 아들이 차고에서 무엇을 만지작거리고 노는지 궁금하게 생각했을 것이 분명하다.

　무엇이 결과적으로 혜택이 될지 확실하게 알아낼 방법은 한 가지뿐이다. 어린이를 성인이 될 때까지 따라다니며 무슨 일이 일어나는지 관찰하는 것이다. 일부 종단 연구는 실제로 그렇게 진행되었다(퍼스텐버그의 2007년 연구가 그 예다). 그러나 미래는 아직 닥치지 않았으므로 라루는 당연히도 그 아이들을 대상으로 그렇게 할 수 없었다. 그럼에도 라루와 그녀의 동료들은 어린이가 어른을 상대하는 방식을 비롯하여 계층에 따라 어린이의 행동에서 두드러진 차이가 나타난다는 것을 입증할 수 있었다. 중산층 어린이는 "어른과 악수하고 어른을 똑바로 바라보는 것을 배운다." 반면에 저소득층 가정에서는 "평소에 가족 구성원들이 서로의 눈을 쳐다보지 않는다(라루, 2003, 5)." 그뿐만 아니라 연구자들은 이 같은 차이가 심지어 저학년 때도 구체화된다는 것을 확인했다. 중산층 어린이는 대체로 교사나 다른 어른의 말에 동의하지 않고 자기 입장을 고수한 반면에 근로자 계층 어린이는 "권위 있는 어른의 조치를 받아들였다(6)."

　12명에 불과한 어린이들의 행동이 그러한 일반화의 실증적인 토대로 적당한가? 그 답은 결과를 어떻게 활용하느냐에 달려있다. 인구 조사 보고서로 특정 인구 통계 범주에 드는 사람들의 소득에 대한 주장을 펼치고자 한다면 12명으로는 충분하지 않다. 그러나 라루의 목표는 그것이 아니었다. 그녀의 연구는 인구 조사가 아니었다. 그녀는 계층별 자녀 양육 방식을 결정짓는 메커니즘을 발견하고 설명하고자 했다. 그리고 나도 자기 보고 내용보다는 그녀와 그녀의 동료들이 관찰한 항목을 활용할 때 훨씬 더 안심이 될 것이다. 그리 철두철미하지 않은 연구라면 자기 보고를 산출된 패턴의 대용물로 받아들이겠지만 말이다. 6장에서 살펴본 메르클레와 옥토브르의 연구 결과를 다시 떠올려보자. 그들의 연구를 통해 자기 보고 데이터에 거짓말이 반복적으로 나타난다는 사실을 알 수 있었다. 내게는 좀 더 간접적인 자기 보고 데이터에 나타나는 가공물이 걱정거리이지만 연구자라면 누구나 다협을 해야 한다. 라루는 넓은 연구 범위 대신에 심층적이고 정확한 관찰을 택했으니, 이제 다른 연구자들은 깊이 대신에 범위를 택할 수 있으며, 라루의 연구 결과를 해석의 보조 수단으로 활용할 수도 있다. 따라서 표본 크기가 문제이기는 하지만 이처럼 철저하고 현실을 조명하는 연구에서는 결정적인 요소가 아니다.

　나는 두 번째의 '그러나'를 더 중요하게 간주한다. 물론 라루는 자신이 서술한 사회 계층별 자녀 양육의 패턴이 그리 오래되지 않은 과거에 급격하게 변화했으며, 얼마 전만 해도 자신이 관찰한 근로자 계층 가정의 특징이 중산층 가정에서도 흔히 나타났다는 사실을 잘 알았다. 그녀는 자신의 팀이 어린이 88명의 부모를 면접 조사 방식으로 조사한 관련 연구에 대해 언급하면서, 1950년대와 1960년대에 태어난 부모 모두가 자신의 연구에 나오는 근로자 계층 어린이들처럼 살았다고 말한다. 예를 들어 그들 중 누구도 조직적인 활동으로 채워진 빡빡한 일정을 따르지 않았다. 나는 잠깐 그러한 실마리를 따라가 보려고 한다. 과거에 변화한 일들이 다시 바뀔 수도 있으며 계층의 특권을 매우 효과적으로 유지하는 듯 보이는 패턴(나도 그녀가 이 대목에서 내린 결론에 전적으로 동의한다)이 그러한 특권을 유지하는 유일한 방법이 아니거나 다음 세대에는 통하지 않을 수도 있다는 점을 제시하기 위해서다. 다시 말해 계층 기반의 특권을 유지하는 패턴은 부모가 자녀를 완전히 다른 방식으로 양육하더라도 지속될 수 있다.

내 증거는 (1928년에 태어난 내가) 1930년대 시카고의 백인 중산층 가정에서 성장한 경험뿐이므로 라루의 증거보다는 훨씬 더 빈약하다. 나는 다른 목적으로 그때의 경험을 쓴 적이 있다(그 내용은 원래 장 프네프의 《관찰의 묘미 Le goût de l'observation》[2009]에 수록되었다. 이 책은 어떻게 하면 사회 과학 관찰자들이 관찰의 기술을 배우고 그 기술을 활용할 수 있는지를 다뤘다). 그 책에서 장 프네프는 프랑스 남서부 마을에서 어린 시절을 보내면서 관찰하는 법을 배웠다고 설명한다. 프네프와 그의 친구들은 기술자들이 거리에서 작업하는 장면을 지켜보았다. 그 당시 작업장은 도구를 두고 작업을 할 수 없을 정도로 좁았기 때문이다. 따라서 대장장이가 말에 편자를 박을 때는 바깥에 나와서 했기 때문에 모두가 그가 일하는 장면을 볼 수 있었다. 프네프는 기술자들이 어떤 식으로 아이들의 도움을 받았는지("애야, 이것 좀 잡고 있어라!"), 심부름을 시켰는지("가서 그것 좀 가져와라"거나 "술집에 가서 맥주 좀 사다 줘") 묘사한다. 그에 따르면 아이들은 소와 말을 사고파는 농민들의 양심적이거나 양심적이지 못한 거래를 지켜보았다고 한다. 그가 본 농민 몇 명은 판매 대금을 지갑에 넣고 집에 갔던 반면에 어떤 농부는 술집으로 직행하여 번 돈을 모두 술 마시는 데 썼다. 그는 어린이들이 읍내에 흔했던 불륜 행위에 대해 빠삭했다고 말한다(아이들은 연인들이 약속을 잡기 위해 쓴 쪽지를 상대방에게 전달했다). 프네프는 그런 경험 덕분에 자신과 친구들이 관찰의 묘미, 실전 경험, 요령을 얻을 수 있었다고 말한다. 그가 어린 시절에 한 관찰은 관찰 기술을 익히는 방법에 대한 그의 견해를 뒷받침하기도 하지만 특정 계층과 지역 어린이의 사회화에 관한 정보도 알려준다.

나는 프네프에게 그와 달리 대도시에서 관찰 방법을 배운 내 경험을 알려주기 위해 다음과 같은 글을 썼다. 이 이야기는 그 시대 시카고의 중산층 어린이가 경험할 수 있었던 일들을 알려주는 증거일 뿐 아니라 사회 계층적 위치와 문화가 일반적인 생각보다 훨씬 더 다양하다는 라루의 인식을 보강할 수 있는 사레이기도 하다.

고가 철도. 열 살 때쯤 나는 또래 남자아이들과 표 한 장으로 온종일 타고 다니는 식으로 (모두가 엘[the El]이라고 불렀던) 시카고 고가 철도를 이용하곤 했다. 어머니들은 우리에게 샌드위치를 싸주셨고 우리는 몇 구획을 걸어 엘 노선이 운행하는 레이크 거리까지 걸어갔다. 그곳에는 시카고의 서쪽 끝에 있는 우리 동네부터 도심의 루프Loop(도시 전 지역에서 뻗어 나온 고가 철로가 도심에서 모여 그 주위를 고리처럼 에워싸면서 순환하다가 다시 왔던 곳으로 돌아간다고 해서 이런 이름으로 불린다)까지 운행하는 엘 노선이 있었다. 기차에 타는 순간 (루프를 비롯하여) 노선이 교차하는 지역을 볼 수 있었고 도시 다른 지역으로 가는 기차로 갈아탈 수도 있었다. 예닐곱 가지 주요 노선이 시카고의 3대 중심지까지 이어졌는데 시카고가 거대 도시인 만큼 이동 거리는 굉장히 길었다. 예를 들어 우리는 우리 동네가 있으며 노선의 종점에 가까운 레이크 거리 엘 노선에서 승차하여 도심으로 갔다가, 사우스사이드로 가는 잭슨 파크 노선으로 환승한 다음에, 종점인 스토니 아일랜드 대로까지 6~7마일을 타고 갔다. 다시 승강장을 가로질러 같은 기차를 타고 도심으로 되돌아와 노스사이드 로저스 파크 노선으로 환승한 다음에, 하워드 거리까지 갔다. 그런 식으로 도시 전역을 돌아다니는 짓을 하루종일 하고 나서 피곤하고도 즐거운 상태로 귀가했다.

우리가 무엇을 봤냐고? 우리는 동네마다 다양한 형태를 띤 건물들을 보았다. 빈민가에서는 초라하고 낡은 목조 아파트 건물을, 유복한 동네에서는 여러 층의 벽돌 건물을, 소수 민족이 사는 동네에서는 단독 주택을 보았다. 우리는 지나치는 상점의 간판을 보면서 시카고의 특징적인 소수 민족 거주 양상을 알 수 있었다. 폴란드인들은 밀워키 대로에, 이탈리아인들은 니어웨스트사이드에, 스웨덴인들은 노스사이드의 위쪽에, 흑인들은 사우스사이드에 살았다. 우리는 기차에서 타고 내리는 여러 인종과 민족 구성원들을 보았고 누가 어느 지역에 사는지 알아냈다. 우리는 (말소리, 의복 형태, 사람들이 가지고 다니는 음식물 냄새 등의) 작은 단서만으로도 민족을 능숙하게 맞힐 수 있었다.

우리는 공장과 건물들이 들어서 있고 공장에서 쓰는 트럭들이 늘어선 시카고의 공업 지역도 보았다. 시카고에서 운행되는 철도의 조차장도 눈에 띄었다. 시카고는 미국 철도의 주요 거점 도시였다. 우리 눈에는 번창하는 동네의 쇼핑센터와 상점들도 보였다.

우리는 멀리에서뿐 아니라 가까이에서도 보았다. 우리가 탄 기차에 타고 내리는 사람들을 보면서 우리는 우리가 그들 상당수와 다르다는 것을 깨달았다. 우리는 그들과 인종, 계층, 민족이 달랐다. 유대인인 우리와 달리 다른 사람들은 대부분 유대인이 아니라는 것을 알았다. 우리는 그것이 무슨 의미인지 정확히 알지는 못했지만, 남들이 그 사실을 모르는 편이 낫다고 생각했다. 기차가 지나갔던 지역의 건물들은 대개 철로에 대략 5피트 이하로 바짝 붙어있었고 건물 창문들은 정확히 철로 쪽으로 나있었다. 그래서 우리는 사람들이 사는 아파트 안을 들여다보고 그들의 일상생활을 관찰했다. 그들은 아파트에 사는 사람들이 대개 그러하듯이 음식물을 조리하고 먹었으며 청소와 세탁을 했고 앉아서 라디오를 들으며 커피를 마셨다. 여자들은 서로의 머리를 손질해주었고 아이들은 장난을 쳤다. 우리는 (성관계 같은) 사적인 장면은 거의 보지 못했지만 어쩌다가 반쯤 벗은 여성들을 보면 신이 났다. 우리 같은 10~11살 소년들로서는 거의 한 번도 본 적 없는 광경이었다. 그러한 경험을 통해 우리는 다양한 생활 방식에 대해 여러 가지 일들을 생각해보았다.

우리는 기차를 타고 가면서 관찰했다. 기차의 작은 창을 스쳐 지나갔던 도시의 만물을 가까이서 보았고 본 것에 대해 서로 대화를 나눴으며 다른 점들을 확인하고 집으로 돌아가 그 차이에 대해 생각했다. 대략 열두 살에 이르기까지 나는 도시의 물리적, 사회적 구조를 제대로 파악했다. 적어도 지리적 관점에서는 그러했다.

도심. 내가 좀 더 자란 후에는 주로 토요일마다 혼자 도심으로 나가기 시작했다. 내 부모님은 내가 시내에서 무슨 일을 했는지 항상 물어보셨지만 나는 한 번도 제대로 된 대답을 할 수 없었다. 그곳에서 내가 무엇을 했는지 정확히 말할 수 없었기 때문이다. 대부분은 그냥 배회하면서 상점 창문 안을 들여다보았다. 그것은 내가 시카고를 가까이서 볼 수 있는 기회였다. 엘 기차 창문 너머로 멀리 있는 건물들을 볼 때와는 달랐다.

'도심'은 큰 곳이었다. 얼마만큼의 주변부를 포함하느냐에 따라 40개 구획에서 50개 구획으로 이루어졌으며 평균적으로 42개 구획 정도였다. 사람들은 시카고 전역에서 도심으로 와서 대형 백화점과 그보다 작은 상점에서 물건을 사거나, 시청이나 카운티 빌딩이나 라살 거리의 대형 은행 중 한 곳에서 볼일을 보거나, 어떤 종류인지는 모르지만 층마다 회사들이 있는 고층 건물 안으로 들어갔다. 의사와 치과 의사의 진료소로 들어찬 '의료' 건물도 있었다. 건물 대다수에는 여러 종류의 업체들이 있었다. 예를 들어 길가에 상점을 낼 형편이 안 되었던 작은 시계포, 보석 도매업체, 보험 사무소, 연극 공연 예약 대행업체, 사설탐정 사무소 등이 입주해있었다. 전화번호부의 옐로페이지에서 찾을 수 있는 모든 업체가 그곳에 있었다. 누구든 건물로 걸어 들어가 엘리베이터에 타고 아무 층에서나 내려서 투명 유리문에 새겨진 글씨를 보면서 복도를 돌아다닐 수 있었다. 물론 합당한 이유 없이는 건물 안으로 들어갈 수 없었다. 내게는 수리할 시계도, 사설탐정에게 조사를 의뢰할 대상도, 무슨 대가로든 치를 돈이 없었다.

나는 시청이나 카운티 빌딩 안으로 들어가 잘 차려입은 남자들이 오고 가는 모습을 관찰했다. 그들이 누구인지는 제대로 알 수 없었지만 그곳에 시장과 시의회와 기록을 보관하고 세금을 거두는 온갖 시청 산하 부서가 있다는 사실은 알고 있었다. 나는 복도를 지나다니면서 그 모든 사무실의 명칭을 확인했다. 안을 들여다보니 일반인에게 개방된 전형적인 시청 사무실의 모습이 보였다. 일반인이 카운터로 다가가면 그 뒤의 시청 직원이 준비가 될 때 응대했다(나는 도시 어린이답게 관료주의와 정부에 대해 회의적이었다. 학교에서 배운 바가 크다!). 건물에는 법정도 있었지만 나는 그 안에는 들어가지 않았다. 누가 나한테 그곳에 들어가서는 안 된다는 경고를 할 필요도 없었다. 그곳에는 많은 경찰관이 있었고 나는 사회화가 잘된 도시 어린이답게 경찰관의 눈에 띄지 않는 편이 좋다는 것을 알고 있었다.

나는 도심의 여러 극장을 지나쳤다. 어떤 극장은 영화 상영과 무대 공연을 병행했다. 무대 공연에는 대개 그 시대의 빅밴드나 유명 연예인이 출연했으며 몇 년 후에 신진 재즈 연주자가 된 나는 밴드들의 공연을 실황으로 듣기 위해 그런 곳에 앉아 영화 몇 편을 보면서 하루를 보내곤 했다. 연극을 상연하는 극장들은 저녁에만 문을 열었지만 나는 그런 극장들을 지나치면서 간판을 보거나 벽에 걸린 스타들의 사진과 연극 평론가들의 평을 구경할 수 있었다.

나는 식당들을 모조리 구경했다. 속기사, 판매원, 사무실에서 일하는 사람들에게 저렴한 음식을 판매하는 값싼 식당도, 길거리에서 안이 들여다보여서 내가 많은 것을 구경할 수 있었던 적당히 비싼 식당도, 안을 전혀 들여다볼 수 없는 고급 식당도 있었다(식사 장소 자체는 위층에 있었을 가능성이 크다). 그 이외에도 나는 술집과 그곳에 놀러 온 사람들도 보았다(몇 년 후 그런 곳에서 피아노를 연주하기 시작하면서 그런 부류의 사람들에게 한층 더 익숙해졌다).

그뿐만 아니라 나는 상점 안에도 들어갔다. 다만 대형 백화점에서는 마음이 편치 않았다는 것이 어렴풋이 기억난다. 그들은 물건을 살 돈이 없는 어린아이가 혼자서 백화점에 왔으니 물건을 훔치리라 의심하고 나를 감시했던 것 같다. 그러나 나는 백화점 안을 왔다 갔다 하면서 옷과 장난감을 구경했다. 다만 많이는 볼 수 없었다. 백화점 내부에 익숙하지 않은 내가 여성용 속옷가게 같이 나와 전혀 맞지 않는 매장으로 가게 될까 봐 걱정이 되었기 때문이다.

물론 브렌타노 같은 대형 서점에도 들어갔다. 그곳에서 파는 책들을 보고 있노라면 의식하지 못한 새에 몇 시간이 흐를 때도 있었다. (내가 인생에서 유일한 도둑질을 한 장소도 브렌

타노였지만 그 일은 한참 뒤에 일어났다. 나는 대학원에 다닐 때 C. 라이트 밀스와 한스 게르트가 번역한 막스 베버의 저서 한 권을 훔쳤는데, 그때 너무도 겁이 났기 때문에 다시는 그런 짓을 하지 않았다.)

그리고 나는 거리에서 사람들을 구경했다. 갖가지 사람들이 있었다. 모든 나이, 모든 몸집, 모든 민족 집단에 걸쳐있는 사람들. 걸인, 사업가, 말쑥한 차림으로 쇼핑하는 여성, 예쁜 소녀, 험상궂은 사내를 보았다. 그들을 보면서 옷과 행동의 자세한 특징, 몸가짐, 그런 사람들이 오고 가는 곳 등을 관찰할 수 있었다. 그들에게 궁금증이 들기도 했다. 시카고의 어느 동네에 사는지, 무슨 일을 하러 시내에 왔는지, 그들과 이야기하면 어떨지 궁금했다. 하지만 나는 아무와도 말을 나누지 않고 그저 보고 듣기만 했다.

나는 눈을 돌리지 않고 사람들을 보는 방법을 재빨리 익혔다. 몇 년 후에 어빙 고프먼이 우리 모두에게 제시한 정중한 무관심civil attention의 법칙에 따르는 법을 배웠던 것이다. 나는 수백 명의 다른 사람과 부딪히지 않고 (도심에 가득한) 주요 교차로를 건너는 법을 익혔다. 다시 말해 나는 사회화가 잘된 도시 어린이가 되었다.

이 이야기에는 자세한 해석이 필요하지 않다. 그러나 그 안에는 지금과 다르기 때문에 우리가 생각해보아야 할 일들이 몇 가지 있다.

예를 들어 교통이 있다. 시카고에는 내 친구들과 내가 유람을 위해 이용할 수 있었던 매우 정교한 고가 철도 시스템이 있었다(내 기억에 그 당시 운임은 7센트였고 열 살짜리도 그 정도 돈은 있었다). 게다가 고가 철도는 열 살짜리가 타고 다니기에 매우 안전했다. 어머니들은 우리의 안전에 대해 걱정하지 않았다. 그저 우리에게 반드시 저녁식사 시간에 맞춰 돌아오라고만 하셨다. 내 부모님은 그 일이 하루를 보내기에 그다지 좋은 방법이 아니라고 생각하셨을지 모르지만, 그 일이라도 해야 나는 집 밖으로 나갔다(그러지 않으면 하루종일 드러누워 일간지 홍보 차원에서 판매되었을 때 아버지가 구매한 24권짜리 전집에서 마크 트웨인이나 찰스 디킨스 책을 빼내어 읽곤 했다).

라루의 연구에서 다룬 어린이들은 그에 상응하는 일로 무엇을 했을까? 내 생각에는 쇼핑몰에 갔을 것이다. 그러나 나는 누군가 아이들을 그곳까지 차로 태워다 주었으리라고 생각한다. 이제 대부분의 가족들은 라루가 연구한 중산층 아이들의 부모와 마찬가지로 차로 이동해야 하는 동네에 산다. 이처럼 대대적인 인구학적 변화는 성장기에 사용할 수 있는 자원이 크게 변화하는 결과로 이어진다.

안전도 부모들의 걱정거리다. 안전 역시 역사적으로 변화했다. 현재 도시의 동네들은 반드시는 아니더라도 내가 어릴 때보다 덜 안전한 편이다. 미국 사회의 각계각층에서 총기 입수 가능성이 증가함에 따라, 부모들은 열 살 아이를 그런 식으로 돌아다니게 내버려 두는 일을 주저하고 있다. 강도나 다른 형태의 범죄 피해를 당할 불분명한 가능성은 두말할 나위도 없다.

간단히 말해 자신이 발견한 결과를 서술할 때 데이터의 역사적인 특수성에 충분한 주의를 기울이지 않으면 집중적인 관찰을 바탕으로 한 연구가 잘못될 수 있다(라루의 연구가 잘못되었다는 뜻은 아니다). 데이터의 역사적인 특수성을 간과하면 부당한 일반화를 피할 수 없을 뿐 아니라 결과에 영향을 끼치는 변수와 맞닥뜨리고도 한참 지나서까지 그 사실을 깨닫지 못할 수도 있다.

## '과감한' 일반화

현장 연구자가 저지르는 가장 큰 실수는 특정 장소의 특정 인물들을 대상으로 한 아이디어를 비슷해 보이는 사람들로 구성된 큰 집단에 일반화하는 것이다. 실제로 많은 이가 그렇게 했다. 윌리엄 풋 화이트William Foote Whyte는《길모퉁이 사회》의 출간 즈음에 보스턴 빈민가에 대한 논문을 썼다. 〈빈민가의 사회 조직 Social Organization in the Slums〉이라는 제목이 붙은 이 전설적인 논문에서, 화이트는 보스턴에서 발견한 빈민가를 사회 조직의 흔한 유형으로 일반화했다. 그는 자신이 연구한 장소의 특성을 추상적으로 설명한 이 논문을 썼을 때, '빈민가'를 일반적인 사회 유형으로 간주하던 그 당시 유행을 쫓아 과감한 일반화를 시도했다. "내 데이터는《길모퉁이 사회》에서 자세히 다룬 '코너빌'의 이탈리아계 빈민 구역에 대한 3년 반 동안의 연구에서 얻은 것이다. 시카고 지역 프로젝트에 관여한 사람들과의 대화를 통해 내 결론을 다른 이민자 가정 공동체에도 일반적으로 적용할 수 있다는 것을 깨달았다(화이트, 1943, 37)." 다시 말해 그는 모든 빈민가가 똑같다는 식으로 작은 동네를 다룬 자기 저서를 소개했다. 빈민가 한 곳을 연구하면 모든 슬럼에 대해 알 수 있다는 식이었다. 그렇게 하는 것이 그 시대의 방식으로는 옳았다. 그때는 모든 사회학자가 화이트처럼 했다. 그러나 현재 우리는 좀 더 많은 것을 알고 있다. 우리는 가난한 동네의 몇 가지 특징이 상대적으로 널리 퍼져 있을 수는 있지만, 모든 빈민가가 각기 다른 뚜렷한 특징이 있다는 것도 안다. 그 사실을 알지 못하는 척하면 반드시 큰 위험에 부딪히게 되어있다. 물론 그렇다 해도 사회학자들은 자신이 적절하다고 생각하는 아이디어로 넌지시 일반화를 시도하는 일을 멈추지 않을 것이다.

이 문제를 해결하는 방법은 그 이외에도 여러 가지이지만 거창한 일반화에 빠져들려는 유혹만큼은 버려야 한다. 내 동료와 나는 1950년대에 캔자스의 의대를 연구했다. 미국의 모든 의대가 그곳과 똑같았을까? 우리는 그렇게 말하고픈 유혹을 느꼈다. 캔자스 의대의 구체적인 상황이 미국의 모든 의대에서 일어났던 일과 충분히 비슷하다고 말하고 싶었다. 캔자스시티의 의

대 한 군데라고 하면 누가 신경을 쓰겠는가, 하는 마음이 들었기 때문이다. 캔자스시티의 의대 한 곳만 언급하기보다는 '미국의 의학 교육'이라고 해야 중요한 사실을 전달한다는 인상을 줄 수 있을 것이다. 그러나 그랬다가는 큰 실수를 저질렀을 것이다. 의대들은 분명 똑같지 않았기 때문이다.

사례 연구를 토대로 많은 것을 논의할 수는 있지만 그럴 때는 자신이 연구한 장소에 영향을 끼쳤던 모든 조건이 비슷해 보이는 다른 장소에서는 다른 형태나 가치를 취할 수도 있다는 전제를 깔고 가야 한다. 실제로 이 내용은 거의 항상 적용된다. 그러므로 겉보기에 비슷한 조직들이라 해도 내재된 특성을 통해 달라질 수 있는 요소를 찾아야 한다. 그렇게 하는 것은 자신의 연구 결과를 연구한 적도 아는 바도 없는 장소에 적용하는 일반화만큼 그럴 듯하게 들리지는 않겠지만, 훨씬 더 안전하고 생산적인 논의 방식이다.

그렇다면 내재된 특성은 어떻게 찾을 수 있을까? 나는 최근에 낸 책(베커, 2014, 5~39)에서 전 세계 민족별 노동 분업에 대한 에버렛 휴즈(1943)의 능수능란한 분석에 초점을 맞춰 그 문제를 한 장에 걸쳐 논의했다. 휴즈는 섬유 공장 두 곳이 막 들어섬에 따라 경제·사회 구조가 재편되고 그에 따라 새로운 형태의 노동 분업이 도입된 퀘벡 소도시를 연구 대상으로 삼았다. 그 당시 전 세계 곳곳에서 진행 중이던 산업화 과정에 대해 사회 과학자들이 수집한 다양한 사례를 설명하려면 이론과 일반화가 필요했다. 하지만 휴즈는 '캔턴빌'이 '산업화'의 전형적인 과정을 정확히 보여주는 본보기이므로, 그곳에서 자신의 관찰 결과만 있으면 전 세계 모든 곳에서 일어나는 일을 이해할 수 있다고 주장하지 않았다. 그보다 그는 드러나지 않은 작동 과정을 자세히 분석했고 모든 곳에서 작동하겠지만 지역에 따라 다양한 형태와 가치를 취할 것이 분명한 '변수'를 파악했다. 그 과정의 구체적인 특징은 현지 상황에 따라 달라질 수밖에 없으며, 따라서 일반화할 수 없었다. 일반화가 가능한 것은 과정과 하위 과정으로, 연구자들이 더 많은 사례를 수집하면 일반화한 내용도 수정해야 한다. 현명한 뷔퐁식 해결책이 아닐 수 없다.

# 마지막으로 덧붙이는 생각

어느 연구에서든 실수가 발생하게 마련이다. 따라서 실수를 바로잡는 것은 연구에서 중요한 단계다. 실수가 발생하지 않는 연구가 과연 있을까? 앞서 여러 장에 걸쳐 살펴보았듯이, 방법론의 종류와 별개로 연구자가 저지르는 실수는 다양하다. 계획 단계에서도, 계획을 실행하는 동안에도, 계획한 것을 끝마친 이후에도 실수는 발생한다. 이미 우리는 그 같은 실수를 피하는 방법을 알아보았으므로, 모든 내용을 요약을 통해 되풀이하지는 않겠다. 다만 실수 방지를 위해 두 가지 방법을 제안하고자 한다. 사회 과학 연구자라면 반드시 기억해야 할 간단한 것들이다.

### 같은 실수를 두 번 저지르지 마라

실수를 일으킬 수 있는 것들을 모두 기억하라. 무엇이든 조치를 취하여 같은 실수를 반복하지 않도록 하라.

앞서 보았듯이 우리가 구조화된 방법으로 데이터를 수집하면 뒤늦게까지 실수를 저질렀다는 사실과 원하는 데이터를 찾기에 더 적합한 방법이 있다는 사실을 알아차리지 못할 가능성이 있다. 그러다 보면 해당 연구에서는 이 실수에 대해 아무런 조치도 취할 수 없는 경우가 생기지만, 적어도 다음번에는 같은 실수를 방지할 방법을 찾아낼 수 있다.

자신이 사용하고 있는 방법에 어떤 오차가 도사리고 있다는 것을 알면, 발리바르가 창문 넘어 들어오는 라디오 전파에 대해 했던 것과 비슷한 조치를 취할 수 있다. 남들이 표본 추출, 범주 규정, 구조화 질문 작성, 설문지와 면접 조사 지침 구성 과정에서 어떤 실수들을 발견했고, 데이터 수집 군단을 관리하는 데서 어떤 어려움을 겪었는지를 충분히 활용하라.

예를 들어 우리는 (6장에서 알아보았듯이) 사회적 고립에 대해 엉터리 결론을 이끌어낸 면담자의 명백한 기만과 무엇이 그러한 현상을 만들어내는지에 대한 줄리어스 로스의 주장을 교훈 삼아, 면담자들에 대한 보상을 연구팀의 수준과 너무 동떨어지지 않게 책정함으로써, 면담자들을 좀 더 효과적으로 연구팀에 통합하는 방법을 찾을 수 있다. 사회적 고립 데이터의 재분석에서 그 같은 문제를 발견한 백과 샌처그린의 주장대로 면담자를 더 철저하고 효과적으로 훈련하는 것이 해결책이 될 수는 없다. 동기는 좀 더 조직적인 차원에서 발생하므로 훈련으로 바뀌지 않는다.

경영과 재정상의 문제가 있는 대규모 조직이 수집한 전국적 표본의 경우에는 이러한 변화에 오랜 시간이 걸린다. 그렇더라도 인구 조사 당국이 과정상의 결함을 추적하는 방법을 본보기 삼아 문제 해결에 착수하는 편이 바람직하다.

(인종, 민족, 가계 구조를 비롯하여 계속해서 변화하는 사회 현상에 대한 질문의 단어 선택 변화와 같이) 비교적 손쉽게 처리할 수 있는 문제를 해결하려면 계획을 담당하는 직원과 운영하는 직원, 과학자와 과학자의 연구 설계를 시행하는 사람들 간의 긴밀한 화합이 필요하다. 그러한 조직적 변화는 쉽지 않은 데다 대가가 따르며 분명 저항에 부딪히게 되어있다. 그러나 본(1996)이 로켓 과학자들에게서 발견한 유형의 '조직적 일탈'로 인해서 변화를 회피하면, 챌린저호 폭발 사고 같은 대참사까지는 아니더라도 사회적 고립 소동처럼 바람직하지 않은 실수가 주기적으로 발생할 수밖에 없다. 그러한 조직에서 일하는 사람들에게는 그러한 제안이 '비현실적'으로 들릴지도 모른다. 그러나 나는 그들이 이 제안을 진지하게 받아들였으면 한다.

현장 연구자들은 연구 설계상 각각의 연구 대상에게서 동일한 방식으로 증거를 수집해야 하는 연구자들과는 달리, 자신의 생각대로 돌아가지 않는 연구 방법을 수정하고 더 나은 자료 수집 방법을 발견하기 위해 완전히 새로운 연구를 구상할 필요가 없다. 새로이 던질 질문이나 새로이 관찰할 행동을 찾는 일은 사람들이 무슨 행동을 하는지, 그들이 자기 행동을 자기 자신과 남들에게 어떻게 설명하는지와 같이, 면밀한 관찰의 데이터와 결과를 일상적으로 발견하는 것과 일맥상통한다.

현장 연구자들은 대개 연구 대상이 지역사회든 직장이든 연구의 출발점이 되는 장소에서 일생을 보내는 동안 무엇을 하는지 살펴보는 것 이외에는, 계획을 세우지 않은 채로 정보를 수집하기 시작한다. 그들은 무엇인가를 관찰할 때마다 질문을 떠올린다. 저 사람은 누구인가? 저 여자는 저기에서 무엇을 하는가? 그다음에는 무슨 일이 일어날까? 저 남자는 왜 저렇게 말했을까? 현장 연구자들은 (행동, 아이디어, 연관성의) 패턴에 대해 잠정적인 해석을 수립하기 시작한다. 그들은 연구 대상인 사람들을 관찰하고 청취하며 그들과 대화를 나눔에 따라 아이디어를 떠올리고 그러한 아이디어가 자신이 관찰한 바를 제대로 반영하는지 의문을 품기 시작한다. 좀 더 관찰하고 알아보아야 할 것은 없을까? 내가 이해하지 못하는 것을 다른 사람에게 설명해달라고 부탁해야 하지 않을까? 내가 관찰하는 사람들은 자신들의 행동에 어떤 패턴이 있다는 것을 알고 있을까? 내게는 그 패턴이 보이지만 그들에게도 보일까? 그들이 안다면 내가 생각한 그들의 행동이 정확한 것일까? 그들의 의도는 무엇일까? 그들은 무슨 일이 일어나길 바라며 자신들의 바람대로 어떤 일이 일어나지 않을 때 어떻게 할까? 현장 연구자는 자신의 의문에 대해 잠정적인 답변을 생각한 뒤, 이를 통해 추가로 관찰하고 물어보며 대화할 일을 찾아낸다. 연구자의 아이디어는 점점 더 복잡해지며 그들이 초기 관찰에서 이끌어낸 결과 중 일부는 추가 관찰에 의한 검증을 견뎌내지 못한다. 새로운 관찰 결과는 다른 가능성을 제기한다. 최초의 아이디어가 '틀린' 것은 아니지만 보완되어야 한다. 따라서 연구자들은 아이디어와 새로운 관찰을 번갈아 연구하며 그 과정에서 추가 아이디어에 대한 증거를 찾는다.

관찰, 해석, 추가 관찰, 재해석으로 이루어지는 순환 구조는 관찰자가 현장에 머물러있는 동안 이어진다. 실험 설계와 유사 실험 설계의 대가인 도널드 캠벨Donald Campbell은 (내가 노스웨스턴 대학에 있을 때 동료 교수였으며 가끔씩 공동 세미나를 진행하기도 했던 사람으로) 몇 년 동안 현장 연구가 부족한 점이 많으며 일회성 실험의 변종이라며 나를 놀리곤 했다(그는 현장 연구가 연구 설계 측면에서 가장 취약하다고 생각했다). 그러던 어느 날, 갑자기 그는 현장 연구자에게는 현장에서의 모든 날이 데이터 수집의 새로운 기회이며 그에 따라 어제의 아이디어와 발견이 기각될 수 있다는 사실을 깨달았다고 했다. 그러나 그는 그 덕분에 연구자가 다음날 바로 새로운 가설을 세울 수 있다는 사실도 곧이어 깨달았다.

따라서 현장 연구자는 실수를 바로잡는 데는 연구 착수 당시에 알지 못했던 추가 아이디어를 생각해내고 검증할 데이터 수집에 들이는 것만큼의 정성을 쏟지 않는다. 어떤 아이디어가

**맺음말**

적중하지 않으며 추가 관찰로 초기 해석이 입증되지 않을 때에도, 현장 연구자들은 새로운 지식을 고려하고 확장하는 방식으로 아이디어를 보강할 수 있는 한 내일을 기대할 수 있다. 물론 모든 데이터 수집 방법이 이처럼 만만한 것은 아니다.

내재된 과정에 대한 모형을 구축함으로써 구체적인 결과를 해석하는 과정은 몇 년 동안 이어질 수 있으며 때에 따라 추가 연구가 필요하기도 그렇지 않기도 하다. 또한 이를 통해 결과적으로 현상 전반에 대한 연구의 길잡이가 될 만한 상당히 정교한 아이디어를 생산해낼 수 있다(베커, 2014, 61~93). 그것이 내가 대마초 사용에 대한 구체적인 연구(베커, 1953)를 나중에 일반화한 방식이다.

현장 연구자들은 자신이 실제로 알지 못하고 데이터도 확보하지 못한 어떤 사물이나 현상에서 명백한 결론을 '발견'하거나 취하려는 유혹을 언제나 이겨내야 한다. 헤리 앤슬렁어가 내 짐작처럼 실제로도 청교도적인 투사였을지는 몰라도 나는 그 사실을 확인한 것이 아니라 그저 짐작한 데 불과했다. 따라서 그처럼 경솔하고 근거 없는 주장을 확인하는 것이 중요하다.

이와 비슷한 실수로는 자기가 연구하여 얻은 지식을 자기가 알지 못하는 것에 확대하는 것을 들 수 있다. 우리는 실제로 아는 것을 우리가 연구한 적이 없어서 알지 못하는 것에 일반화하려는 유혹을 느끼기 쉽다. 내부 관계자에게서든 외부의 관찰자에게서든 같은 일반적 이름으로 불리는 조직(뻔한 예를 들자면 학교)은 거의 모든 면에서 절대로 같지 않다. 사례 연구를 토대로 같은 이름으로 불리는 다른 조직(예를 들어 의대)에서 일어날 수 있는 일들을 논의할 수는 있지만, 그러려면 자신이 연구한 장소에 영향을 끼치는 모든 조건이 다른 곳에도 존재한다고 가정해야 한다. 그렇지 않을 것이 거의 확실할 때도 그렇다고 가정해야 한다. 그러나 연구자는 그처럼 겉보기에 비슷한 조직들의 드러나지 않는 차이를 찾을 수 있다. 그렇게 하는 것은 자신의 연구 결과를 일반화시킬 때처럼 그럴 듯하게 들리지는 않겠지만 훨씬 더 안전하고 생산적인 논의 방식이다. 어쨌든 기껏해야 다른 곳에서는 다른 형태로 나타날지 모를 현상을 발견했을 때라도, 모든 의대에서 발견한 사실이라고 말하는 편이 더 '중요'하게 들리기는 한다. 그러나 그것은 결과가 아니라 단서임을 명심하라.

### '기술적 문제'를 연구 가능한 문제로 전환하라

내 두 번째 제안은 첫 번째만큼 중요한데, 그것은 우리가 피할 수 없는 실수를 연구할 문제로 전환하라는 것이다. 실수 그 자체를 새로이 분석하고 이해할 현상이자 주제로 삼으라는 뜻이다. 사회적 현실로 말미암아 사회학 연구에는 기술적인 문제가 발생한다. 도시 인구의 구성과 민족 집단 간의 관계에 변화가 일어남에 따라 인구 조사의 민족 전통 질문에 문제가 발생했다.

메리 워터스는 그러한 기술적 문제를 연구 문제로 재구성함으로써 해결했다. 사람들이 스스로를 이탈리아인이나 아일랜드인이라고 말할 때 그 말이 실제로 무슨 뜻인지 조사한 것이다. 미국의 인종 관계에 대한 연구가 어느 인종 집단에 소속되어 있냐는 단순한 질문 대신, 인종의 사회적 현실을 제대로 포착한 질문("피부색의 차이가 일상생활에서 어떻게 작용하는가?")을 활용하여 소득을 얻은 것과 비슷하다.

마찬가지로 스테판 팀메르만스는 공식적인 사망 원인 데이터의 문제를 연구 문제로 전환했다. 작업물이 사회학 연구에 쓰는 보고서나 미가공 데이터인 특수한 경우에 직업 조직이 그러한 작업물에 어떠한 영향을 미치는지 조사한 것이다.

이러한 과정은 오래전에 컴퓨터 프로그래머들이 오류를 특징의 일종으로 간주한 것과 비슷하다. 나는 이 책의 앞부분에서 그러한 시례를 다양하게 소개했다. 골칫거리가 이런 식의 기회를 제공할 때 그 기회를 알아볼 수 있어야 한다. 이 책의 교훈은 함정을 조심하고 그것을 연구 주제로 전환하라는 것이다. 이는 생각만큼 어려운 일이 아니다.

## 감사의 말

나는 1946년 어린 나이에 사회학에 입문한 이후로 이 책을 구상해왔다. 그렇게 하고 있다는 사실을 얼마 전에야 깨달았을 뿐이다. 사회학을 알게 된 이후로 내가 만난 모든 사람과 내가 읽은 모든 자료가 이 책에 진정한 보탬이 되었다. 특히 스승, 제자, 동료, 친구 모두가 이 책에 기여했다.

찰스 카믹, 톰 쿡, 프랭크 퍼스텐버그, 존 월튼, 찰스 레이진, 이도 테이버리 등은 작업 마지막 단계에서 초고를 읽고 의견을 제공했다. 나와 비슷한 문제에 대한 답을 찾고 있던 리처드 호우와의 교신은 말할 수 없이 큰 도움이 되었다. 롭 포크너는 항상 그렇듯이 흥미진진한 인용구와 생각을 제공해주었다. 모두에게 고마움을 전한다. 그들의 제안을 모두 따르지는 못했지만, 내게 큰 도움이 되었다.

시카고 대학 출판사의 편집인인 더그 미첼은 지칠 줄 모르는 데다 지원을 아끼지 않았으며 내가 지난 30년 동안 저자로서의 어리석음을 극복할 수 있도록 도움을 주었다. 그의 도움이나 카일 와그너의 훌륭한 노고가 없었다면 내가 무엇을 할 수 있었겠는가?

나는 제작 담당자, 편집자, 디자이너들을 비롯해 저자들의 책을 더 나은 모습으로 만들어주는 시카고 대학 출판사 관계자 없이는 지금 같은 책이 탄생하지 못했을 것이라는 사실을 그 누구보다도 잘 알고 있다. 특히 교정 담당자이며 내 글을 좀 더 명료하고 가독성 있게 만들어준 로이스 크럼에게 고마움을 전하고 싶다. 그녀의 제안을 모두는 아니지만 대부분 반영했기에 이 책은 더 나은 책이 되었다. 또한 이 책을 디자인한 아이작 토빈에게도 감사한다. 독자들이 이 책을 집어드는 까닭은 순전히 거부감을 주지 않는 그의 디자인 때문일 것이다.

다이앤 해거먼은 내 짜증과 좌절감을 참아주고 이 책이 완성되도록 했다. 그녀는 불평하거나 지루해 하는 일 없이 화 한 번 내지 않고 낙천적인 태도로 내 생각에는 하루가 멀다 하고 바뀌는 원고를 읽어주었다. 다이앤 없이는 이 책을 완성할 수 없었을 것이다. 그녀에게 감사한다.

# 증거의 오류

**펴낸날**  초판 1쇄  2020년 2월 10일
　　　　초판 2쇄  2020년 3월 23일

**지은이**  하워드 S. 베커
**옮긴이**  서정아
**펴낸이**  김현태

**편집**  한지은, 차혜린, 박하빈
**디자인**  윤소정
**마케팅**  이원희, 김예원

**펴낸곳**  책세상
**주소**  서울시 마포구 잔다리로 62-1, 3층(04031)
**전화**  02-704-1251(영업부), 02-3273-1334(편집부)
**팩스**  02-719-1258
**이메일**  bkworld11@gmail.com
**광고·제휴 문의**  bkworldpub@naver.com
**홈페이지**  chaeksesang.com
**페이스북**  /chaeksesang  **트위터**  @chaeksesang
**인스타그램**  @chaeksesang  **네이버포스트**  bkworldpub
**등록**  1975. 5. 21. 제1-517호

ISBN  979-11-5931-458-2 03300

이 도서의 국립중앙도서관 출판예정도서목록(CIP)은 서지정보유통지원시스템 홈페이지(http://seoji.nl.go.kr)와 국가자료종합목록 구축시스템(http://kolis-net.nl.go.kr)에서 이용하실 수 있습니다. (CIP제어번호 : CIP2020002322)